KB190781

〈전도서 강해〉

하나님, 너무 허무해요!

– 젊은이를 위한 복음

허무한 인생을 어떻게 살아야 하는지

물음에 대한 하나님의 대답

출판일 · 2023년 3월 23일
지은이 · 임형택
펴낸이 · 김현숙
편집인 · 윤효배
펴낸곳 · 도서출판 **말씀과 언약**
　　　　서울시 서초구 동산로6길 19, 302호
　　　　T_010-8883-0516
디자인 · Yoon & Lee Design

ISBN : 979-11-979284-5-1 93230

가격 : 20,000원

〈전도서 강해〉

하나님, 너무 허무해요!

– 젊은이를 위한 복음

임형택 목사

도서출판

말씀과 언약

2023

차 례

전도서 설교집에 대한
구약 교수의 추천사

임형택 목사님의 새로 나온 책 『하나님, 너무 허무해요!』는 전도서를 풀어서 설명해주는 참으로 귀한 작품이다. "헛되고 헛되며 헛되고 헛되니 모든 것이 헛되도다"로 시작하는 전도서는 성경 독자들을 당황하게 만든다. 전도서는 마치 허무주의를 가르치는 책인 것처럼 보인다. 그러기에 유대 랍비들과 초대 교회에서는 전도서가 성경에 포함되어도 좋은가 하는 의문과 토론이 있었을 정도였다. 하지만 전도서는 허무주의를 설파하는 책이 결코 아니다. 임형택 목사님의 『하나님, 너무 허무해요!』는 전도서에 대한 오해를 바로잡아줄 뿐만 아니라 전도서가 가르치는 삶의 지혜를 너무나 훌륭하게 밝혀낸다. 임형택 목사님의 책은 전도서가 구약의 다른 책들과 마찬가지로 허무에 직면하는 인간의 문제를 직시하면서도 거기에 머물지 않고 소망을 전하는 책임을 지혜자의 영감으로 명쾌하게 설명한다.

비관적 인생관은 구약성경과 아주 거리가 멀다. 전도서도 예외가 아니다. 인생을 낙관적으로 보는 것도 문제지만 지나치게 비관적으로 보는 것도 문제다. 수고와 죽음으로 종결되는 허무가 세상을 지배하지만 그것이 인간의 마지막 운명은 아니다. 이스라엘 백성의 역사는 혼돈과 불행이 가득한 세상일지라도 소망의 등불이 밝게 빛나고 있음을 실증적으로 가르친다. 이스라엘이 범죄하여 나라가 망하고 백성이 이방에 포로로 끌려가지만 죽은 자가 무덤에서 되살아나듯 그 백성이 이스라엘 땅으로 되돌아와서 새로운 삶을 시작한다. 이와 같이 구약은 소망을 가르친다. 고통으로 가득한 인간의 현실을 외면한 소망이 아니라 그 고통 한가운데를 가로지르며 전에 알지 못하던 새로운 길에서 빛을 발하는 소망을 가르친다.

전도서는 이러한 구약의 가르침과 멋지게 조화를 이룬다. 전도서는 '지혜'라는 문학 장르를 통해 인간 삶을 드리우고 있는 어두운 면들을 가차 없이 드러내는 가운데 그것들을 수용하고 그 안에서 삶을 긍정하는 법을 배우며 마침내 참다운 소망을 발견하도록 독자들을 이끈다. 임형택 목사님의 『하나님, 너무 허무해요!』는 전도서가 품고 있는 이 복된 진리의 보화를 캐어내어 허무와 씨름하는 우리에게 아낌없이 풍성하게 나누어준다. 임 목사님은 책의 부제를 "젊은이를 위한 복음"이라고 붙였다. 『하나님, 너무 허무해요!』를 읽으면 전도서가 삶의 불꽃을 가진 모든 '젊은이'에게 복음임을 깨닫게 될 것이다.

김진수 목사
합동신학대학원대학교 구약신학 교수

전도서 설교집 출간에 대한 조직신학 교수의 추천사

합신의 귀한 목사님이신 임형택 목사의 귀한 설교집 또 하나가 우리에게 선물로 주어집니다. 전도서를 본문으로 32편의 설교를 하면서 한국의 젊은이들을 도전하시는 목사님의 의도가 잘 전달되었으면 합니다.

젊은이들을 도전하기에 전도서는 너무 좋은 본문입니다. 전통적 입장을 따라 생각할 때, 아마도 나이 많은 솔로몬이 자신의 인생 전체를 회고하면서 쓴 책이 이 전도서가 아닌가 합니다. 특히 왕위에 오를 때 백성들을 잘 다스리고 보살필 수 있는 지혜를 구하던 그 바른 신앙의 모습에서 벗어나 잘못된 길로 나아가서 정략결혼으로 국가의 안위를 보호하려고 하다가 결국 자신도 우상 숭배의 길로 나아가며 백성들도 억압하는 폭정의 길로 나아간 것을 참으로 회개하면서 하나님을 떠난 인간의 삶은 본질적으로 허무하다고 선언합니다. 아무리 권력이 있고(전 1:12), 외적으로는 무엇인가를 이루는 듯하고 멋져 보이고(전 2:16), 많은 일을 하고(전 2:4-7), 많은 책도 짓고(전 12:12) 해도 하나님 없이 하는 그 모든 일은 허무하다는 것을 절실히 느끼면서, "헛되고, 헛되며, 헛되고, 헛되니 모든 것이 헛되도다"(전 1:2)고 오중(五重)의 허무를 선언하면서 젊은이들을 위해 이 책을 쓴 것이라고 생각합니다.

여기 삶 전체를 바른 목회에 헌신하고 계시는 귀한 목사님께서 이 전도서에 대한 설교를 한 편 한 편 정성껏 준비해서 전달하시고, 귀하게 목회하시는 숭신교회의 성도들만 아니라 이제는 많은 분들이 같이 유익을 얻도록 하기 위해 이 책을 널리 펴내는 이 일을 참으로 귀하게 생각합니다.

하나님 말씀을 그대로 믿는 목사님의 귀한 모습이 여기 있습니다. 목사님께서 하나님을 사랑하시고, 따라서 하나님의 말씀을 사랑하시는 것을 누구나 잘 느낄 수 있을 것입니다. 동시에 성도들을 참으로 사랑하는 심정이 곳곳에 드러나고 있습니다. 특히 이번 설교집에는 젊은이들을 사랑하는 마음이 처음부터 끝까지 드러납니다.

성경을 연속해서 강해하는(lectio continua) 개혁파의 귀한 전통을 따라서 매주 전도서 본문을 따라서 충실히 준비하시고 잘 전달하시며, 이제 그 열매를 한국 교회 전체와 나누어 주시려는 임형택 목사의 이 선물을 잘 받는 길은 우리도 이 설교의 내용을 읽으면서 목사님의 음성을 통해서 전도서 본문을 통해 우리에게 말씀하시는 하나님의 말씀 앞에 진지하게 서는 일일 것입니다. 부디 한국의 모든 그리스도인들이 그리하기를 원하면서 이 귀한 책을 모든 분들에게 기쁨으로 추천합니다.

2023년 2월 28일
합동신학대학원대학교 연구실에서
이승구 목사
합동신학대학원대학교 조직신학 교수

전도서 설교집에 대한
설교학 교수의 추천사

전도서 저자는 그 시작부터 허무해 보이는 인생을 가리켜서 "헛되고 헛되며 헛되고 헛되니 모든 것이 헛되도다"고 탄식한다. 전도서는 허무한 인생들 속에 빈번히 일어나는 온갖 종류의 부조리와 모순, 아이러니를 담고 있다. 미래 희망과 열정으로 가득한 젊은 청년들로서는 전도서는 도무지 하나라도 배울 것이 없어 보인다. 하지만 임형택 목사님의 간절한 소원은 젊은 기독 청년들이야말로 전도서의 교훈을 잘 배우고 익히는 것이다. 그 이유는 저자 임형택 목사님은 두 세계를 연결하는 설교자이기 때문이다.

저자 임형택 목사님의 마음속에는 두 세계가 대척점을 형성한다. 한쪽은 허무해 보이는 인생을 긍휼히 내려다보시며 영원한 천국의 가치와 소망을 품고 살아가기를 간절히 기대하는 하나님 아버지의 마음이다. 그 반대편은 허무해 보이는 인생이니 젊었을 때 최대한 즐기면서 "내 마음대로 내 멋대로 살아보자!"는 세속적인 세계관에 노출된 젊은 청년들의 세상이다. 저자 임형택 목사님은 이 두 세계 사이를 연결하는 하나님 말씀의 중보자로서 전도서 메시지를 "젊은이들을 위한 복음"으로 풀어냈다.

저자는 전도서 기자의 간절한 외침, "너는 청년의 때에 너의 창조주를 기억하라"는 말씀을 먼저 산전수전 숱한 고생을 경험해 본 인생의 선배로서, 또 때로는 하나님 나라 순례길을 함께 걸어가는 동반자로서 전달하고 있다. 어느 대목에서는 깊이 있는 신학적 통찰이 번득인다. 또 어느 대목에서는 모순과 아이러니가 가득한 인생을 먼저 살아본 선배로서 가슴 울리는 권면이 묵직하게 들려온다. 저자가 먼저 겪어본 이야기이기 때문에 따뜻한 감동으로 다가온다. 젊은 기독 청년들이 영원한 복음의 진리에 눈을 떠서 허무해 보이는 인생이지만 영원한 가치를 향하여 살기를 바라는 아버지의 간절한 마음이 느껴진다. 허무해 보이는 인생을 어떻게 가치 있게 살아갈 것인가? 이런 질문을 품어본 사람이라면 반드시 읽어볼 것을 추천한다.

이승진 목사
합동신학대학원대학교 설교학 교수

전도서 설교집에 대한
목회자의 추천사

그리스도인은 신자이기 전에 한 인간입니다. 그렇지만 그리스도인이 이 사실을 잊고 살아갈 때가 많습니다. 그래서 자신이 겪는 문제를 믿음으로만 해결할 수 있고, 또 그래야 한다고 생각하기 쉽습니다. 이 경우 그가 할 수 있는 일이란 기도로 하나님께 도움을 청하는 일일 것입니다. 만일 그렇게 해서 인생의 모든 문제가 해결될 수 있다면 얼마나 좋을까요? 그러나 현실은 그렇지 않습니다. 아무리 믿음과 기도로 문제를 해결하려고 해도 인생의 문제는 여전히 남습니다. 그것은 한 인간으로서 겪는 문제입니다. 전도서는 바로 이 문제를 다룹니다. 그것은 인생에 대한 뿌리 깊은 회의와 불만입니다. 인생은 허무하고 부조리하기 때문이라는 것입니다. 이것은 믿음과 기도로써 바꿀 수 있는 성질의 문제가 아닙니다. 이것은 사색을 통해 현실을 인정하고 받아들여야 하는 문제입니다. 그럴 때 인생을 내 방식이 아닌 하나님의 방식으로 이해하기 시작하는 것입니다. 이 점은 오늘날 그리스도인이 놓치기 쉬운 신앙의 요소입니다.

　　이 책은 무엇보다도 독자들에게 신앙의 이 요소가 갖는 중요성을 일깨워 줍니다. 그래서 고난 앞에서 흔들리지 않고 인내할 수 있는 깊은 신앙으로 인도합니다. 그 이유는 이 책이 저자가 성경을 연구하고 묵상할 뿐만 아니라 자신의 고난을 통해 체득한 내용을 담고 있기 때문입니다.

또한 이 책은 독자들에게 허무하고 부조리한 인생일지라도 살만한 가치가 있음을 부단히 강조합니다. 특히 저자는 전도서를 가리켜 젊은이를 위한 복음이라고 말합니다. 아무리 허무하고 부조리한 인생일지라도 하나님께서 베푸시는 위로와 기쁨이 있음을 안다면, 그 사람은 꿈을 안고 최선을 다할 것이기 때문입니다. 동시에 죽음과 하나님의 심판이 있음을 안다면, 그 사람은 아무렇게나 살 수 없을 것이기 때문입니다. 인간은 하나님의 주권 아래 살아가는 자신의 한계를 깨닫고 하나님을 경외함으로 살아야 하는 것입니다.

현재 고난 속에 살아가는 모든 분께 이 책을 읽도록 권합니다. 삶의 의미에 대해 혼란스럽거나 인생을 포기하고 싶은 젊은이가 있다면, 이 책을 꼭 한 번 읽기 바랍니다. 그리고 하나님의 관점에서 인생을 이해하기 원하는 그리스도인들께도 이 책을 추천합니다.

도지원 목사

예수비전교회 담임, 교리와 부흥 대표

머리말

전도자가 이르되 헛되고 헛되며 헛되고 헛되니 모든 것이 헛되도다(전 1:2).

정말 그렇습니다. 인생의 허무가 얼마나 광범위한지 허무하지 않은 것이 없고, 얼마나 깊은지 뼛속까지 시릴 정도입니다. 아! 정말 그렇습니다. 인생은 너무 허무합니다.

전도서 1장과 2장을 읽노라면 허무의 안개가 자욱하게 피어오른 듯합니다. 한 치 앞을 내다볼 수 없을 만큼 자욱합니다. 전도서 전체에 헛되다는 말이 38번 나오는데 그중 14번이 1장과 2장에 집중돼 있습니다. 마치 전도서는 인생은 헛되다고 선포하고 시작하는 듯합니다. 나머지는 3장부터 12장에 이르기까지 산발적으로 한 두 번씩 나옵니다. 여기에서는 어떻게 허무한지 증명해 보이는 듯합니다. 그래서 설교집 제목을 "하나님, 너무 허무해요."로 잡았습니다.

젊었을 때 힘든 시기를 보냈던 저로서는 전도서의 말씀에 깊이 공감했고 그래서 좋아했습니다. 그 시기에 전도서 녹음테이프를 수십번 듣고 읽으면서 그토록 허무하지만 기쁘게 살라는 말씀이 마음에 깊이 파고 들었습니다. 지금 돌이켜 보면 그래서 더 좋아했던 것 같습니다. 그런 이유로 목사 안수받고 첫 번 설교도 전도서를 했고 심방 예배 때도 자주자주 전도서를 설교했습니다. 여러 해 전에 전도서 강해 설교를 마쳤지만 지금도 기회 있을 때는 전도서 말씀을 인용하거나, 설교와 특강을 합니다. 또 교회에서 지혜 교실을 열어 잠언과 욥기와 더불어 전도서를 가르칩니다.

저는 설교 때도 그렇게 말하지만, 기회가 있을 때마다 욥기와 더불어 전도서를 우리 시대의 복음이라고 합니다. 그 내용이 우리 시대에 꼭 가르쳐야 하고 꼭 알아야 할 내용이라고 생각하기 때문입니다. 그중 전도서는 젊은이들이 듣고 배워야 할 복음이라고 생각합니다. 젊은이들이 듣고 배운다면 삶이 건강하고, 건강한 믿음을 가질 수 있다고 생각합니다.

전도서의 젊은이는 젊은 젊은이라고 생각합니다. 10대, 20대 혹은 30대의 젊은 젊은이. 그들이 젊은 날에 전도서의 교훈을 듣고 배우고 익힌다면 인생 역시 잘 살 것으로 믿습니다. 많은 것을 포기하고 꿈도 포기하고 삶을 포기하는 젊은이들이 전도서의 교훈을 배운다면 절대로 포기하지 않으리라 생각합니다. 그런 고민 끝에 하나님을 떠나가는 젊은이들도 떠나지 않으리라 생각합니다. 그게 주께서 전도서를 주신 목적이라고 생각합니다. 그래서 전도서 설교집 부제로 "젊은이를 위한 복음"이라고 했습니다.

유진 피터슨 목사는 그의 남기고 싶은 설교를 모아 발간한 "물총새에 불이 붙듯" 설교집에 전도서 설교 두 편을 실었습니다. 그중 5장 1, 2절 설교에서 설교자의 책임과 그 책임을 시행하는 방법을 다음과 같이 제시했습니다. "설교자의 책임은 우리가 쉽게 속지 않으면서도 긍정적일 수 있게 해주는 것입니다. 존재의 모든 영역에서 하나님의 모든 징조에 기꺼이 '예'라고 할 수 있게 우리를 깨어 있게 하고 준비시키는 동시에, 여기저기 쉽게 넘어가지 않게 하는 것입니다. 아무 쓰레기나 다 받아들이는 수동적 저장소가 되지 않으면서 건강하게 수용하도록 우리를 훈련시키는 것입니다. 이러한 책임을 교회가 시행하는 방법중 하나는 전도서를 정기적으로 묵상하게 하는 것입니다."

저는 전도서를 설교하던 중에 이 글을 읽고 깊이 공감했습니다. 그리고 용기를 내 전도서 설교를 시작한 것을 잘했다고 생각했습니다. 우리 주님의 거룩한 백성들로 "아무 쓰레기나 다 받아들이는 수동적 저장소가 되지 않으면서 건강하게 수용하도록 우리를 훈련시키는 것"은 전도서를 정기적으로 묵상하게 하는 것이라고 생각했습니다. 신앙이 아닌 것을 신앙으로 알고 있는 것들, 세속적인 것을 성경적인 것을 알고 있는 것들, 미신적인 것을 하나님의 말씀으로 알고 있는 것들을 씻어 주는 비누와 같다고 생각했습니다. 그런 의미에서 전도서도 우리 시대에 꼭 알아야 할 복음, 우리 시대의 복음이라고 생각합니다.

전도서는 삶의 광범위한 허무함을 증명해 보이지만 동시에 그런 삶을 어떻게 살아야 하는지 교훈합니다. 어떻게 사는 것이 잘 사는 것이며, 어떻게 사는 것이 믿음인지 교훈합니다. 합동신학대학원대학교에서 구약을 가르쳤던 현창학 교수는 그의 저서 "지혜서 연구"에서 전도서의 교훈을 세 가지로 정의했습니다.

첫째, 인생이 헛되다는 사실을 알고 잘 받아들이라고 한다.

둘째, 잘 받아들이는 것 중 더 잘 받아들이는 것은 허무하지만 기쁘게 사는 것이라고 한다.

셋째, 가장 잘 받아들이는 것은 허무한 삶 가운데서 하나님을 경외하는 것이라고 한다.

본 설교집을 읽으면 알 수 있겠지만 전도서 설교하면서 이 세 가지 교훈에 초점을 맞췄습니다. 전도자가 다방면으로 허무함을 증명한 것은 인생이 그런 존재라는 것을 알리는 뜻입니다. 그래서 삶이 그렇다는 사실을 직면했을 때 놀랄 것도 없으며, 낙심할 것도 없습니다. 인생이 본래 그런 존재라는 것을 받아들여야 합니다. 하나님께서 정하신 때까지는 고생도 해야 하고, 한계가 있지만 지혜롭게 살아야 합니다.

또 전도자는 인생이 그토록 허무하지만 기쁘게 살라고 합니다. 기쁘게 사는 것만큼 중요한 게 없다며 어떻게 중요한지 예를 들어 강조합니다. 11차례 이상 강조합니다. 그러고 보면 삶이 허무하지만 정말 기쁘게 살아야 합니다.

전도서만큼 하나님에 대해 많은 사실을 말씀하는 성경이 또 있을까요? 전도서는 하나님에 대해 정말 많은 말씀을 합니다. 12장의 분량에 하나님이란 이름을 43번, 창조주란 이름을 1번 사용했습니다. IVP에서 발간한 BST 주석에는 전도서의 하나님을 별도로 정리하여 소개했을 정도입니다. 전도자가 하나님을 그토록 소개했던 이유는 우리가 왜 하나님을 경외해야 하는지 그 이유를 밝힌 것입니다. 궁극적으로 전도서는 하나님에 대하여 증언합니다. 그러고 보면 전도서는 전도서입니다. 전도하는 책.

전도서 1장은 해와 바람과 강물을 예로 들어 만물의 피곤함을 논합니다. 인간은 그와 같이 하나님께서 수고하며 살게 하셨으나 구부러진 것을 곧게 할 수 없다고 합니다. 전도자는 하나님께서 기뻐하시는 자에게 지혜와 지식과 희락을 주시지만, 그것도 헛되다고 합니다. 그럼에도 만사가 때가 있으므로 그때까지는 수고하며 살아야 한다고 합니다. 수고하되 기쁘게 살라고 합니다. 그렇게 6장까지 해 아래에서 일어나는 일의 허무함을 논합니다.

7장부터는 죽은 후의 일들에 대하여 논합니다. 죽은 후의 일이라 하여 천국에서 일어날 일을 논하지 않습니다. 누구나 죽을 날이 있다는 것을 안다면 어떻게 살아야 하는지를 논합니다. "좋은 이름이 좋은 기름보다 낫고 죽는 날이 출생하는 날보다 낫다(7:1)"하는데 명예를 지키고 사는 것이 중요하다고 합니다. 전도서가 지혜서인 만큼 지혜의 중요성을 강조하지만, 탐욕이 지혜를 우둔하게 할 수 있다고 경고합니다. 그러나 하나님을 경외하는 자는 탐욕을 이기며 살고 그런 자가 잘 될 것이라고 합니다.

전도자는 사람이 살면서 어떤 일을 당할지 알 수 없다고 합니다. 그러므로 미래를 대비하는 삶을 살아야 하는데 그 대안으로 오늘을 열심히 살 것과 떡을 물에 던지는 삶을 살라고 합니다. 지혜롭게 행동하는 것도 그 대안 중 하나로 교훈합니다. 어리석은 왕의 통치를 받는 것은 부조리하고 고통스러운 일이지만 그런 왕의 치세하에서도 지혜를 짜내면 잘 살 수 있다고 합니다. 그러나 미래의 일은 다 헛되다고 합니다.

그러므로 "너는 청년의 때에 너의 창조주를 기억하라"고 합니다. 죽음이 반갑지 않은 친구처럼 찾아오는데 그런 날이 오기 전에 기억하라고 합니다. 결국 하나님을 경외하며 그의 명령들을 지키라고 합니다. 이것이 사람의 본분이기 때문입니다.

머리말을 마감하면서 전도서에 눈을 뜨게 하시고, 설교하게 하신 성 삼위일체 하나님께 감사와 영광을 돌립니다. 전도서 설교를 준비하면서 현창학 교수의 "지혜서 연구"는 전도서를 연구하는 길잡이가 됐습니다. 김성수 교수의 "전도서" 주해서는 전도서를 주해하고 설교하면서 큰 도움을 받았습니다. 지면을 통해 좋은 책을 남겨주신 선생님들께 감사드립니다.

이 설교집이 세상에 나오기까지 이 설교를 들으며 함께 주의 몸을 이룬 숭신교회 성도님들께 감사드립니다. 또 기꺼이 추천사를 써주신 합동신학대학원대학교의 이승구, 김진수, 이승진 교수님과 합신 동기생 예수비전교회 도지원 목사님께 감사드립니다. 물심양면으로 지원해 주신 분들께도 감사드립니다.

저에게는 어떤 목사가 돼야 하는지, 어떻게 목회해야 하는지 친히 모범을 보이시고 가르쳐주신 선생님 두 분이 계십니다. 화성교회 고 장경재 목사님과 김기영 원로 목사님이십니다. 이 책을 두 분께 바칩니다.

2023년 3월 7일
숭신교회 서재에서
임형택 목사

1

전도서 1:1-11

모든 수고가 무엇이 유익한가?
(1)

전 1:1-11

[1]다윗의 아들 예루살렘 왕 전도자의 말씀이라 [2]전도자가 이르되 헛되고 헛되며 헛되고 헛되니 모든 것이 헛되도다 [3]해 아래에서 수고하는 모든 수고가 사람에게 무엇이 유익한가 [4]한 세대는 가고 한 세대는 오되 땅은 영원히 있도다 [5]해는 뜨고 해는 지되 그 떴던 곳으로 빨리 돌아가고 [6]바람은 남으로 불다가 북으로 돌아가며 이리 돌며 저리 돌아 바람은 그 불던 곳으로 돌아가고 [7]모든 강물은 다 바다로 흐르되 바다를 채우지 못하며 강물은 어느 곳으로 흐르든지 그리로 연하여 흐르느니라 [8]모든 만물이 피곤하다는 것을 사람이 말로 다 말할 수는 없나니 눈은 보아도 족함이 없고 귀는 들어도 가득 차지 아니하도다 [9]이미 있던 것이 후에 다시 있겠고 이미 한 일을 후에 다시 할지라 해 아래에는 새 것이 없나니 [10]무엇을 가리켜 이르기를 보라 이것이 새 것이라 할 것이 있으랴 우리가 있기 오래 전 세대들에도 이미 있었느니라 [11]이전 세대들이 기억됨이 없으니 장래 세대도 그 후 세대들과 함께 기억됨이 없으리라

⫸ 헛되고 헛되며 헛되고 헛되니

저는 전도서를 좋아합니다. 아마 제가 가장 많이 읽은 성경의 하나가 전도서일 것입니다. 전도서는 우리네 삶의 이야기이고, 우리가 일상에서 경험하고 고민하는 이야기를 다루고 있습니다. 그래서 읽다 보면 구구절절이 공감하지 않을 수 없습니다. '그래, 그래, 정말 그래!'라고 말하지 않을 수 없습니다. 전도서는 이해하기에 어려운 책인 것 같지만 또한 재미있는 책입니다. 저도 전도서의 재미에 빠져 읽고 또 읽고 하였습니다. 오늘부터 전도서를 여러분과 함께 읽고 배우고 싶습니다. 하나님께서 전도서를 통해서 주시는 교훈을 함께 받으며 은혜를 누리는 시간이 되기를 원합니다.

전도서에서 가장 많이 나오는 단어는 무엇일까요? 전도서를 읽으면 곧 알게 됩니다만 "헛되다"입니다. "헛되다"는 단어가 가장 많이 나옵니다. 구약 전체에서 이 단어가 59번 나오는데, 전도서에만 무려 38번 나옵니다. 전도서가 12장까지 있는 점을 고려하면 한 장에 3번 이상 나온 셈입니다. 이것은 굉장히 자주 나온 편입니다. 그만큼 전도서는 인생의 허무함에 대해 많은 말씀을 하고 있습니다.

"헛되다"는 말은 히브리 말로 '헤벨'(הֶבֶל)이라고 합니다. 입김, 증기, 안개를 의미합니다. 겨울날 아침에 '호-'하고 숨을 내쉬면 하얀 입김이 보입니다. 겨울이 아니더라도 밥할 때 김이 모락모락 올라오는 것을 볼 수 있습니다. 아기들은 그것을 잡으려고 합니다. 그러나 잡히지 않습니다. 이렇게 하면 잡힐 것 같았는데 막상 잡으면 잡히지 않습니다. 이런 것을 허무라고 합니다. 인생을 이렇게 살면 되겠다 싶어서 살아왔는데, 살고 보니 그게 아니었습니다. 결과가 좋지 않고 잘못 산 것을 알았습니다. 열심히 살면 되리라 생각하고 열심히 살았는데, 열심히 살아도 안 되는 것이 있습니다.

정직하게 살면 잘 될 것으로 믿고 정직하게 살았는데 안 되는 것이 있습니다. 그때 경험하는 것이 허무입니다. 반대로 어떤 사람은 악하게 사는데도 하는 일이 잘 됩니다. 그런 사람을 볼 때 드는 생각도 허무입니다.

전도서를 보면 히브리말 '헤벨'(הֶבֶל)을 모두 허무로 번역했습니다. 그러나 전도서가 말하는 허무에는 두 가지 의미가 있습니다. 하나는 번역대로 '허무'(vanity)입니다. 이것은 주로 인간의 노력으로 얻을 수 있을 것으로 생각했던 것들이 노력해도 얻을 수 없는 경우에 경험하는 허무입니다. 열심히 일하면 돈을 잘 벌 줄로 알았는데 열심히 일해도 안 될 때 경험하는 것을 말합니다. '허무'라는 말의 다른 의미는 부조리나, 불합리(absurdity)를 말합니다. 이것은 인간의 노력과 상관없이 부당한 것이나, 이치에 맞지 않는 것을 말합니다. 이처럼 '허무'에는 말 그대로 허무한 것이 있고, 부조리하고, 불합리한 것이 있습니다. 그러나 이것을 엄격하게 구분하기란 쉽지 않습니다. 우리 성경도 이것을 구분하지 않았는데 어떤 의미에서든 인생은 허무합니다.

인생이 얼마나 허무한지 전도서 1장 2절에서 이렇게 말씀합니다.

전도자가 이르되 헛되고 헛되며 헛되고 헛되니 모든 것이 헛되도다

인생은 헛되고 헛되며, 헛되고 헛되다고 했습니다. 모든 것이 헛되다고 했습니다. 합동신학대학원에서 저희 제자에게 구약을 가르쳐주신 김성수 교수님은 이 본문을 이렇게 번역했습니다.

허무 중의 허무라. 전도자가 가로되 허무 중의 허무라. 모든 것이 허무하다
하니라.

"허무 중의 허무라." 뭔가 깊이가 느껴지지 않습니까? 그렇습니다. 이렇
게 표현한 것은 허무의 깊이를 말합니다. 인생살이가 얼마나 허무한지 마
음 깊숙이까지 허무합니다. 뼛속까지 허무합니다. 이 말을 두 번이나 반복
한 것은 강조의 의미입니다. 허무가 너무 깊다는 뜻입니다. "모든 것이 헛
되다"는 것은 허무의 광범위함을 말합니다. 인생에서 허무하지 않은 것이
없다는 뜻입니다. 모든 것이 허무하다는 것입니다.

여러분께서도 그렇게 생각하십니까? 인생은 허무하다고 생각하십니
까? 너무 허무하다고 생각하십니까? 허무하지 않은 것이 없다고 생각하십
니까? 아마 그러실 것입니다. 말은 하지 않아도 허무를 많이 경험하며 사
실 것입니다. 그것이 사실이라면 그리스도인은 어떻게 살아야 할까요?
"허무해, 허무해!" 하며 살아야 할까요? 의미도 없고 희망도 없이 살아야
할까요? 인생이 그렇게 살만한 가치가 없는 것일까요? 그것이 아니라면
전도서는 왜 이렇게 모든 것이 허무하다고 할까요? 무엇을 위해 인생의
허무함을 증명해 보일까요? 전도서는 이런 질문에 답합니다. 앞으로 전도
서를 강론하면서 인생이 왜 이렇게 허무한지를 배울 것입니다. 그래도 인
생은 살만한 가치가 있다는 것도 배울 것입니다. 그리고 허무하지만 어떻
게 살아야 하는지를 배울 것입니다.

전도서를 읽고 강론을 듣다 보면 정말 그렇다고 공감하실 것입니다.
그런 경우 편안하게 공감만 할 것이 아니라 깊이 사색해야 합니다. 뭐가 그
렇게 허무하다는 것인지, 왜 그렇게 허무한 것인지 사색해야 합니다. 잠언
을 실천적 지혜라 하고 전도서는 욥기와 함께 사색적 지혜라고 합니다. 사

색적 지혜라고 해서 공허한 논쟁이나, 사변적인 지혜라는 뜻은 아닙니다. 사색적 지혜라는 것은 믿음으로 살 때 괴리를 경험하는데, 왜 그런 괴리가 생기는지 사색을 통해서 알게 하는 지혜라는 뜻입니다. 가치관을 정리해 주고 생각을 정리해 주는 지혜라는 뜻입니다. 그래서 전도서는 인생이 겪는 많은 문제를 제기하고 많이 생각하게 합니다. 그러므로 전도서를 읽거나 강론을 들으면서 단순히 공감에 그칠 것이 아니라 사색해야 합니다. 사색을 통해서 하나님의 섭리를 깨닫고, 하나님의 대답을 들어야 합니다.

저는 지혜서를 연구하면서 지혜서가 우리에게 건강한 신앙을 가르친다고 확신하게 됐습니다. 지혜서를 잘 가르치면 미신에 빠지지 않고 신비주의에도 빠지지 않고 참된 구원의 믿음을 가질 수 있다는 확신을 가졌습니다. 그리고 지혜서는 성도들로 바르게 살게 하고 믿음으로 살게 하고 인생을 잘 살게 한다는 사실을 확인하였습니다. 욥기도 그렇지만, 전도서를 모르면 성도가 겪는 고뇌와 괴리와 좌절에 대해 안일하게 말할 수 있다고 생각했습니다. 단순하고 획일적으로 '기도하면 된다, 믿음을 가져야 한다'고 밖에 말할 수 없다고 생각했습니다. 그 말은 맞는 말입니다. 기도해야지요. 믿음을 가져야지요. 그렇지만 그런 말이 때로는 얼마나 상투적이고 얼마나 현실감이 없는 말인지요? 그럴 수 있습니다. 그러나 욥기나 전도서를 묵상할수록 성도가 겪는 삶의 고뇌와 괴리에 동질감을 느낄 수 있었습니다. 또 전도서를 가르치면서 왜 우리가 하나님을 경외하고 사랑해야 하는지 그 이유를 더욱 분명히 알 수 있었습니다. 그래서 저는 욥기와 함께 전도서를 우리 시대의 복음이라고 합니다. 우리가 얼마나 유한한 존재인지, 왜 죄인인지를 알게 하는 복음이며, 하나님이 왜 하나님이신지, 우리가 고뇌하고 좌절할 때 하나님은 무엇을 하시는지, 그런 가운데서도 왜 하나님을 경외하고 사랑하는 믿음으로 살아야 하는지를 알게 한다고 생각했습니다. 그렇습니다! 정말 그렇습니다! 이번 기회에 전도서를 읽으며 묵상하기를 바랍니다. 전도서 강론을 통해서 하나님의 뜻을 깊이 깨닫게 되기를 바랍니다.

▶ 수고하고 남은 것이 무엇인가?

전도서 1장 2절에서 허무의 깊이와 넓이를 말씀한 후 3절은 이렇게 묻습니다.

> **해 아래에서 수고하는 모든 수고가 사람에게 무엇이 유익한가**

이 말씀은 모든 것이 허무하다고 선언한 후에 '봐라, 인생이 허무하지 않느냐?' 하고 묻습니다. 수고한다는 것은 힘쓰고 노력하고 열심히 사는 것을 말합니다. 유익하다는 것은 남은 것을 말합니다. 사람들이 힘쓰고 애쓰고 열심히 사는데, 그렇게 고생하고 살아서 남은 것이 무엇이냐고 묻습니다. 다른 사람에게 남은 것이 아니라 자신에게 남은 것이 무엇이냐고 묻습니다.

여러분께서도 지금까지 힘쓰고 애쓰고 열심히 사셨을 것입니다. 그렇게 열심히 살아서 남은 것이 무엇입니까? 자식이나, 부모에게 남은 것 말고 자신에게 남은 것이 무엇이냐는 것입니다. 돈밖에 남은 것이 없으십니까? 돈이 많이 남았다고 한들 허망하지 않을까요? 그렇지 않습니다. 허망하긴 마찬가지입니다. 돈 버는 것 말고 우리가 가장 힘쓰고 애쓰고 열을 올리고 사는 것은 무엇일까요? 자식 키우는 것이 아닐까요? 아마 그럴 것입니다. 자식에게 목숨을 걸다시피 하고 사셨을 것입니다. 아마도 아내는 남편보다 자식에게 더 목숨을 걸고 사셨을 것입니다. 그렇게 사셔서 남은 것이 무엇입니까? 자식이 알아주는 것입니까? 엄마가 자식을 위해 얼마나 고생했는지, 얼마나 많이 희생했는지 알아주는 것입니까? 알아준다고 해서 항상 고마워하며 살까요? 부모가 늙고 병들어도 귀찮게 여기지 않고 잘 모셔줄까요? 그런 일은 꿈도 꾸지 말아야 합니다. 다른 집 자식들은 몰라도 우리 자식들은 그러지 않을 것으로 생각하는 분들이 계시는데, 잘못 생각하신 것입니다. 대개는 부모가 늙고 병 들면 귀찮아합니다. 너무 오래 살아도 귀찮아합니다. 부모에게 생활비 드리는 것도 아까워하고, 빨리 죽기를 바라기도 합니다. 물론 그렇지 않은 자녀도 있습니다. 그런 자녀가 얼마나 있을까요? 현실을 보면 많지 않습니다. 그런데도 내게 남은 것은 자식뿐이라고 말하면 될까요? 아마 자녀들이 그 말을 들으면 굉장히 부담스러워할 것입니다. 자녀들이 그렇게 생각한다는 것을 알았을 때는 또 얼마나 허무할까요? 정말 허망할 것입니다.

우리가 모든 고생을 마다하지 않고 열심히 살아서 남은 것이 있다면, 그것은 늙고 병든 몸뿐입니다. 그리고 죽을 날입니다. "해 아래에서 수고하는 모든 수고가 사람에게 무엇이 유익한가"라는 것은 이런 사실을 묻는 질문입니다. 그러니 개인적으로 생각할 때 얼마나 허무합니까? 죽도록 고생하고 살았는데, 남은 것은 늙고 병든 몸과 죽을 날 뿐입니다. 인생이 그런 존재입니다. 그렇게 허무한 존재입니다.

몇 해 전 제가 이 설교를 준비하고 있었을 때 모처럼 어머니께서 저의 집에 와 계셨습니다. 그때 설교 준비하는 저에게 하실 말씀이 있다고 하셔서 잠시 멈추고 어머니와 마주 앉았습니다. 그렇게 앉아 한 시간 반 정도 이야기를 나눴던 것 같습니다. 그때 오랜만에 어머니의 얼굴을 천천히 훑어볼 수 있었습니다. 올해 아흔넷이시니, 그때는 여든아홉이셨습니다. 어머니 얼굴에는 주름도 많고 검버섯도 많았습니다. 순간 "우리 어머니가 이렇게 많이 늙으셨구나!"라고 생각했습니다. 서른아홉에 과부가 되셔서 시어머니를 모시고 여덟 자식을 키우신 어머니는 지금 거동도 못 하시고 거의 온종일 누워 지내십니다. 이제 천당 가실 날이 많이 남지 않았다는 생각이 들 정도입니다.

제 휴대폰에는 어머니께 전화 바로 걸기 아이콘이 있습니다. 그 아이콘은 어머니 사진으로 만들었습니다. 어머니께서 30대 중반이셨을 때 가족들과 함께 찍은 사진을 캡처한 것입니다. 사진 속의 어머니와 지금의 어머니는 비교가 안 됐습니다. '그 젊음은 어디가고 이렇게 늙으셨다니!'라는 생각이 들어 더 허망했습니다. '나도 30년 후에는 우리 어머니만큼 늙겠구나!'라는 생각이 들어 참 허망했습니다.

인생이 그렇습니다. 그렇게 허망합니다. 그러나 어떻게 하겠습니까? 그것이 인생인데 우리가 무엇을 어떻게 하겠습니까? 할 수 있는 것이 아무것도 없습니다. 좋은 것을 먹는다고 늙지 않겠습니까? 운동을 많이 한다고 아프지 않겠습니까? 세월 앞에서 우리가 할 수 있는 것은 아무것도 없습니다. 인생이 그런 존재입니다. 그렇게 허무한 존재입니다. 전도서는 먼저 우리에게 그런 사실을 알라고 합니다. 인생이 그런 존재라는 것을 망각하지 말고 기억하고 살라고 합니다. 인생은 그렇게 유한하고 연약하고 허무한 존재입니다. 우리가 그것을 알고 살기를 바랍니다. 기억하고 살기를 바랍니다.

╟ 허무한 것뿐인가?

그러면 인생에는 허무한 것뿐일까요? 보람 있고 의미 있고 기쁘고 좋은 일은 없을까요? 왜 없겠습니까? 있습니다. 많이 있습니다. 그래서 인생은 살아볼 만합니다. 허무하지만 재미있게 살아볼 만하고 용기를 가지고 살아볼 만합니다. 때때로 절망이 찾아오기도 하지만, 절망을 겪으면서도 살아볼 만한 가치가 있습니다. 그만큼 인생에는 하나님의 위로가 많습니다.

하나님께서 주시는 소망이 있고 절망을 이기는 능력이 있습니다.

　　우리 인생에는 고난이 많을까요, 하나님의 위로가 많을까요? 언뜻 생각하면 고난이 많을 것 같습니다. 그러나 위로가 더 많습니다. 고난보다도 하나님의 위로가 훨씬 많습니다. 그러므로 절망감이 든다고 해서 지나치게 절망하지 않아야 합니다. 억울할 때가 있지만 너무 억울하게만 생각하지 말아야 합니다. 피가 거꾸로 솟구치는 것처럼 분이 끓어오를 때가 있지만 너무 분노하지 말아야 합니다. 고난이 길어도 희망을 품고 살아야 합니다. 인내하고 살아야 합니다. 우리에게는 하나님께서 계시거든요. 우리를 사랑하시는 하나님, 죽도록 사랑하시는 하나님께서 계시거든요. 그 하나님께서 우리를 위로하십니다. 허망한 인생을 위로하시고, 허무한 삶을 잘 살게 하십니다. 그래서 살아볼 만합니다. 믿기를 바랍니다. 믿고 하나님을 바라보고 살기를 바랍니다.

　　하나님은 우리를 보시고 기뻐하십니다. 우리와 함께하시고, 우리를 사랑하십니다. 그래서 스바냐 3장 17절은 이렇게 말씀합니다.

　　너의 하나님 여호와가 너의 가운데에 계시니 그는 구원을 베푸실 전능자이시라 그가 너로 말미암아 기쁨을 이기지 못하시며 너를 잠잠히 사랑하시며 너로 말미암아 즐거이 부르며 기뻐하시리라 하리라

하나님께서 우리를 얼마나 사랑하시는지, 기쁨을 이기지 못하신다고 하십니다. 우리 때문에 가만히 있지 못하시고 즐거이 부르며 기뻐하신다고 하십니다. 우리 인생이 허무하지만 우리는 그런 사랑을 받고 삽니다. 날마다 하나님의 사랑을 받고 삽니다. 그러므로 인생이 힘들고 지칠 때가 있지만 용기를 가지고 살기를 바랍니다. 허무할 때가 있지만, 하나님의 사랑을 생각하고 살기를 바랍니다.

전도서 7장 14절을 보시면 허무한 인생을 살아가는 우리에게 이렇게 말씀합니다.

> 형통한 날에는 기뻐하고 곤고한 날에는 되돌아 보아라 이 두 가지를 하나님이 병행하게 하사 사람이 그의 장래 일을 능히 헤아려 알지 못하게 하셨느니라

형통한 날에는 기뻐하고 곤고한 날에는 되돌아 보라고 했습니다. 곤고한 날은 악한 날, 힘든 날을 말합니다. 그런 날에는 인생을 되돌아보아야 합니다. 인생에는 이 두 가지 곧 형통한 날과 곤고한 날이 있는데 하나님께서 그렇게 만드셨습니다. 그러므로 그것이 인생인 줄 알고 잘 받아들여야 합니다.

전도서 3장 14절 하반절에서는 이렇게 말씀합니다.

> 하나님이 이같이 행하심은 사람들이 그의 앞에서 경외하게 하려 하심인 줄을 내가 알았도다

사람이 살다 보면 기쁘고 좋을 때가 있는가 하면, 힘들고 허망할 때가 있습니다. 그것도 하나님께서 정하신 이치인데, 하나님께서 세상을 그렇게 만드신 것은 하나님을 경외하게 하기 위해서라고 했습니다. 그러므로 인

생이 허무하다고 생각되거든 인간의 연약함과 한계를 생각하기를 바랍니다. 그리고 하나님을 의지하고 사는 것밖에는 달리 방법이 없다는 것을 알고 하나님을 경외하는 믿음으로 살기를 바랍니다. 그리하여 우리의 허무한 인생을 하나님의 은혜로 잘 살아내기를 바랍니다. 하나님을 경외하는 믿음으로 잘 살아내기를 주의 이름으로 기원합니다. 아멘.

2

전도서 1:1-11

모든 수고가 무엇이 유익한가?

(2)

전 1:1-11

¹다윗의 아들 예루살렘 왕 전도자의 말씀이라 ²전도자가 이르되 헛되고 헛되며 헛되고 헛되니 모든 것이 헛되도다 ³해 아래에서 수고하는 모든 수고가 사람에게 무엇이 유익한가 ⁴한 세대는 가고 한 세대는 오되 땅은 영원히 있도다 ⁵해는 뜨고 해는 지되 그 떴던 곳으로 빨리 돌아가고 ⁶바람은 남으로 불다가 북으로 돌아가며 이리 돌며 저리 돌아 바람은 그 불던 곳으로 돌아가고 ⁷모든 강물은 다 바다로 흐르되 바다를 채우지 못하며 강물은 어느 곳으로 흐르든지 그리로 연하여 흐르느니라 ⁸모든 만물이 피곤하다는 것을 사람이 말로 다 말할 수는 없나니 눈은 보아도 족함이 없고 귀는 들어도 가득 차지 아니하도다 ⁹이미 있던 것이 후에 다시 있겠고 이미 한 일을 후에 다시 할지라 해 아래에는 새 것이 없나니 ¹⁰무엇을 가리켜 이르기를 보라 이것이 새 것이라 할 것이 있으랴 우리가 있기 오래 전 세대들에도 이미 있었느니라 ¹¹이전 세대들이 기억됨이 없으니 장래 세대도 그 후 세대들과 함께 기억됨이 없으리라

☞ 허무하지만 믿음으로 산다는 것은?

전도서는 잠언, 욥기와 함께 지혜서로 불립니다. 만일 성경에 지혜서가 없었다면 어땠을까요? 저는 지혜서를 연구하면서 아찔한 생각이 들었습니다. 만일 지혜서가 없었다면 우리는 신앙생활을 하면서 겪게 될 많은 의문과 괴리에 답을 얻지 못했을 것입니다. 마음속에 의문과 불신을 가득 품은 채로 하나님을 믿었을 것입니다. 또 우리의 삶 속에서 믿음으로 사는 것이 무엇인지 충분히 이해하지 못했을 것입니다.

지혜서는 신앙생활 하면서 겪는 많은 의문에 답합니다. 그리고 하나님께 대한 올바른 지식과 확신을 품게 합니다. 또 우리의 삶 속에서 믿음으로 사는 것이 무엇인지 구체적으로 가르쳐줍니다. 그런 점에서 저는 성경에 지혜서가 있다는 것을 큰 은혜로 여기고 안도감을 느낍니다. 하나님께서 그런 사실을 미리 아시고 지혜서를 주셨다고 믿습니다. 그만큼 지혜서는 중요한 성경입니다. 지난 주일부터 전도서 강론을 시작했습니다. 이번 기회를 통해서 지혜서에 관심 두기를 바랍니다. 그리고 전도서를 통해서 주시는 하나님의 뜻을 알아가기를 바랍니다.

전도서는 허무에 대해 말씀합니다. 허무는 입김이라는 뜻입니다. 입김은 눈에 보이지만 대단히 가볍고 쉽게 사라집니다. 눈에 보여서 잡으려 하지만 잡히지 않습니다. 무엇이 입김과 같을까요? 인생입니다. 우리네 인생이 입김과 같습니다. 인생을 이렇게 사는 것이 옳다고 믿고 살았는데, 살고 보니 잘 못 살았습니다. 열심히 살면 다 잘 되리라 생각하고 열심히 살았는데, 아니었습니다. 그럴 때 허무를 경험합니다. 인생이 헛되다고 생각합니다.

본문 2절은 그 인생이 얼마나 허무한지 이렇게 말씀합니다.

전도자가 이르되 헛되고 헛되며 헛되고 헛되니 모든 것이 헛되도다(1:2)

헛되고 헛되다는 것은 무슨 뜻이라고 했습니까? "허무 중의 허무라"고 했습니다. 이 말은 허무의 깊이를 말합니다. 인생살이가 얼마나 허무한지 마음 깊숙이 허무를 느낍니다. 뼛속까지 허무를 느낍니다. "모든 것이 헛되다"는 것은 허무의 광범위함을 말합니다. 인생에서 허무하지 않은 것이 없다는 뜻입니다. 모든 것이 허무하다는 뜻입니다. 인생은 그런 존재입니다. 그렇게 허무한 존재입니다. 어떤 분은 그렇지 않다고 할지 모르겠습니다. 그런 분은 아직 인생의 쓴맛을 덜 봤던지, 인생을 생각 없이 사는 분일 것입니다.

　물론 우리는 항상 허무를 느끼지는 않습니다. 왜냐하면 인생에는 허무만 있지 않기 때문입니다. 하나님의 위로가 있기 때문입니다. 힘들고 괴롭지만 그 힘들고 괴로운 삶을 이길 수 있는 위로를 주시고 기쁨을 주시고 소망을 주시기 때문입니다. 그러므로 우리는 어떤 처지에 있든지 용기를 내서 살아야 합니다. 기쁨을 가지고 살아야 하고, 희망을 품고 살아야 합니다. 그렇게 살 줄 아는 것이 믿음입니다. 하나님을 경외하고 사랑하는 사람은 그렇게 살아야 합니다. 우리에게 그런 믿음이 있기를 바랍니다. 그런 믿음으로 우리의 삶을 잘 살아내기를 바랍니다.

▐▶ 극히 유한한 인생

우리에게는 하나님께서 주시는 많은 위로가 있어서 느끼지 않지만 그럼에도 인생은 허무합니다. 항상 느끼지 못해도 항상 허무합니다. 왜 그럴까요? 왜 그렇게 허무할까요? 본문(1:3-11)은 인생이 왜 허무한지에 대해 말씀하기에 앞서 먼저 3절에서 이렇게 묻습니다.

해 아래에서 수고하는 모든 수고가 사람에게 무엇이 유익한가(1:3)

사람이 힘쓰고 애쓰고 열심히 사는데, 그렇게 고생하고 살아서 남은 것이 무엇이냐는 뜻입니다. 이 말씀에서 강조하는 것은 수고라는 단어입니다. "해 아래에서 수고하는 모든 수고"를 강조합니다. 이 수고는 우리가 힘들어도 열심히 사는 수고를 말합니다. 희망이 사라지고 절망감이 들 때도 참고 이기고 사는 수고를 말합니다. 또 이 수고는 아침 일찍부터 밤늦게까지 열심히 사는 수고를 말합니다. 이루지 못할 것을 알면서도 이루기 위해서 용을 쓰고 사는 수고를 말하고, 욕심을 채우기 위해서 물불을 안 가리고 사는 수고를 말합니다.

그렇게 살았다면 뭔가 남아야 하지 않을까요? 무슨 목표를 달성했다든지, 뭐가 변했다든지, 남은 것이 있어야 하는 것 아닐까요? 아니면 내가 어떻게 살았는지 알아주고 기억해 줘야 하는 것이 아닐까요? 적어도 자식들은 우리가 죽은 후에도 그런 우리를 기억해 줘야 하는 것 아닐까요? 그렇습니다. 그래야 합니다. 그러나 그렇지 않습니다. 1년에 몇 번은 기억하겠지만 그것도 시간이 지나면 1년에 한 번도 기억하지 않을 것입니다. 이렇게 우리는 죽을 고생을 하고 살지만 남은 것이 없습니다. 자식들에게 남은 것이 아니라 우리 자신에게 남은 것이 없습니다. 그래서 허무하다는 것입니다.

본문 4절은 또 이렇게 말씀합니다.

한 세대는 가고 한 세대는 오되 땅은 영원히 있도다(1:4)

성경에서 세대란 이 세상에 태어나서 한평생을 살다가 하나님께로 돌아가는 인간의 생애를 말합니다. 창세기에서 이 말은 족장들의 시대와도 관련해서 사용했는데, 그때는 한 세대를 대략 100년으로 생각했습니다. 그러나 전도서의 세대는 기한으로 이해하지 않고 해 아래서의 삶이나, 인생의 역사로 이해해야 합니다. 따라서 이 말씀은 이 세상에 태어난 인생은 한 세대를 살고 가고 또 한 세대가 와서 살고 간다는 뜻으로 이해해야 합니다. 인생은 기껏해야 한 세대를 살다 간다는 것입니다. 또 한 세대가 오겠지만, 그 세대도 한 세대를 살고 갑니다. 그러나 땅은 영원합니다. 인간은 사라지는데 땅은 항상 남아 있습니다.

그러면 땅이 주연일까요, 인생이 주연일까요? 인생입니다. 연극으로 말할 것 같으면 땅은 무대와 같고 인간은 그 무대를 휘젓는 주연배우입니다. 하나님께서 세상을 만드실 때도 땅을 위해 인생을 만들지 않으셨습니다. 인생을 위해 땅을 만드셨습니다. 그런데 인생은 아무리 기를 쓰고 살아도 한 세대밖에 살지 못합니다. 한 세대만 살고 갑니다. 그러나 조연인 땅은 영원히 있습니다.

뭔가 잘못된 것이 아닐까요? 주객이 전도된 게 아닐까요? 그렇습니다. 주객이 전도됐습니다. 어떻게 하나님께서 신묘막측(神妙莫測)하게 지으신 인간은 한 세대만 살다 가고 피조물인 땅은 영원하단 말입니까! 그러나 이것이 현실입니다. 우리가 뒤집을 수 없는 현실입니다. 그래서 어떻다는 것입니까? 인간은 유한하다는 것입니다. 인간이 무한하고 대단한 존재인 것 같지만 땅에 비하면 너무 유한하다는 것입니다. 인간이 그런 존재입니다. 극히 유한한 존재입니다.

또 인생이 어떤 존재인지 본문 5절을 보실까요?

해는 뜨고 해는 지되 그 떴던 곳으로 빨리 돌아가고(1:5)

이 말씀은 우리가 다 아는 이치입니다. 해는 아침이면 동쪽에서 떠올라 서쪽으로 집니다. 그리고 다음 날 아침에는 어김없이 어제 떠올랐던 그곳에서 다시 떠오릅니다. 그렇게 하기를 날마다 반복합니다. 세상이 만들어진 뒤로 지금까지 계속 그렇게 하고 있습니다. 앞으로도 그럴 것입니다. 항상 그렇게 할 것입니다. 설령 벗어나고 싶어도 그 길을 벗어나지 못합니다. 정해진 길에서 한 치도 벗어나지 못하고 그 길을 따라서 떠오르고 그 길을 따라서 질 것입니다.

그게 다가 아닙니다. 해는 동쪽 끝에서 떠올라 서쪽 하늘로 질 때까지 빨리 움직입니다. 그리고 우리가 밤이라고 말하는 동안에 어제 떠올랐던 그곳으로 빨리 돌아갑니다. 빨리 돌아간다는 것은 헐떡거린다, 열망한다는 뜻입니다. 이른 아침부터 해 질 녘까지 헐떡거리며 달려가고 내일 아침에 다시 떠오르기 위해서 그 자리로 헐떡거리며 달려갑니다. 밤새도록 헐떡거리며 달려갑니다.

마치 무엇과 같습니까? 누구와 같습니까? 인간과 같습니다. 이른 아침부터 밤늦게까지 죽도록 고생하며 사는 우리 인생과 같습니다. 마치 우리와 같은 것이 아니라 우리가 그런 존재입니다. 부지런히 산다고 사는데 실은 숨을 헐떡거리며 삽니다. 그래도 그 길을 벗어나지 못합니다. 그런 줄 알면서도 그렇게밖에 살지 못합니다. 인간은 그런 존재입니다. 정해진 길에서 벗어날 수 없는 존재입니다. 헐떡거리고 살지만 정해진 길을 따라 삽니다. 그렇게 유한한 존재입니다. 여러분께서도 그렇게 생각하십니까?

전도자는 그렇게 생각했습니다.

또 인생이 어떤 존재인지 본문 6절은 이렇게 말씀합니다.

> 바람은 남으로 불다가 북으로 돌아가며 이리 돌며 저리 돌아 바람은 그 불
> 던 곳으로 돌아가고(1:6)

인생은 바람과 같다는 뜻입니다. 성경에서만이 아니라 세상에서도 인생을
바람에 비유하곤 합니다. 종잡을 수 없는 사람을 바람 같은 사람이라 하
고, 허망한 짓을 잘하는 사람을 바람을 잡으려고 쫓아간다고 합니다. 바람
은 한곳에 머물지 않고 정처 없이 떠돕니다. 우리가 보기에도 바람은 이리
불다 저리 불고 길도 없이 제멋대로 부는 것 같습니다.

그러나 바람은 정처 없이 떠돌지 않습니다. 바람도 부는 길이 있습니
다. 정해진 길을 따라 붑니다. 북서풍이 불 때가 있고 동남풍이 불 때가 있
지만 아무렇게 불지 않습니다. 정해진 길을 따라 붑니다. 그 길에서 벗어나
지 못합니다. 해가 죽을힘을 다해 헐떡거리며 달려가지만 자기 길에서 한
치도 벗어나지 못하는 것처럼 바람도 자기 길에서 벗어나지 못합니다.

그러면 강물은 어떨까요? 강물이라고 크게 다르지 않습니다. 오히려
강물은 그 길이 더 선명합니다. 이 계곡과 저 계곡을 휘돌아 굽이굽이 흘
러도 항상 바다를 향해 흐릅니다. 모든 강이 그렇습니다. 정해진 길을 따
라 바다로 흘러갑니다. 그럼에도 결코 바다를 채우지 못합니다.

그래서 본문 7절은 이렇게 말씀합니다.

> 모든 강물은 다 바다로 흐르되 바다를 채우지 못하며 강물은 어느 곳으로
> 흐르든지 그리로 연하여 흐르느니라(1:7)

지금까지 땅과 해와 바람과 강물에 대해 말씀드렸습니다. 이런 것들을 만물이라고 하는데, 만물은 부지런히 움직입니다. 인생에 비유할 것 같으면 열심히 삽니다. 얼마나 부지런하게 살고 얼마나 고생하며 사는지 말로 다할 수 없을 정도입니다.

그것을 본문 8절에 이렇게 말씀합니다.

> 모든 만물이 피곤하다는 것을 사람이 말로 다 말할 수 없나니 눈은 보아도
> 족함이 없고 귀는 들어도 가득 차지 아니하도다(1:8)

해가 온종일 헐떡거리며 서쪽 하늘을 향해 달리는 것도 피곤하고 밤새도록 헐떡거리며 다시 어제 떠올랐던 곳으로 달려가는 것도 피곤합니다. 바람이 결코 벗어날 수 없는 길을 벗어나려고 이리저리 불어대는 것도 피곤하고 강물이 채우지도 못하면서 바다를 향해 흘러만 가는 것도 피곤합니다.

그렇다고 실제로 만물들이 피곤할까요? 그렇지 않습니다. 어찌 만물이 피곤하겠습니까? 그러면 누가 그렇게 피곤할까요? 인생입니다. 인생이 그렇게 피곤합니다. 이 말씀은 인생의 피곤함을 시적으로 묘사한 것입니다. "눈은 보아도 족함이 없고 귀는 들어도 가득 차지 않는데" 채울 수 없는 욕심을 채우려고 열심히 사는 존재가 인생입니다.

그런데도 남은 것이 없습니다. 그렇게 열심히 살았는데도 말입니다. 한평생을 살고 보니 남은 게 고작 무엇만 남았다고요? 늙고 병든 것만 남

있습니다. 죽을 날만 남았습니다. 그래서 9절과 10절에서 "해 아래에는 새 것이 없다"고 했습니다. "무엇을 가리켜 이르기를 보라 이것이 새것이라 할 것이 있으랴" 하고 물었습니다. 새것이란 우리가 흔히 말하는 것처럼 헌것이 아닌 새것이란 뜻입니다. 그러나 본문에서는 우리가 노력해서 얻은 결과를 의미합니다. 열심히 살고 아끼고 살고 자식을 위해 살아서 남은 것을 말합니다. 한평생을 그토록 애써 살았으면 뭐가 됐든 남은 것이 있어야 하는데 남은 것이 없다고 했습니다.

지금까지 인생에 대해 여러 가지로 묘사했습니다. 그러나 말씀하는 결론은 하나입니다. 무엇입니까? 인생에는 한계가 있다는 것입니다. 극히 유한한 존재라는 것입니다. 인간은 만물처럼 변화무쌍하게 사는 것 같아도 결코 벗어날 수 없는 질서와 한계 안에 살 수밖에 없습니다. 인생에는 그런 한계가 있기에 헐떡거리며 사는 것도 헛되고 열심히 사는 것도 헛됩니다. 만일 인간이 인생이 아니고 하나님이라면 한계가 있을까요? 사는 것이 허무할까요? 그렇지 않습니다. 인간에게도 사랑이 있고 하나님께도 사랑이 있습니다만 근본적으로 다른 점은 하나님의 사랑은 무한하다는 사실입니다. 그렇습니다. 하나님은 무한하십니다. 그래서 하나님께는 허무가 없습니다. 반면 인간은 극히 유한합니다. 유한해서 허무가 있습니다.

▐▶ 어떻게 사는 것이 믿음인가?

그렇다면 우리가 어떻게 살아야 할까요? 인생에게는 그런 한계가 있다면 어떻게 사는 것이 그리스도인으로서 믿음으로 사는 것일까요? 인간의 한계를 받아들이고 살아야 합니다. 인생이 그런 존재요, 인간에게는 얼마든지 허무한 일이 일어날 수 있다는 사실을 받아들이고 살아야 합니다. 하나님을 경외하는 사람은 자신의 삶을 잘 받아들이고 살아야 합니다. 이것이 전도서가 가르치는 중요한 교훈 중의 하나입니다.

전도서 7장 13절을 보시면 인생의 한계를 받아들일 것에 대해 이렇게 말씀합니다.

하나님께서 행하시는 일을 보라 하나님께서 굽게 하신 것을 누가 능히 곧게 하겠느냐(7:13)

인간에게는 형통한 날도 있고 곤고한 날도 있는데, 그것이 세상의 이치입니다. 하나님께서 세상을 그렇게 만드셨습니다. 그것을 누가 변형할 수 있을까요? 누가 곧게 펼 수 있을까요? 그것은 불가능합니다. 그러므로 인간의 한계를 인정하고 삶을 잘 받아들이고 살아야 합니다.

인간의 한계를 잘 받아들이고 사는 사람이 인생을 잘 살까요? 아니면 그 삶을 부정하거나, 무시하거나, 막연할지라도 희망만 품고 사는 사람이 더 잘 살까요? 어떤 사람이 인생을 더 잘 살까요? 받아들이는 사람이 잘 삽니다. 훨씬 잘 삽니다.

심리학자들이 곧잘 사용하는 예화가 있습니다. 월남전에서 7년 동안 포로로 잡혔다가 생환한 사람들의 이야기입니다. 그들은 돌아오지 못한 사람과 다른 점이 있었다고 합니다. 그것은 근거 없는 희망을 품지 않았다는 사실이었습니다. 막연하게 '곧 풀려 날 것이다. 크리스마스 전에는 집으로 돌아갈 것이다'라고 생각했던 사람들은 포로생활을 견디지 못했다고 합니다. 그런답니다. 현실을 외면한 채 낙관적인 생각만 가진 사람들은 현실의 고통과 절망을 이기지 못한답니다. 그들과는 달리 냉혹한 현실을 잘 받아들였던 사람들, 그러면서 긍정적인 희망을 품었던 사람들은 잘 견뎠고 집으로 돌아왔다고 합니다.

자신의 삶을 잘 받아들이는 것은 이처럼 중요합니다. 우리가 하나님을 경외하는 사람이라면 우리는 자신의 삶을 잘 받아들여야 합니다. 삶이 힘겹고 자신이 원하지 않았던 삶을 살 때가 있지만, 그 삶을 잘 받아들이고 살아야 합니다. 왜 하필이면 내가 이런 일을 당해야 하느냐고 원망스럽겠지만 그 삶을 감사하게 받아들이고 기쁘게 살아내야 합니다.

우리에게는 하나님께서 계십니다. 허무한 인생을 위로하시고 사랑하시고 도우시는 하나님께서 함께 하십니다. 그 하나님을 생각하고 삶을 받아들일 줄 아는 것이 믿음입니다. 그리스도인은 그런 믿음으로 사는 사람입니다. 우리가 그런 믿음으로 살기를 바랍니다. 그리하여 허무하지만 믿음으로 살고 허무하지만 빛나게 살기를 바랍니다. 이 삶을 통해서 은혜를 누리고 하나님의 영광을 드러내기를 주의 이름으로 기원합니다. 아멘.

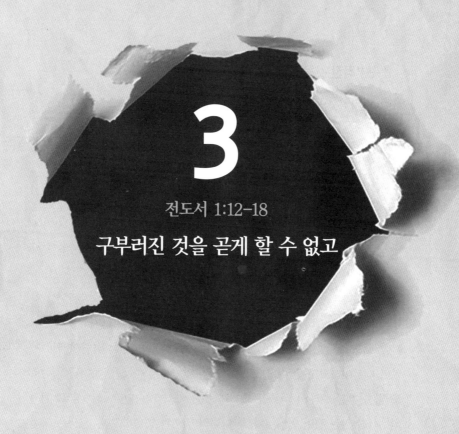

3

전도서 1:12-18

구부러진 것을 곧게 할 수 없고

전 1:12-18

¹²나 전도자는 예루살렘에서 이스라엘 왕이 되어 ¹³마음을 다하며 지혜를 써서 하늘 아래에서 행하는 모든 일을 연구하며 살핀즉 이는 괴로운 것이니 하나님이 인생들에게 주사 수고하게 하신 것이라 ¹⁴내가 해 아래에서 행하는 모든 일을 보았노라 보라 모두 다 헛되어 바람을 잡으려는 것이로다 ¹⁵구부러진 것도 곧게 할 수 없고 모자란 것도 셀 수 없도다 ¹⁶내가 내 마음 속으로 말하여 이르기를 보라 내가 크게 되고 지혜를 더 많이 얻었으므로 나보다 먼저 예루살렘에 있던 모든 사람들보다 낫다 하였나니 내 마음이 지혜와 지식을 많이 만나 보았음이로다 ¹⁷내가 다시 지혜를 알고자 하며 미친 것들과 미련한 것들을 알고자 하여 마음을 썼으나 이것도 바람을 잡으려는 것인 줄을 깨달았도다 ¹⁸지혜가 많으면 번뇌도 많으니 지식을 더하는 자는 근심을 더하느니라

☞ 구부러진 것을 곧게 할 수 없고.

전도서 1장 3절을 보면 전도자는 이렇게 묻습니다.

> 해 아래에서 수고하는 모든 수고가 사람에게 무엇이 유익한가 (1:3)

사람이 이 세상에 태어나서 열심히 사는데, 그렇게 열심히 살아서 자기에게 남은 것이 없다는 뜻이라고 했습니다. 해 아래서 애쓰고 고생하고 사는 모든 삶이 헛되다는 뜻이라고 했습니다. 그 허무가 뼛속까지 파고드는 것처럼 깊다는 것을 지난 시간에 살펴보았습니다. 그러나 우리는 항상 허무를 느끼지 않습니다. 허무하다고 생각할 때도 있지만, 그렇지 않다고 생각할 때도 있습니다. 그 이유는 무엇이라고 했습니까? 하나님의 위로가 많기 때문이라고 했습니다. 인생은 모든 것이 허무하지만, 하나님의 위로도 많습니다. 그래서 허무를 느끼지 못할 때가 많습니다. 그렇다고 해서 허무하지 않은 것이 아닙니다. 하나님의 위로가 풍성하지만, 인생은 여전히 허무합니다.

지난 주일에 예배당 문을 나서는 최영자 집사님께 제가 이렇게 인사했습니다.

"집사님, 집사님을 뵈면 인생이 허무한 것처럼 보이지 않습니다."

최 집사님이 대답하셨습니다.

"그렇습니다. 허무하지 않습니다. 그런데 전에는 참 많이 허망했습니다."

전에는 허망할 때가 많았는데 지금은 허망하다는 생각이 들지 않는다고 하셨습니다. 그런 것입니다. 인생이 허무하지만, 하나님의 위로가 많아서 허무를 잘 느끼지 못합니다. 그렇다고 해서 앞으로도 허무하지 않을까요? 그렇지 않습니다. 사노라면 또 허무를 경험하게 돼 있습니다. 그때 또 허무를 느낄 것입니다. 그게 인생입니다.

　　지난 주일 설교 때 사람이 해 아래서 수고하는 모든 수고가 헛되다는 사실을 땅과 해와 바람과 강물에 비유하여 증명했습니다. 한 세대는 왔다가 가고 또 다른 세대가 오지만, 그 세대도 갑니다. 그러나 땅은 남아 있습니다. 해가 동쪽 끝에서 떠올라서 서쪽 끝으로 힘 있게 달려가지만, 그 길을 벗어나지 못합니다. 밤새도록 헐떡거리며 달려가지만, 어제 떠올랐던 그곳에 와 있습니다. 해가 찬란하게 빛을 발하고 강력한 에너지를 발하지만, 정해진 길을 따라 다니니 결코 그 길을 벗어날 수 없습니다. 바람도 마찬가지라고 했습니다. 방향 없이 이리저리 불어대는 것 같지만, 바람도 정해진 길을 따라 분다고 했습니다. 강물도 그렇다고 했습니다. 그런 사실을 가리켜서 만물이 피곤하다고 했는데 사실은 누가 피곤하다는 뜻일까요? 인생이 피곤하다는 뜻입니다. 인생은 해처럼 바람처럼 열심히 수고하고 살지만, 정해진 길과 한계를 벗어날 수 없는 존재입니다. 그러므로 우리는 인간의 한계를 인정하고 살아야 합니다. 하나님께서 정해 놓으신 한계가 있는데 그 한계를 잘 받아들이고 살아야 합니다.

　　이런 교훈을 전도서 7장 13절에서는 이렇게 말씀합니다.

하나님께서 행하시는 일을 보라 하나님께서 굽게 하신 것을 누가 능히 곧게 하겠느냐(7:13)

하나님이 굽게 하셨다는 것은 세상에는 하나님께서 만드신 이치가 있다는 뜻입니다. 어떤 이치는 굽어 있고 어떤 이치는 곧게 펴져 있는데 하나님께서 굽게 하신 것을 누가 펼 수 있겠습니까? 하나님께서 하신 것을 사람이 어떻게 해 볼 수 없습니다. 그러므로 자신에게 주어진 삶을 받아들이고 살아야 합니다.

본문 15절에서도 동일한 말씀을 하십니다.

구부러진 것도 곧게 할 수 없고 모자란 것도 셀 수 없도다(1:15)

구부러진 것은 잘못된 것을 말합니다. 모자란 것은 부족한 것 또는 필요로 하는 부분을 말합니다. 분명히 무엇이 부족하고 어떤 것이 필요한데 인간으로서는 그것이 무엇인지 헤아릴 수가 없습니다. 결국 구부러진 것이나 부족한 것을 껴안고 살아야 하는데 이런 것들이 우리를 허무하게 합니다. 곧게 펼 수도 없고 헤아릴 수도 없습니다. 인간이 그런 존재입니다.

⁋ 한계를 인정하고 산다는 것은?

그렇다면 한계를 인정하고 산다는 것은 무엇일까요? 자신의 삶을 잘 받아들이고 살라는 것은 어떻게 살라는 것일까요? 인생이 허망하므로 허망해하며 살라는 것일까요? 운명적으로 살라는 것일까요? 그렇지 않습니다. 자신에게 주어진 삶을 부정하거나 거부하지 말라는 뜻입니다. 자신의 삶을 한탄하거나 저주하지 말라는 뜻입니다. 그리고 인생이 그런 존재임을 알고 최선을 다해 살라는 뜻입니다. 자신에게 주어진 삶을 사랑하고 열심히 살라는 뜻입니다.

특별히 전도서는 자신의 삶을 더 잘 받아들이는 것으로 기쁘게 살 것을 말씀합니다. 인생이 허무한 존재이지만 기쁘게 살라고 합니다. 그것만큼 중요한 것이 없다고 합니다. 그렇습니다. 허무한 인생을 기쁘게 사는 것보다 더 중요한 것이 없습니다. 그러므로 속상할 때가 있고 원망스러울 때가 있지만, 그렇다고 너무 마음을 상하거나 너무 원망하지 말아야 합니다. 오히려 하나님의 위로를 생각하고 기쁘게 살아야 합니다. 재미있게 살아야 합니다. 이것이 자신의 삶을 더 잘 받아들이는 것입니다.

그보다 더 잘 받아들이는 것이 있습니다. 무엇일까요? 구부러진 삶 가운데서도 하나님을 경외하고 사랑하는 것입니다. 아프고 슬프지만, 그래서 힘들고 울고 싶을 때가 있지만 그런 삶 가운데서 하나님을 경외하는 것입니다. 이것이야말로 인생의 한계를 가장 잘 인정하는 것이고, 자신의 삶을 가장 잘 받아들이고 사는 것입니다. 자신을 진정으로 사랑하는 것입니다.

우리는 하나님이 아니요, 인간이라는 사실을 기억해야 합니다. 삶이 지겹고 아플 때가 있지만, 인생이 다 그런 존재라는 것을 인정해야 합니다. 그리고 그런 삶을 원망하거나 저주하지 말고 오히려 기쁘게 살아야 합니다. 더 나아가 우리에게 주어진 삶에서 하나님을 경외하고 사랑해야 합니다.

성경은 이렇게 가르치는데 의외로 자기 삶을 잘 받아들이지 못하는 사람을 볼 수 있습니다. 받아들이기보다는 모든 문제를 기도와 믿음으로 타결해 버리려고 합니다. 기도로 인간의 한계와 연약함을 죄다 넘어서려고 합니다. 사실 우리는 그렇게 하는 것만 믿음이라고 배웠습니다. 기도만 하면 뭐든지 이뤄지고 믿음만 있으면 원하는 것을 다 이룰 수 있는 것으로 배웠습니다. 물론 기도에는 하나님의 응답이 있습니다. 믿음을 통해서 이적이 나타납니다. 그러나 기도와 믿음을 통해서 주시는 이적과 같은 은혜는 보편적 은혜가 아닙니다. 매번 베푸시는 은혜가 아닙니다. 그것은 특별한 은혜입니다. 어쩌다 한 번 주시는 은혜입니다. 예를 들면 암을 앓는 사람이 기도했더니 한 방에 낫는 일이 있습니다. 하나님께서는 기도와 믿음을 통해서 그런 은혜를 주십니다. 그렇다고 그런 은혜가 일반적일까요? 항상 기도하면 암을 고쳐주시고, 믿음만 있으면 항상 나을까요? 누구에게나 그런 은혜를 주실까요? 그렇지 않습니다. 그것은 특별한 은혜이고 매우 제한된 은혜입니다. 그런데도 기도만 하면 원하는 대로 되고 믿음만 있으면 소원대로 된다고 믿는 것은 인간의 욕심입니다. 그것은 기도도 신앙도 아닙니다. 그런 식으로 신앙생활을 하는 것은 하나님의 섭리에 대한 무지이고 인간의 한계를 받아들이지 않는 태도입니다.

우리는 일상의 삶에서 하나님의 은혜를 구하며 살아야 합니다. 욕심과 미움을 버리도록 기도하고 하는 일을 잘 감당하는 지혜와 은혜를 주시기를 기도해야 합니다. 힘겹고 아픈 삶이지만 잘 이기도록 기도하고 구차한 삶이지만 포기하지 않고 용기를 가지고 살도록 기도해야 합니다. 또 그런 삶을 기쁨으로 살도록 기도하고 믿음으로 살도록 기도해야 합니다. 그렇게 기도할 때 주시는 은혜가 있습니다. 그 은혜로 우리의 삶을 잘 살 수 있습니다. 자신의 삶을 사랑하며 살 수 있고 기쁘게 살 수 있고 하나님을 경외하는 믿음으로 살 수 있습니다. 기도하고 인내하고 기도하고 용기를 내고 기도하고 소망을 품어야 합니다. 그렇게 사는 것이 믿음으로 사는 것입니다. 하나님의 뜻대로 사는 것입니다. 그렇게 사는 분들은 하나님의 위로를 누리며 자신의 삶을 잘 살 수 있습니다. 그 삶을 통해서 하나님의 의를 드러내며 살 수 있습니다. 우리에게 그런 은혜가 있기를 바랍니다.

☛ 예루살렘 왕 전도자

본문 12절을 보면 전도서를 기록한 사람은 자기를 이렇게 소개합니다.

> 나 전도자는 예루살렘에서 이스라엘 왕이 되어(1:12)

전도서 1장 1절에서는 이렇게 소개했습니다.

> 다윗의 아들 예루살렘 왕 전도자의 말씀이라(1:1)

이 사람이 누군지 짐작이 가시지요? 이 사람은 다윗의 아들이었고 예루살렘에서 왕이 되었습니다.

오늘날 대통령중심제에서는 대통령의 권한이 막중합니다만 그렇다고 고대의 절대군주에 비할 바는 아닙니다. 고대의 군주는 정부만 아니라 사법부와 입법부의 권한까지 거머쥐었습니다. 국가의 모든 경제력과 인적 자원을 총동원할 수 있는 권력을 쥐고 있었습니다. 현대의 대통령이라면 이집트의 피라미드와 스핑크스와 같은 토목공사를 할 수 있을까요? 불가능합니다. 고대의 군주들이나 할 수 있는 일입니다. 그런 점에서 고대의 왕은 인간의 모든 가능성을 시험해 볼 수 있는 위치에 있었다고 할 수 있습니다.

이 왕은 자신을 '하나님 백성의 왕'이라 했고 또 '전도자'라 했습니다. 전도자는 도를 전하는 사람이라는 뜻입니다. 하나님의 말씀을 전하는 자라는 말입니다. 그런 사실을 고려하면 그는 하나님의 백성에게 지혜를 가르치는 선생이요, 참지식을 전하는 자라 할 수 있습니다. 그는 자신의 신분과 권한과 개인적인 자질과 능력을 총동원해서 해 아래서 행하는 모든 일을 연구했습니다.

그리고 내린 결론이 본문 13절입니다.

마음을 다하며 지혜를 써서 하늘 아래에서 행하는 모든 일을 연구하며 살핀
즉 이는 괴로운 것이니 하나님이 인생들에게 주사 수고하게 하신 것이라
(1:13)

이 왕은 왕자로 살면서 왕이 되기 위한 수업을 받았습니다. 왕이 된 후에
도 많은 학문을 통달했습니다. 그는 지혜가 얼마나 중요한지 잘 알았습니
다. 그래서 잠언을 많이 지어 지혜를 가르쳤고, 전도서에서도 지혜의 중요
성을 강조했습니다. 그런 그가 "마음을 다하며 지혜를 써서 하늘 아래에서
행하는 모든 일을 연구하며 살폈다"고 했습니다. 자신의 지혜를 총동원하
여 인간에게 일어나는 수많은 일을 자세히 연구하고 관찰했습니다. 자신
을 이처럼 소개한 것은 전도자의 결론이 단편적인 지식이 아니라는 것을
의미합니다. 그것은 다방면으로 깊이 살펴보고 내린 지식이고, 객관적인
진리라는 것을 의미합니다.

☞ 이는 괴로운 것이니

그래서 내린 결론이 무엇이었을까요? "이는 괴로운 것이니 하나님이 인생
들에게 주사 수고하게 하신 것이라"고 했습니다. 괴롭다고 했습니다. 뭐
가 괴롭다는 것일까요? 지혜와 지식을 총동원해서 무엇을 연구하고 살피
는 것이 괴롭다고 했습니다.

　이 말씀을 합동신학대학원에서 저희 제자들에게 구약을 가르치셨던
김성수 교수님은 원문에 충실하게 이렇게 번역했습니다.

"하나님이 사람들로 하여금 관심을 가지고 부단히 행하게 하신 일이라"

세상의 모든 이치와 삶에 관심을 두고 살피고 연구하는 마음은 하나님께서 인간에게 주신 마음이라는 뜻입니다. 다시 말해서 지혜와 지식의 활동은 하나님께서 인간에게 주신 일종의 본능이라는 것입니다.

여러분께서는 이 말씀을 어떻게 생각하십니까? 그렇다고 생각하십니까? 저는 그렇다고 생각합니다. 아기들을 보세요. 아기들은 아기들대로 뭘 안다고 호기심을 갖고 나름대로 탐구하고 배우려고 합니다. 어른들은 컴퓨터와 스마트폰을 가르쳐줘도 잘 모릅니다. 활용도 잘 못합니다. 그런데 아이들은 가르쳐주지 않아도 스스로 연구해서 터득합니다. 그들 나름대로 지혜와 지식을 동원하여 탐구 활동을 합니다. 그런 마음은 하나님께서 인간에게 본능으로 주신 마음입니다.

인간에게 그런 지혜와 지식의 활동이 있다는 것은 큰 장점이고 능력입니다. 인간은 지혜와 지식의 활동 또는 이성적 활동을 통하여 세상을 지배합니다. 세상을 다스리고 정복합니다. 이것도 하나님께서 주신 선물입니다. 최고의 선물 중 하나입니다. 그런데 전도자는 이것을 가리켜서 괴로운 것이라고 했습니다. 왜 괴롭다고 했을까요? 여러분은 무엇을 연구하고 관찰하고 살피는 것이 괴로우신가요? 무엇이 문제인지 원인을 찾아내고 그것을 바로 잡으려는 노력이 괴로우신가요? 저는 그렇다고 생각합니다. 잘 아는 것이라면 괴롭지 않겠지만, 잘 모르는 것을 탐구하는 것은 머리가 아프지요. 탐구해도 다 알 수 없고 안다고 해도 허탈할 때가 있거든요.

그런데 전도자는 왜 괴롭다고 했을까요? 그 대답이 본문 15절입니다.

구부러진 것도 곧게 할 수 없고 모자란 것도 셀 수 없도다(1:15)

앞에서 말씀드렸듯이 인생에는 구부러진 것이 있고 부족한 것이 있습니다. 그런데 인간에게는 곧게 바로잡고 채울 수 있는 능력이 없습니다. 지혜와 지식의 활동은 하나님께서 인간에게 주신 큰 선물이요 능력이지만, 그 지적 활동으로도 바로 잡을 수 없습니다. 인간의 지성은 놀라운 잠재력과 능력이 있지만, 그 역시 한계가 있습니다.

그래서 본문 14절에서는 이렇게 말씀합니다.

> 내가 해 아래에서 행하는 모든 일을 보았노라 보라 모두 다 헛되어 바람을 잡으려는 것이로다(1:14)

17절에서도 그렇게 말씀합니다.

> 내가 다시 지혜를 알고자 하며 미친 것들과 미련한 것들을 알고자 하여 마음을 썼으나 이것도 바람을 잡으려는 것인 줄을 깨달았도다(1:17)

인간에게 있어서 지적 활동은 대단한 능력이지만 그렇다고 모든 것을 잡을 수는 없습니다. 잡을 수 없는 것들이 있습니다. 지적 활동도 한계가 있습니다.

전도서는 지혜의 중요성을 가르칩니다. 그러나 지혜도 한계가 있다고 합니다. 그래서 어떻게 하라는 것일까요? 인간이 모든 것을 다 알 수 있는 것처럼 생각하지 말라고 합니다. 지적 능력도 한계가 있음을 알고, 너무 과신하지 말라고 합니다. 오히려 그런 지적 활동을 통해서 인간의 인간 됨을 깨닫고 그 한계를 정해 놓으신 하나님을 알라고 합니다. 그 하나님을 높이 경외하고 사랑하라고 합니다. 그렇게 사는 것이 믿음입니다.

　　우리는 우리의 능력을 과신하지 않아야 합니다. 인간의 재능과 지혜와 능력이 아무리 탁월하다 해도 한계가 있음을 알고 겸손해야 합니다. 하나님 앞에서 겸손하게 믿음으로 살아야 합니다. 그런 자세로 사는 분들이 인생을 잘 삽니다. 하나님을 경외한다면 그런 자세로 살아야 합니다. 우리가 이런 자세를 배워서 자신을 과신하지 않으면서 하나님을 경외하는 믿음으로 살기를 바랍니다. 그리하여 우리의 인생을 의롭게, 빛나게 잘 살아내기를 주의 이름으로 기원합니다. 아멘.

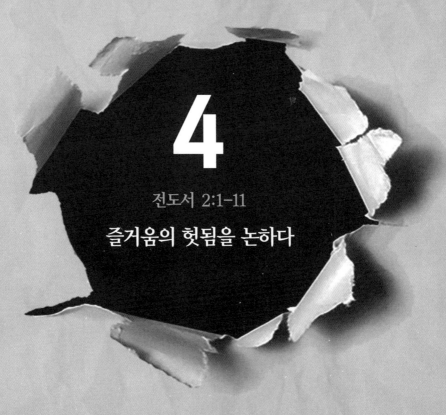

4

전도서 2:1-11

즐거움의 헛됨을 논하다

전 2:1-11

¹나는 내 마음에 이르기를 자, 내가 시험삼아 너를 즐겁게 하리니 너는 낙을 누리라 하였으나 보라 이것도 헛되도다 ²내가 웃음에 관하여 말하여 이르기를 그것은 미친 것이라 하였고 희락에 대하여 이르기를 이것이 무슨 소용이 있는가 하였노라 ³내가 내 마음으로 깊이 생각하기를 내가 어떻게 하여야 내 마음을 지혜로 다스리면서 술로 내 육신을 즐겁게 할까 또 내가 어떻게 하여야 천하의 인생들이 그들의 인생을 살아가는 동안 어떤 것이 선한 일인지를 알아볼 때까지 내 어리석음을 꼭 붙잡아 둘까 하여 ⁴나의 사업을 크게 하였노라 내가 나를 위하여 집들을 짓고 포도원을 일구며 ⁵여러 동산과 과원을 만들고 그 가운데에 각종 과목을 심었으며 ⁶나를 위하여 수목을 기르는 삼림에 물을 주기 위하여 못들을 팠으며 ⁷남녀 노비들을 사기도 하였고 나를 위하여 집에서 종들을 낳기도 하였으며 나보다 먼저 예루살렘에 있던 모든 자들보다도 내가 소와 양 떼의 소유를 더 많이 가졌으며 ⁸은 금과 왕들이 소유한 보배와 여러 지방의 보배를 나를 위하여 쌓고 또 노래하는 남녀들과 인생들이 기뻐하는 처첩들을 많이 두었노라 ⁹내가 이같이 창성하여 나보다 먼저 예루살렘에 있던 모든 자들보다 더 창성하니 내 지혜도 내게 여전하도다 ¹⁰무엇이든지 내 눈이 원하는 것을 내가 금하지 아니하며 무엇이든지 내 마음이 즐거워하는 것을 내가 막지 아니하였으니 이는 나의 모든 수고를 내 마음이 기뻐하였음이라 이것이 나의 모든 수고로 말미암아 얻은 몫이로다 ¹¹그 후에 내가 생각해 본즉 내 손으로 한 모든 일과 내가 수고한 모든 것이 다 헛되어 바람을 잡는 것이며 해 아래에서 무익한 것이로다

☞ 하나님의 정하신 한계

전도서를 기록한 기자는 자신을 전도자로 소개했고 하나님 백성의 왕으로 소개했습니다. 그는 왕이 되기 전에도 많은 학문을 배웠고 왕이 된 후에도 그랬습니다. 특별히 자신을 전도자라고 소개한 것은 하나님 백성의 선생이라는 의미입니다. 하나님의 백성에게 하나님의 말씀을 가르치는 자라는 것인데, 그는 특히 지혜를 가르쳤습니다.

전도서 12장 9절을 보면 그런 사실을 이렇게 말씀합니다.

> 전도자는 지혜자이어서 여전히 백성에게 지식을 가르쳤고 또 깊이 생각하고 연구하여 잠언을 많이 지었으며(전 12:9)

그는 하나님 백성의 스승으로서 지식을 가르쳤고 지혜를 많이 연구하여 잠언을 지었다고 했습니다. 그 잠언이 바로 성경의 잠언입니다. 이런 사실을 말씀한 것은 그는 지혜와 지식의 중요성을 잘 알았다는 것을 의미합니다. 그만큼 그는 지혜를 중요하게 여겼습니다.

그런데도 그는 인간의 지적인 활동을 괴로운 것이라고 했습니다. 그것이 하나님께서 인간에게 주신 본능이고 최고의 선물이지만 괴로운 것이라고 했습니다. 왜 그렇게 생각했을까요? 지혜의 중요성을 말하고 가르치고 강조했던 그가 왜 그런 결론을 내렸을까요?

그 이유를 전도서 1장 15절에서 이렇게 말씀했습니다.

> 구부러진 것도 곧게 할 수 없고 모자란 것도 셀 수 없도다(전 1:15)

인간이 아무리 출중한 지혜를 가졌다고 해도 하나님께서 구부러지게 하신 것을 곧게 펼 수 없다는 것입니다. 다시 말해서 하나님께서 지혜를 선물로 주셨지만, 그것도 한계가 있다는 것입니다. 인간이 넘어설 수 없는 한계가 있고 넘어서려고 시도해서도 안 되는 한계가 있다는 것입니다.

인간의 지성에는 엄청난 잠재력이 있습니다. 그 누구도 감히 상상할 수 없었던 일을 가능하게 합니다. 정말 대단한 능력입니다. 그러나 그 지성도 한계가 있습니다. 결코 넘어설 수 없는 한계가 있고 넘어서는 안 될 한계가 있습니다. 하나님께서 인간에게 지성을 주실 때 그렇게 한계를 정해 놓으셨습니다. 그것을 인정해야 합니다. 그것을 인정하고 받아들이고 살아야 합니다.

안타깝게도 인간은 그 한계를 넘어설 수 있다고 믿고 사는 것처럼 보입니다. 한계를 받아들이지 않고 하나님께 도전하려고 합니다. 하나님을 넘어서거나 격하시키려고 합니다. 그것은 현대인들의 사고를 보면 알 수 있습니다. 현대인은 과학과 하나님 중 누구를 더 신뢰할까요? 과학이 아닐까요? 현대인은 그렇게 생각합니다. 하나님보다 과학이 더 옳다고 믿고 싶습니다.

한국의 대표적 지성으로 추앙받는 이어령 교수는 그의 글에서 현대는 기독교의 위기가 아니라 문명의 위기라고 진단했습니다. 현대인에게는 과학이 하나님의 자리를 대신하고 있다는 점을 지적하며 이것을 문명의 위기라고 했습니다.

실제로 현대인들은 하나님께서 무어라고 말씀하셨느냐, 도덕적으로 무엇이 옳으냐를 중요하게 여기지 않습니다. 그보다는 과학이 무어라고 말하느냐, 인간인 나에게 무엇이 더 좋으냐를 중요하게 여깁니다. 하나님보다도 과학을 더 신뢰하고, 하나님보다 인간을 더 중심에 두고 싶습니다. 이것은 하나님보다는 인간의 지성을 더 신뢰한다는 뜻입니다. 인간도 하나님이 될 수 있다고 생각하거나, 인간이 하나님과 대등한 존재라고 생각합니다.

현대인이 능력으로 여기는 무엇일까요? 돈일까요, 하나님일까요? 이 질문에 대한 대답은 무엇을 더 좋아하는가를 물어보면 알 수 있습니다. 여러분은 돈이 더 좋으십니까? 하나님이 더 좋으십니까? 하나님이 더 좋다는 분도 계시겠지만 대답하기가 곤란한 분도 계시지 않을까요? 마음으로는 하나님보다 돈이 더 좋은데, 그렇다고 돈이 더 좋다고 말하는 것이 곤란하지 않을까요? 이런 것을 보아도 인간이 하나님을 어떻게 생각하는지 알 수 있습니다. 현대인은 하나님보다 과학을 더 신뢰하고 하나님보다 돈을 더 큰 능력으로 생각하는 경향이 뚜렷합니다.

오늘날에 그런 사고가 시대정신이 돼 버린 것은 뉴에이지 운동의 영향이라 할 수 있습니다. 40, 50년 전부터 그런 사상이 세계적으로 널리 퍼졌는데 우리나라도 예외가 아닙니다. 뉴에이지운동은 종교적 혼합주의를 말합니다. 세상의 모든 종교를 혼합해서 절대적인 하나님을 상대적인 분으로 격하시켰습니다. 그 결과 하나님은 전능하신 분이 아니며, 인간이 신을 이길 수 있고 인간도 신적인 존재가 될 수 있다고 생각합니다. 지금 30, 40대 장년은 그런 만화와 영화를 보고 자랐습니다.

예전에도 지적한 바 있지만, 유재석 씨를 유느님으로 부릅니다. 여배우들이 얼굴 좀 예쁘다고 여신으로 부릅니다. 김성근 감독이 야구를 잘한다고 야신으로 부릅니다. 예전에는 감히 인간에게 신이라는 말을 붙여줄 엄두를 내지 않았습니다. 그것은 하나님에 대한 모독으로 여겼습니다. 불신자라도 그런 말을 사용하지 않았습니다. 그러나 오늘날은 인간에게 신이라는 칭호를 붙여주고 인간이 하나님의 자리를 대신할 수 있는 것으로 생각합니다. 그런 정신과 시도는 하나님께서 정해주신 한계를 넘어서는 도전입니다. 하나님을 하나님으로 인정하지 않고 인간이 하나님과 같은 존재이거나, 하나님이 될 수 있다는 생각입니다.

이런 사실은 인간이 얼마나 타락했는가를 보여주는 명백한 증거입니다. 앞으로도 세상은 그렇게 돌아갈 것입니다. 인간의 지성을 무한한 것으로 믿고 인간이 신이나 되는 것처럼 방자하게 굴 것입니다. 과학이 하나님이나 되는 것처럼 생각하고 감히 하나님의 영역을 도전할 것입니다. 그러나 우리에게 하나님을 경외하는 믿음이 있다면 우리는 그렇게 살지 않아야 합니다. 인간의 한계를 깨닫고 인간과 지성을 과신하지 않아야 합니다. 우리는 유한한 인간일 뿐이며, 하나님은 하나님이시라는 것을 기억하고 살아야 합니다.

☞ 무엇이 즐거움인지 시험해보다

본문은 즐겁게 사는 것의 헛됨을 논합니다. 그래서 설교 제목도 '즐거움의 헛됨을 논하다' 로 정했습니다.

본문의 1절은 그런 결론을 내린 과정에 대해 말씀합니다.

> 나는 내 마음에 이르기를 자, 내가 시험 삼아 너를 즐겁게 하리니 너는 낙을 누리라 하였으나 보라 이것도 헛되도다(2:1)

시험적으로 즐겁게 했다는 것은 모든 즐거운 일들을 시도해 봤다는 뜻입니다. 왕으로서 동원할 수 있는 모든 권력과 부와 능력을 총동원해서 시험해봤는데 결론은 즐겁게 사는 것도 헛되더라고 했습니다.

이게 무슨 말일까요? 지난주일 설교 때 전도서는 인생이 허무하지만, 그 삶을 받아들이고 살 것을 교훈한다고 했습니다. 그리고 그 삶을 더 잘 받아들이는 것은 즐겁게 사는 것이라고 했습니다. 가장 잘 받아들이는 것은 허무한 삶 가운데서도 하나님을 경외하고 사는 것이라 했습니다. 그런데 즐겁게 사는 것도 허무하다니요? 이게 무슨 말일까요? 이 문제를 상고하기 전에 먼저 전도서가 즐거움에 대해 어떻게 말씀하고 있는지 확인부터 하겠습니다.

전도서 2장 24절을 보십시오.

> 사람이 먹고 마시며 수고하는 것보다 그의 마음을 더 기쁘게 하는 것은 없나니 내가 이것도 본즉 하나님의 손에서 나오는 것이로다(전 2:24)

인생의 모든 수고가 허무하지만 그러한 인생에서 기쁨을 누리고 사는 것보다 귀한 것이 없다고 했습니다. 그것도 하나님의 손에서 나온다고 했는데 하나님께서 주신 복이라는 뜻입니다.

전도서 2장 26절에서는 또 이렇게 말씀합니다.

> 하나님은 그가 기뻐하시는 자에게는 지혜와 지식과 희락을 주시나(전 2:26)

지혜와 지식과 마찬가지로 희락도 하나님께서 주신 선물이라고 했습니다. 전도서는 이 기쁨의 중요성을 자그마치 열 번이나 말씀합니다. 그것도 강조하면서 최상급을 사용하여 강조합니다. 즐거움이란 그렇게 중요합니다. 그런데 왜 즐겁게 사는 것도 헛되다는 것일까요? 전도자는 쾌락을 위해 경험해 본 것들을 3절에서부터 8절까지 나열합니다. 그 경험을 둘로 정리하면 하나는 부정적인 즐거움이고 다른 하나는 긍정적인 즐거움입니다. 부정적인 즐거움이란 좋지 못한 일에서 얻을 수 있는 즐거움을 말합니다.

8절 하반절을 보면 "인생들이 기뻐하는 처첩들을 많이 두었노라"고 합니다. 본처 외에 여러 명의 아내와 여러 명의 첩이 있었다는 것입니다. 그렇게 할 수 있었던 것은 그가 왕이었기 때문이었습니다. 왕이 아니더라도 그런 일은 동서고금을 막론하고 흔히 볼 수 있는 사회적 현상이었습니다. 우리의 근대사만 아니라 현대사에서도 그런 사례를 어렵지 않게 접할 수 있습니다.

하나님은 가정을 만드실 때 일부일처제로 만드셨습니다. 그러나 사람들은 자기 아내 한 사람만으로 만족하지 않았습니다. 싫증을 느끼거나, 그렇지 않더라도 다른 여자에게 많은 관심을 둡니다. 그 이유는 무엇일까요? 인간에게는 호색하는 마음이 있기 때문입니다. 자기 아내가 아닌 다른 여자에게서 기쁨을 얻고 그렇게 살면 더 재미있으리라고 생각하는 마음이 강하기 때문입니다. 이것도 타락한 본성입니다. 따라서 이런 식으로 삶의 즐거움을 찾는 것은 부패한 증거요, 악이요, 죄입니다.

그런 즐거움이 오래갈까요? 죽을 때까지 기쁨을 줄까요? 그럴 리가 없습니다. 그런 즐거움은 당연히 허무할 수밖에 없는 낙이고 마땅히 허무해야 할 낙입니다. 우리 중 누구든지 그런 즐거움에 현혹되는 일이 없기를 바랍니다. 그러나 그런 쾌락을 찾는 자가 있습니다. 그런 자는 인생을 엎어 먹을 것입니다.

부정적인 즐거움에는 술에서 얻는 즐거움도 포함합니다. 세계에서 술을 가장 많이 마시는 사람이 한국 사람이라고 합니다. 그렇게 술을 좋아하는 사람이 건강할까요? 그 가정이 평안할까요? 인생을 잘 살까요? 그럴 리가 없습니다. 술에는 마시는 즐거움, 취하는 즐거움이 있습니다. 그렇다고 그 즐거움이 인생의 참된 가치와 의미가 될 수 있을까요? 될 수 없습니다. 잠깐은 좋을지 모르겠지만 곧 허무하다는 것을 알게 될 것입니다. 전도자도 술에서 즐거움을 찾아봤지만 역시 허무하더라고 했습니다. 그러면 살면서 우리에게 가장 기쁨이 되는 것은 무엇일까요? 언제라도 기쁨이 되는 것, 항상 있기를 바라는 기쁨, 그것은 무엇일까요? 돈이 아닐까요? 자식도, 남편도 아니고 아마 돈일 것입니다. 사람들은 정말 돈을 좋아합니다. 돈에서 큰 즐거움을 찾습니다. 전도자도 그렇게 생각했습니다. 그래서 다양한 경제활동을 하고 부를 축적했습니다. 사업도 크게 확장했고 큰 집도 여러 채 지었고 포도원과 각종 과원을 만들어서 여러 가지 과일도 재배했습니다. 농업기술과 환경이 열악했던 고대에서 과원을 잘 가꾸는 것은 어려운 일이었습니다. 그런데도 잘 가꿔서 동산을 만들었다고 했습니다. 동산은 낙원이라는 뜻입니다. 그는 낙원처럼 잘 가꿨습니다.

그 외에도 노비도 많이 두었고 소와 양을 많이 키웠고 은과 금과 여러 가지 보물도 많이 쌓았습니다. 예루살렘에 보관할 수 없어서 지방의 여러 도시에 보물창고를 만들고 보관했을 정도였습니다. 그는 왕으로 할 수 있는 모든 역량을 동원해서 사업을 확장했고 재산을 축적했습니다.

지금까지 전도자는 왕으로서 무엇이 낙인지 알기 위해 실험해 본 산업 활동을 열거했습니다. 전도자는 이 모든 일을 통해서 많은 즐거움을 얻었습니다. 우리도 그러지 않을까요? 여러 가지 사업을 확장했는데 그게 다 잘 됩니다. 큰 농장도 하나 있고 큰 목장도 있습니다. 다양한 수입원에서 들어오는 돈이 차고 넘칩니다. 저축할 돈이 얼마나 많은지 이 은행, 저 은행, 여러 은행에 분산해서 저축합니다. 그렇게 되면 사는 것이 즐겁고 행복하지 않을까요? 그럴 수 있습니다. 재물과 부에서 얻는 기쁨이 있거든요. 전도자가 그랬습니다. 그로 인해 많은 즐거움을 얻었습니다. 그러나 결국은 그런 즐거움도 헛되다고 했습니다. 사람이 살면서 낙을 누리는 것보다 더 중요한 것이 없다고 했는데 그 낙을 누리는 것도 허무하더라고 했습니다.

그러면서 전도자는 본문 11절에서 이렇게 말합니다.

그 후에 내가 생각해 본즉 내 손으로 한 모든 일과 내가 수고한 모든 것이
다 헛되어 바람을 잡는 것이며 해 아래에서 무익한 것이로다(2:11)

그렇게 살아보니 도무지 잡을 수 없는 바람을 잡으려는 것과 같더라고 했습
니다. 전도자가 이렇게 말한 것은 기쁘게 사는 것이 의미가 없다는 뜻이 아
닙니다. 기쁘게 살 필요가 없다는 뜻도 아닙니다. 기쁘게 사는 것이 정말 중
요한데, 그렇게 기쁨을 얻었다고 해서 허무가 없어지는 것이 아니라는 뜻입
니다. 그렇게 즐겁게 사는 것도 한계가 있고 따라서 인간에게는 허무한 것
과 부조리한 일이 일어날 수밖에 없다는 뜻입니다. 이것이 인생입니다.

　전도자만큼은 아닐지 모르지만, 우리도 모든 수고를 마다하지 않고
삽니다. 열심히 삽니다. 자신과 가족의 행복을 위해서 아침 일찍부터 밤늦
게까지 열심히 삽니다. 그래서 취업하고 진급했다고 좋아합니다. 돈을 모
으고 집을 장만했다고 가슴 두근거리며 행복감에 젖어 살기도 합니다. 그
렇다고 인생이 허무하지 않을까요? 그렇지 않잖아요? 즐거워서 언제까지
나 행복할 것 같아도 그 즐거움도 곧 허무하잖아요? 그렇습니다. 오늘 기쁘
고 좋은 일이 있었지만, 내일 허망한 일이 일어날 수 있습니다. 그래서 어
제의 즐거움은 사라지고 오늘은 허망하고 슬퍼하기도 합니다. 우리가 그렇
게 살지 않습니까? 맞습니다. 우리는 그렇게 삽니다. 그것이 인생입니다.
　그러므로 우리가 하나님을 경외하고 사랑한다면 인간이 그런 존재라
는 것을 받아들이고 살아야 합니다. 모든 수고를 해도 얻고 싶은 것을 얻

지 못할 수도 있고 다 얻었다고 기뻐해도 그 기쁨도 잠시라는 것을 알고 살아야 합니다. 재물과 부에서 얻는 기쁨이 있지만, 그것도 헛되다는 것을 알고 살아야 합니다. 참 허무합니다. 사는 것이 허무합니다.

그렇지만 그런 우리에게 하나님께서 계십니다. 하나님께서 우리와 함께하십니다. 우리를 사랑하시고 우리를 도우시고 위로하시고 영원한 소망을 주십니다. 그러므로 하나님을 경외하는 믿음으로 살기를 바랍니다. 종종 부조리한 것과 허무를 경험하지만, 그 삶을 하나님을 경외하고 사랑하는 믿음으로 살기를 바랍니다. 그리하여 허무한 인생을 하나님의 위로 가운데 잘 살기를 바랍니다. 하나님의 의를 드러내며 잘 살아내기를 주의 이름으로 기원합니다. 아멘

5

전도서 2:12-17

지혜의 헛됨을 논하다

전 2:12-17

¹²내가 돌이켜 지혜와 망령됨과 어리석음을 보았나니 왕 뒤에 오는 자는 무슨 일을 행할까 이미 행한 지 오래 전의 일일 뿐이리라 ¹³내가 보니 지혜가 우매보다 뛰어남이 빛이 어둠보다 뛰어남 같도다 ¹⁴지혜자는 그의 눈이 그의 머리 속에 있고 우매자는 어둠 속에 다니지만 그들 모두가 당하는 일이 모두 같으리라는 것을 나도 깨달아 알았도다 ¹⁵내가 내 마음속으로 이르기를 우매 자가 당한 것을 나도 당하리니 내게 지혜가 있었다 한들 내게 무슨 유익이 있으리요 하였도다 이에 내가 내 마음속으로 이르기를 이것도 헛되도다 하였도다 ¹⁶지혜자도 우매자와 함께 영원하 도록 기억함을 얻지 못하나니 후일에는 모두 다 잊어버린 지 오랠 것임이라 오호라 지혜자의 죽 음이 우매자의 죽음과 일반이로다 ¹⁷이러므로 내가 사는 것을 미워하였노니 이는 해 아래에서 하는 일이 내게 괴로움이요 모두 다 헛되어 바람을 잡으려는 것이기 때문이로다

지성은 하나님께서 주신 최고의 선물 중 하나입니다. 그것은 지적 본능이라 할 수 있는데 무엇을 탐구하고 연구하는 능력은 인간이 가진 최고의 능력이라 할 수 있습니다. 역사 이래 문명과 과학은 엄청나게 발전해 왔습니다. 앞으로도 엄청나게 발전할 것입니다. 어디까지 발전할지 예측이 불가할 만큼 발전할 것입니다. 이런 사실을 고려하면 인간의 지성은 무한한 잠재력을 지닌 것처럼 보입니다. 그러나 인간의 지성에도 한계가 있습니다. 더는 넘어설 수 없는 한계가 있고, 넘어가서는 안 될 한계가 있습니다.

지혜도 마찬가지입니다. 지혜는 인생을 살아가는 기술이라고 할 수 있습니다. 인생을 잘살게 하는 기술. 그러나 그것도 한계가 있습니다. 하나님께서 정하신 한계가 있고, 넘어설 수 없는 한계가 있습니다. 지혜서가 그렇게 가르칩니다. 우리가 그런 사실은 안다면 우리가 인간이라는 사실을 기억하고 살아야 합니다. 인간의 지혜가 무한한 것 같아도 인간은 인간이라는 사실을 기억하고 살아야 합니다. 그런 사람은 인간을 과신하지 않습니다. 오히려 그 능력을 주신 하나님을 경외하며 겸손합니다.

지혜에는 한계가 있다고 했는데, 그렇다고 해서 중요하지 않다는 뜻이 아닙니다. 지혜는 유한하지만 중요합니다.

그 중요성을 본문 13절은 이렇게 말씀합니다.

내가 보니 지혜가 우매보다 뛰어남이 빛이 어둠보다 뛰어남 같도다(2:13)

빛과 어두움은 서로 반대되는 특징이 있습니다. 그 차이가 확연합니다. 대조할 수 없을 정도입니다. 그만큼 빛은 뛰어납니다. 탁월합니다. 그와 같은 것이 무엇일까요? 지혜입니다. 지혜는 얼마나 탁월한지 우매와 비교할 수 없을 정도입니다. 지혜로운 사람이 그렇습니다. 미련한 자와는 비교할 수 없을 정도입니다.

본문 14절 상반절은 지혜의 중요성을 또 이렇게 말씀합니다.

지혜자는 그의 눈이 그의 머리 속에 있고 우매자는 어둠 속에 다니지만 (2:14a)

지혜자의 눈이 머리 속에 있다는 것은 무슨 뜻일까요? 개역 성경에서는 눈이 밝다고 표현했는데, 물론 육안이 밝다는 뜻이 아닙니다. 무슨 뜻일까요? 분별력이 좋다는 뜻입니다. 세상의 이치를 이해하고 판단하는 능력이 좋다는 뜻입니다. 그래서 행할 바를 압니다. 자신의 위치에서 해야 할 일이 무엇인지, 하지 말아야 할 일이 무엇인지 잘 압니다. 반면 우매자는 어두움에 다닌다고 했습니다. 어리석은 짓을 한다는 뜻입니다. 마땅히 해야 할 일과 하지 말아야 할 일을 구분하지 못하고 스스로 고난을 자초하고 산다는 뜻입니다.

그렇습니다. 사람이 어리석으면 고난을 자초합니다. 어리석은 짓을 잘하고 그러한 만큼 사는 것이 고달플 수 있습니다. 하지만 지혜로운 사람은 사리가 밝아서 그렇게 살지 않습니다. 미련한 짓을 하지 않습니다. 어두움에 다니지 않습니다. 그런 점에서 볼 때 지혜는 허무를 예방하는 방편이라 할 수 있습니다. 허망한 일을 하지 않게 하고 당하더라도 최소한으로 당하게 하는 예방책이라 할 수 있습니다. 지혜는 그렇게도 중요합니다. 사실 지혜서가 그런 사실을 가르칩니다. 무엇이 지혜인가를 가르치는데 허무를 이기게 하는 것이 지혜라고 합니다.

그렇다면 지혜를 배워야 하지 않을까요? 지혜가 무엇인지, 하나님의 백성이 어떻게 살아야 하는지를 배워야 하지 않을까요? 그래야 합니다. 배워야 합니다. 우리가 지혜서를 읽기를 바랍니다. 잠언과 욥기와 전도서를 읽고 배우기를 바랍니다. 그리하여 하나님의 백성으로서 미련한 자가 되지 않고 지혜로운 자가 되기를 바랍니다. 그런 분은 허무하지만 허무한 인생을 잘 살아냅니다.

그러면 지혜로운 사람은 당할 일도 안 당할까요? 우매한 자가 당하는 일을 안 당하고 허무한 일을 안 당할까요? 그렇지 않습니다. 아무리 지혜로운 자라도 허무를 피해 가지 못합니다. 우매한 자가 당하는 일을 똑같이 당할 수 있습니다.

본문 14절과 15절을 보십시오.

> 지혜자는 그의 눈이 그의 머리 속에 있고 우매자는 어둠 속에 다니지만 그들 모두가 당하는 일이 모두 같으리라는 것을 나도 깨달아 알았도다 내가 내 마음속으로 이르기를 우매자가 당한 것을 나도 당하리니 내게 지혜가 있었다 한들 내게 무슨 유익이 있으리요 하였도다 이에 내가 내 마음속으로 이르기를 이것도 헛되도다 하였도다(2:14-15)

지혜로운 사람은 우매한 사람보다 상대적으로 허망한 짓을 적게 합니다. 잘 안 합니다. 그렇다고 해서 미련한 짓을 전혀 안 하지는 않습니다. 그리고 미련한 자가 당하는 일을 다 피해 가지는 못합니다. 지혜자도 우매자가 당하는 일을 똑같이 당할 수 있습니다. 지혜롭게 살아도 당할 수 있습니다. 여러분께서도 그렇다고 생각하십니까? 그렇습니다. 정말 그렇습니다.

권력과 사람을 의지하는 자는 어리석은 사람입니다. 성도는 그런 것을 의지하지 않고 오직 하나님만 의지해야 합니다. 권력 앞에 줄 서지 않고 하나님 앞에서 살아야 합니다. 그렇게 사는 것이 지혜입니다. 인생을 잘 살게 하고 의롭게 살게 하는 지혜입니다. 그런 사람들은 고난을 안 당할까요? 그렇지 않습니다. 당할 수 있습니다. 어쩌면 권력 앞에 줄 서는 사람보다 더 어렵게 살 수도 있습니다.

욥을 보십시오. 그는 정직하게 살았습니다. 욥처럼 정직한 사람이 없다며 하나님은 욥을 자랑스러워하셨습니다. 사탄에게도 자랑하셨습니다. 그렇다고 욥이 고난을 안 당했습니까? 하나님 보시기에 의롭다고 안 당했습니까? 그렇지 않았습니다. 이루 다 말할 수 없는 고난을 당했습니다. 끔찍한 고난과 아픔과 좌절을 당했습니다. 그렇습니다. 지혜로운 자도 미련한 자가 당하는 일을 다 당할 수 있습니다.

우리도 마찬가지입니다. 하나님의 백성으로서 믿음으로 정직하게 살아도 고난을 당할 수 있습니다. 그런 사실은 지혜의 한계를 교훈합니다. 사람이 아무리 지혜롭다고 한들 모든 허무를 피할 수 없다는 것을 교훈합니다. 질병이든, 실패든, 부조리한 일이든 다 피할 수는 없습니다. 그것이 인생입니다. 지혜의 한계를 안고 사는 인생입니다.

지혜로운 사람은 어리석은 사람보다 인생을 잘 삽니다. 훨씬 잘 삽니다. 그렇다고 인간이 하나님은 아닙니다. 인간은 인간일 뿐입니다. 인간은 아무리 지혜롭다고 해도 허무한 존재입니다. 까닭 없이 고난을 겪을 수도 있고, 어리석은 짓을 해서 겪을 수도 있습니다. 그러므로 고난 겪을 때 자신의 삶과 세상을 비관해선 안 됩니다. 욥이 고난을 겪을 때 너무 의롭게 살 필요가 없다고 했는데, 우리가 할 수 있는 말입니다. 너무 정직하게 살 필요도 없고, 너무 믿음으로 살 필요도 없고, 너무 열심히 살 필요도 없다는 말을 할 수 있습니다. 그런 말은 우리가 인간이라는 사실을 인정하지 않는 말이고, 허무를 받아들이지 않는 태도입니다. 자신의 인생을 비관적으로 대하는 태도입니다.

전도자도 지혜자가 우매자의 당하는 일을 당하는 것을 보고 그렇게 생각했습니다. 그는 "마음속으로 이르기를 우매자가 당한 것을 나도 당하리니 내게 지혜가 있었다 한들 내게 무슨 유익이 있으리요" 하고 한탄했습니다. 지혜로운 자가 우매자가 당하는 일을 당하는 것을 볼 때 지혜를 배울 필요가 없다고 한 것입니다. 그게 그의 결론은 아니어서 다행이지 그것은 자신의 삶을 비관하는 말입니다. 그런 말을 한다는 것은 인간이 인간이라는 사실을 받아들이지 못하는 말입니다.

누구에게나 시련이 있고, 아픔이 있습니다. 믿음으로 살고, 기도하고 살아도 시련과 아픔이 있습니다. 그것이 인생입니다. 그런데 그런 일을 당했을 때 믿음으로 살 필요도 없고, 그렇게 애쓰고 살 필요도 없다고 하면 될까요? 그것은 믿음이 없는 말입니다. 오히려 인생이 그런 존재인 것을 알고 그런 가운데서도 정직하게 살고 기쁘게 살아야 합니다. 하나님을 경외하는 사람은 그렇게 살아야 합니다. 그렇게 사는 것이 믿음입니다.

본문 16절에는 지혜자나 우매자나 똑같이 당하는 일을 한 예로 말씀합니다.

> 지혜자도 우매자와 함께 영원하도록 기억함을 얻지 못하나니 후일에는 모두 다 잊어버린 지 오랠 것임이라 오호라 지혜자의 죽음이 우매자의 죽음과 일반이로다(2:16)

지혜자나 우매자나 반드시 똑같이 당하는 것은 무엇일까요? 죽음입니다.

지혜자나, 우매자나 죽는다는 것은 기정사실입니다. 그것을 의아하게 여기는 사람은 없을 것입니다. 그러나 지혜자의 죽음은 우매자의 죽음과 다릅니다. 장례 치르는 모습이 다르고 조문하는 모습이 다릅니다. 애도하는 마음도 다릅니다. 사람들은 그의 죽음을 애통하며, 아까워합니다. 그 지혜자가 유명한 사람이라면 더욱 그렇습니다. 그를 언제까지나 추모하고 기억할 것 같습니다. 그러나 사람들은 그렇게 오래 기억하지 않습니다. 부모의 죽음도 그렇지 않을까요? 자식들이 언제까지나 기억할 것 같아도 오래 지나지 않아 잊잖아요? 전도자는 바로 그 점을 눈여겨봤습니다. 그리고 결론적으로 말하기를 지혜자의 죽음이나 우매자의 죽음이 일반이라고 했습니다. 다를 바가 없으므로 결과적으로 지혜를 배우고 지혜자로 산 것이 헛되다고 한 것입니다.

그렇다면 사람들이 기억해 주는 것이 그렇게 중요한 문제일까요? 그렇습니다. 중요한 문제입니다. 그것은 그가 인생을 잘 살았다는 평가이고 그에 대한 존경심입니다. 그것은 그의 명예이지요.

우리는 이순신 장군을 기억합니다. 그가 노량 해전에서 전사한 지 500년이 지났지만 지금도 그의 공을 기리고 그를 추앙합니다. 그것은 그의 공로에 대한 평가이고 그에 대한 존경심의 표현이지요.

전도서도 죽은 자를 기억하는 것을 중요하게 여깁니다. 반대로 후대가 그를 기억하지 않는 것을 허무하게 여깁니다(1:1, 9:15). 지혜자의 죽음이 그렇습니다.

그래서 이렇게 말씀합니다. 본문 17절을 보십시오.

이러므로 내가 사는 것을 미워하였노니 이는 해 아래에서 하는 일이 내게

괴로움이요 모두 다 헛되어 바람을 잡으려는 것이기 때문이로다(2:17)

사는 것을 미워했다는 것은 전도자가 지혜자로 산 것을 미워했다는 뜻입니다. 지혜자가 되기 위해 무엇이 지혜인지 궁구하고 남다른 지혜를 배웠지만, 그렇게 살았던 삶이 괴로운 것이라고 했습니다. 바람을 잡으려는 것처럼 잡을 수 없는 것을 잡으려고 애쓰며 살았다고 했습니다. 왜 그렇게 생각했을까요? 지혜자로 살았다면 후대의 사람들이 두고두고 기억해줘야 할 것 같은데 그렇지 않은 것을 알았기 때문이었습니다. 우매자와 똑같이 잊혀지는 것을 알았기 때문이었습니다. 인생이 그런 존재입니다. 지혜가 있고 게다가 재물과 권력까지 있으면 사람들은 그를 높이 받듭니다. 그가 죽은 뒤에도 오래도록 기억할 것처럼 말합니다. 그러나 그렇지 않습니다. 오래지 않아 우매자를 기억하지 않는 것처럼 기억하지 않습니다. 지혜자도 우매자가 당하는 일을 피하지 못합니다. 그런 사실을 생각하면 얼마나 허무합니까? 지혜자로 살아도 허무합니다.

그렇다면 어떻게 살아야 할까요? 지혜자로 산 것도 헛되다면 어떻게 사는 것이 믿음으로 사는 것일까요? 그에 대한 명쾌한 답을 잠언에서 얻을 수 있습니다.

잠언 3장 5절과 6절이 그 답입니다.

너는 마음을 다하여 여호와를 신뢰하고 네 명철을 의지하지 말라 너는 범사에 그를 인정하라 그리하면 네 길을 지도하시리라(잠 3:5-6)

이 말씀은 명철 자체를 부정적으로 말하지 않습니다. 하나님을 의지할 줄 모르고 오로지 자기 명철만 의지하고 사는 것을 부정적으로 말합니다. 다시 말해서 자신이 똑똑하다고 자기 똑똑한 것을 믿고 살지 말라는 것입니다. 그것은 지혜가 아니며, 믿음으로 사는 것이 아니라고 합니다. 오히려 여호와를 의뢰하라고 합니다. 모든 일을 하나님을 믿는 믿음으로 살라고 합니다. 그리하면 하나님께서 그 길을 지도하시리라고 합니다. 그것은 약속의 말씀입니다. 인간의 한계, 지혜의 한계를 안다면 그렇게 살아야 합니다. 자기 명철, 자기 지혜를 믿고 살 게 아니라 하나님을 의지하고 살아야 합니다. 하나님께서는 그런 사람의 길을 지도하십니다.

잠언 16장 3절에서도 그와 같이 답하고 있습니다.

너의 행사를 여호와께 맡기라 그리하면 네가 경영하는 것이 이루어지리라 (잠 16:3)

히브리어에는 '믿는다' 는 단어가 없다고 합니다. 대신 '믿는다' 는 뜻으로 가장 많이 사용하는 단어가 '안다'(히, yada)는 단어이고, 다음은 '맡기다' (히, batach)는 단어이고, 다음은 '의지하다'(히, shaan)는 단어라고 합니다. 따라서 '맡기라' 는 말은 '믿으라' 는 뜻으로 이해해야 합니다. "너의 행사를 여호와께 맡기라"는 말씀도 우리의 모든 일을 하나님을 믿는 믿음으로 살라는 뜻으로 이해해야 합니다.

우리가 지혜의 한계를 인정합니까? 인간에게는 무한한 잠재력이 있지만, 인간도 유한한 존재라는 것을 인정합니까? 그렇다면 자기 명철을 의지하지 않기를 바랍니다. 마음을 다하여 하나님을 인정하고 하나님을 믿는 믿음으로 살기를 바랍니다. 그리하여 하나님의 지도를 받고 살고, 우리의 허무한 인생을 하나님의 위로 가운데 잘 살아내기를 주의 이름으로 기원합니다. 아멘.

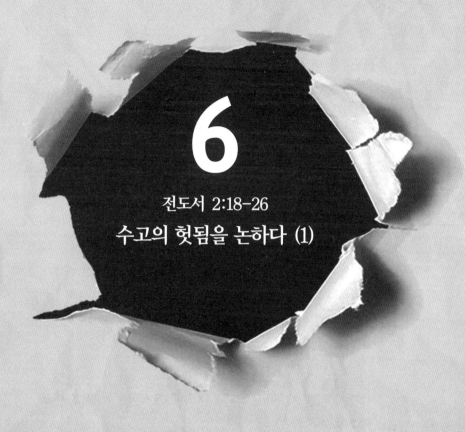

6

전도서 2:18-26

수고의 헛됨을 논하다 (1)

전 2:18-26

¹⁸내가 해 아래에서 내가 한 모든 수고를 미워하였노니 이는 내 뒤를 이을 이에게 남겨 주게 됨이라 ¹⁹그 사람이 지혜자일지, 우매자일지야 누가 알랴마는 내가 해 아래에서 내 지혜를 다하여 수고한 모든 결과를 그가 다 관리하리니 이것도 헛되도다 ²⁰이러므로 내가 해 아래에서 한 모든 수고에 대하여 내가 내 마음에 실망하였도다 ²¹어떤 사람은 그 지혜와 지식과 재주를 다하여 수고하였어도 그가 얻은 것을 수고하지 아니한 자에게 그의 몫으로 넘겨 주리니 이것도 헛된 것이며 큰 악이로다 ²²사람이 해 아래에서 행하는 모든 수고와 마음에 애쓰는 것이 무슨 소득이 있으랴 ²³일평생에 근심하며 수고하는 것이 슬픔뿐이라 그의 마음이 밤에도 쉬지 못하나니 이것도 헛되도다 ²⁴사람이 먹고 마시며 수고하는 것보다 그의 마음을 더 기쁘게 하는 것은 없나니 내가 이것도 본즉 하나님의 손에서 나오는 것이로다 ²⁵아, 먹고 즐기는 일을 누가 나보다 더 해 보았으랴 ²⁶하나님은 그가 기뻐하시는 자에게는 지혜와 지식과 희락을 주시나 죄인에게는 노고를 주시고 그가 모아 쌓게 하사 하나님을 기뻐하는 자에게 그가 주게 하시지만 이것도 헛되어 바람을 잡는 것이로다

☞ 전도서를 배우는 좋은 자세

지난번 설교 때는 지혜의 헛됨을 논했습니다. 그 전에는 즐거움의 헛됨을 논했습니다. 지혜와 즐거움, 이 둘은 전도서의 중요한 명제입니다. 전도서는 이 두 가지를 대단히 중요하게 여깁니다. 인간이 허무를 이기거나, 예방하는 대안으로 제시합니다. 물론 완전히 이기거나, 완전한 대안은 아닙니다. 허무하지만 잘 살게 하는 대안일 뿐입니다. 그래서 전도서는 지혜와 즐거움을 강조하고 지혜롭게 살고 즐겁게 살 것을 교훈합니다. 그런데도 전도자는 이 두 가지도 결국은 헛되다고 했습니다. 인생을 잘 살기 위해서는 지혜로워야 하고 즐겁게 사는 것이 중요한데, 그것도 결국은 한계가 있다고 했습니다. 전도자가 그렇게 말한 것은 절대 군주로서 자세히 살피고 연구하고 시험해본 후 내린 결론이었습니다. 그런 사실을 전도자는 이렇게 말씀합니다.

> 내가 내 마음으로 깊이 생각하기를 내가 어떻게 하여야 내 마음을 지혜로 다스리면서(2:3)

세상의 이치를 자세히 살피고 연구하고 경험해 볼 때, 자신의 모든 지혜로 자신의 마음을 통제하는 가운데 했다고 했습니다. 생각 없이 살다가 얻은 결론이 아니고, 시행착오를 통해서 얻은 결론도 아니라는 것입니다. 왜 그런 과정을 설명했을까요? 그렇게 내린 결론은 신중하고 믿을 만하기 때문이었습니다. 그것은 한 인간의 단편적인 지식이 아니며, 인간사에 나타난 하나님의 계시이기 때문이었습니다. 그런데 그렇게 신중하게 내린 결론을 헛되다고 했습니다.

여러분께서도 그렇다고 생각하십니까? 인생이 허무하다고 생각하십니까? 즐겁게 사는 것이나, 지혜롭게 사는 것이 헛되다고 생각하십니까? 우리가 전도서를 배웁니다만 전도서 말씀을 한편의 인생론으로 듣고 끝내면 안 됩니다. 들은 말씀과 우리의 삶을 자세히 대조해 봐야 합니다. 과연 하나님의 말씀대로 인생이 허무한지, 그렇지 않은지 살펴봐야 합니다. 즐겁게 사는 것이 과연 헛된지 그렇지 않은지, 지혜롭게 사는 것이 과연 헛된지 그렇지 않은지 살펴봐야 합니다. 그래서 하나님의 말씀대로 정말 허무하다는 것을 확인해야 합니다. 확인해서 전도서의 교훈을 받아들이되 하나님의 말씀으로 믿어야 합니다. 전도서를 배우는 우리에게 이런 자세가 있기를 바랍니다. 그리하여 전도서를 통해서 주시는 교훈을 진리로 받고, 하나님의 음성을 듣기를 주의 이름으로 기원합니다.

⚑ 모든 수고를 한탄하다

본문은 인간이 해 아래서 겪는 모든 수고에 대해 말씀합니다. 이 수고는 열심히 사는 수고를 말하고 정직하게 사는 수고를 말합니다. 힘들고 고통이 따르지만 잘 인내하면서 열심히 사는 수고를 말합니다. 잠언은 그런 수고를 의롭다고 합니다. 하나님의 백성으로서 삶이 힘들더라도 잘 인내하면서 열심히 사는 것은 의롭게 사는 것이라고 합니다. 그러므로 우리는 하나님의 백성으로 자신의 삶을 정직하게 살아야 합니다. 열심히 살아야 합니다. 눈물 나게 힘들 때가 있고, 그만 다 포기하고 싶을 때가 있고, 다 때려치우고 싶을 때가 있을지라도 인내하면서 열심히 살아야 합니다.

　잠언에는 금언이 있습니다. 금언은 간결한 문장이지만 교훈적입니다. 금언에는 솔로몬의 금언 1, 2가 있는데, 금언 1에는 부(富)에 대한 금언이 많습니다. 부의 중요성과 위험성을 교훈하고, 부보다 중요한 것이 있다고 합니다. 그리고 하나님께서 어떤 사람에게 재물을 주시는 지를 교훈합니다. 그것을 세 가지로 압축할 수 있습니다. 첫째는 부지런한 사람이고, 두 번째는 성실한 사람이고, 세 번째는 하나님을 경외하는 사람입니다. 이런 사실을 볼 때 하나님의 백성으로서 열심히 사는 것이 얼마나 중요합니까? 그것은 의롭게 사는 것이고, 하나님의 백성으로서 인생을 잘 사는 것입니다.

우리는 하나님의 백성으로서 열심히 살아야 합니다. 열심히 사는 것은 피곤한 일이고 힘든 일이고, 고통이 따릅니다. 그럴지라도 열심히 살기를 바랍니다. 그리하여 우리의 삶을 통하여 하나님의 의를 드러내고 수고한 일에 좋은 결실이 있기를 바랍니다.

수고하고 사는 것이 이렇게도 중요한데, 본문은 그 수고도 헛되다고 합니다.

본문 18절을 보실까요?

> 내가 해 아래에서 내가 한 모든 수고를 미워하였노니 이는 내 뒤를 이을 이에게 남겨 주게 됨이라(2:18)

열심히 사는 것이 하나님의 백성으로서 의롭게 사는 것으로 알고 열심히 살았는데, 그것도 고생을 마다하지 않고 열심히 살았는데, 그렇게 산 것을 미워했습니다. 왜 그랬을까요?

또 본문 20절을 보면 해 아래서의 수고를 이렇게 말합니다.

> 이러므로 내가 해 아래에서 한 모든 수고에 대하여 내가 내 마음에 실망하였도다(2:20)

"마음에 실망했다"는 것은 자신의 수고에 대해 기대감과 소망을 가지고 살았다는 것을 전제합니다. 우리도 그러지 않습니까? 고생해도 참고 열심히 사는 것은 열심히 살면 좋은 일이 있으리라는 희망이 있기 때문이 아닙니까? 그렇습니다. 우리는 그런 마음으로 힘들어도 참고 삽니다. 전도자도 그랬습니다. 그러나 그렇게 살아온 것을 싫어했고 실망했습니다.

왜 그랬을까요? 왜 한탄하고 절망했을까요? 열심히 살고도 뜻을 이루지 못해서 그랬을까요? 우리는 그런 이유로 실망할 수 있습니다. 그러나 전도자는 그런 이유로 한탄하지 않았습니다. 전도자는 왕으로서 그가 하고 싶은 것이라면 모든 일을 시험해 봤습니다. 그 결과 뜻을 이루고 목표를 성취했습니다. 그런데도 실망했다고 한 것은 뜻을 이루고 목표를 달성했다고 해서 인생이 허무하지 않은 것이 아니기 때문이었습니다. 뜻을 이루고 꿈을 이루고 살아도 인생이 허무하기는 여전했기 때문이었습니다.

사람들은 부자가 되고 싶은 꿈을 꾸고 삽니다. 그 꿈대로 어떤 사람이 부자가 됐다고 가정해 보십시오. 그 사람이 자기는 부자라고 생각할까요? 그의 젊은 시절과 비교하면 그는 부자가 됐습니다. 그렇다고 자신은 부자라고 할까요? 그렇지 않습니다. 인간의 욕심은 한이 없거든요. 만족할 줄 모르거든요. 그래서도 허무합니다. 설령 자신은 부자라고 생각한다고 해도 허무하기는 마찬가지입니다. 꿈을 이루고 부자가 됐다고 해서 거기에 인생의 참된 가치와 의미가 있지 않기 때문입니다.

오늘날 많은 그리스도인이 부자가 되면 인생이 행복하고 믿음이 좋아질 것으로 생각합니다. 기복적 신앙을 가르치는 설교를 좋아하고, 모든 꿈을 이룰 수 있는 것처럼 말하는 설교를 좋아합니다. 그런 설교는 우리의 부패한 본성과 잘 맞습니다. 그러나 그렇지 않습니다. 인생의 참된 가치와 존재의 의미가 부에 있지 않습니다. 꿈꿔온 부를 성취했다고 허무하지 않은 것이 아닙니다.

☞ 전도자의 한탄

그게 다가 아닙니다. 고생을 마다하지 않고 열심히 살아온 삶을 송두리째 삼켜버리는 것이 있습니다. 우리가 수고하여 쌓아 올린 모든 것을 허물어버리는 것이 있습니다. 그것은 무엇일까요? 18절과 19절은 그것을 이렇게 말씀합니다.

> 내가 해 아래에서 내가 한 모든 수고를 미워하였노니 이는 내 뒤를 이을 이에게 남겨 주게 됨이라 그 사람이 지혜자일지, 우매자일지야 누가 알랴마는 내가 해 아래에서 내 지혜를 다하여 수고한 모든 결과를 그가 다 관리하리니 이것도 헛되도다(2:18-19)

학문이든, 재물이든, 가문을 일으킨 것이든, 무엇이 됐든지 내가 수고해서 쌓아 올린 탑은 내 뒤를 이을 자가 물려받을 수밖에 없습니다. 그 사람이 자식일 수도 있고, 제자일 수도 있고, 일면식도 없는 사람(2:21)일 수도 있습니다. 그런데 그 사람이 지혜자일지, 우매자일지 알 수가 없습니다. 누가 됐든 그 사람이 내가 평생 형설의 공을 쌓듯 쌓아 올린 것을 관리합니다. 그것은 분명한 사실입니다. '관리'라는 말은 권세를 부린다, 압제한다, 지배한다는 뜻입니다. 성경에서 이 단어는 부정적인 의미로 사용했습니다. 그런 점을 감안하면 그 사람은 내가 수고한 것을 송두리째 허물어버릴 수 있습니다. 악용하든지, 그것으로 다른 사람을 괴롭게 할 수 있습니다. 내가 목적했던 것과 다른 방향으로 사용할 수 있습니다. 만일 그런 일이 일어난다면 어떨까요? 허무하지 않을까요? 자식에게 부를 물려주면 부모가 큰일을 한 것으로 생각합니다. 그러나 물려준 부가 자식에게 화가 될지, 복이 될지 누가 알겠습니까? 독이 되고 화가 될 수 있습니다. 그렇게 되면 허무하지 않을까요? 그렇습니다. 허무합니다.

전도서를 기록한 전도자는 솔로몬이었습니다. 그는 자기 아버지 다윗 왕으로부터 대국을 물려받았고, 주변의 많은 나라로부터 조공을 받았습니다. 그가 왕위에 있을 때 금이 얼마나 흔했던지 왕궁의 모든 그릇이 금이었고, 은그릇이 없었다고 했습니다. 금이 남아돌아 금 방패도 이백 개를 만들어 사용했습니다. 열왕기상 10장 21절을 보면 그때는 은을 귀하게 여기지 않았다고 했습니다. 은만 아니라 금도 흔했다는 것을 암시합니다.

솔로몬이 죽은 후에 그의 아들 르호보암이 왕위를 계승했습니다. 그가 왕위에 오른 지 얼마 되지 않아 나라가 남북으로 나뉘었습니다. 5년이 됐을 때는 애굽의 침략을 받아 성전과 왕궁의 보물을 죄다 약탈당했습니다. 솔로몬이 만든 금 방패도 그때 약탈당했습니다. 그리고 남북 간에 끊임없이 전쟁이 있었습니다. 나라가 한시도 평안할 때가 없었습니다.

죽은 솔로몬이 하늘에서 그런 모습을 보았다면 무어라고 했을까요? 나라가 그렇게 되고 자신이 이루어놓은 업적이 자기 뜻과 달리 무너지는 것을 보고 무어라고 했을까요? 제 생각에 가장 적절한 말은 본문 18절이라고 생각합니다.

내가 해 아래에서 내가 한 모든 수고를 미워하였노니 이는 내 뒤를 이을 이에게 남겨 주게 됨이라(2:18)

그러면 솔로몬은 죽기 전에 자기 아들을 어떻게 생각했을까요? 자신이 죽더라도 자신이 이룬 과업을 잘 계승하고 발전시키리라고 신뢰했을까요? 그러지 않았을 것입니다. 솔로몬 정도의 통찰력과 현명한 사람이라면 자기 자식이 어떤 인물인지, 자기가 남겨주는 것을 어떻게 하겠는지 어느 정도 예측할 수 있습니다. "내가 해 아래서 내가 한 모든 수고를 미워하였다"는 말은 어쩌면 자기 아들을 두고 한 말이 아니었을까요? 결과적으로 볼 때 그럴 수 있습니다. 자기 아들이 지혜자일지, 우매자일지 어느 정도 예측되는 상황에서 자신이 그토록 수고하고 애쓰고 산 것이 헛되다고 했을 수 있습니다.

세상에는 그런 일이 많습니다. 부모는 경건하고 훌륭하게 살았는데, 자식은 그렇지 못한 경우가 많습니다. 부모는 부지런하고 한 평생을 잘 살아왔는데, 자식은 게으르고 사람 구실을 못 하는 경우도 많습니다. 어떤 부모는 늙어서 자식들 때문에 무너집니다. 어떤 부모는 자식들에게 많은 재산을 남겨주었는데, 부모가 돌아가시자 재산 때문에 싸움이 나고 칼부림이 나는 경우도 많습니다. 그렇게 되면 부모가 그토록 고생하고 열심히 살아서 남은 것이 무엇입니까? 먹을 것도 제대로 안 먹고 입을 것도 아끼고 살았는데 남은 것이 무엇입니까? 고생하고 늙고 병들고 죽을 날밖에 더 남았습니까? 허망한 것밖에 더 남았습니까?

본문 22절은 그런 사실을 묻고 있고, 23절은 그 질문에 답합니다.

일평생에 근심하며 수고하는 것이 슬픔뿐이라 그의 마음이 밤에도 쉬지 못하나니 이것도 헛되도다(2:23)

자식들을 가르치고 잘 키우겠다고 힘든 것도 참고 병든 몸을 추스르며 열심히 살아온 자신의 삶을 돌아보니 근심뿐이었고 슬픔뿐이었다는 것입니다. 밤에도 제대로 쉬지도 못하고 살았고, 잠 한 번 편히 자보지 못하고 살았는데 그런 꼴을 보니 허무하다는 것입니다. 그러지 않을까요? 그렇습니다. 허무합니다. 안타깝게도 그런 일이 누구에게나 일어날 수 있습니다. 그런 사실을 안다면 하나님의 백성은 어떻게 어떻게 살아야 할까요?

본문 24절을 보겠습니다.

사람이 먹고 마시며 수고하는 것보다 그의 마음을 더 기쁘게 하는 것은 없나니 내가 이것도 본즉 하나님의 손에서 나오는 것이로다(2:24)

사람이 애쓰며 고생하고 사는데 심령으로 낙을 누리게 하는 것보다 나은 것이 없다고 했습니다. 그리고 그렇게 낙을 누리고 사는 것은 하나님의 손에서 나온다고 했습니다. 하나님께서 기쁘게 살도록 복을 주신다는 것입니다. 그렇다면 어떻게 살아야 할까요? 기쁘게 살아야 합니다. 재미있게 살아야 합니다. 하나님께서 주신 것을 아끼고만 살 것이 아니고, 모으고만 살 것이 아니고 기쁘게 살아야 합니다.

하지만 하나님께서 기쁘게 살고 재미있게 살라고 복을 주셔도 누릴 줄 모르는 사람이 있습니다. 우리의 기성세대가 그런 편입니다. 열심히 고생해서 아끼고 살 줄만 알았지 재밌게 살 줄도 모르고 누리며 살 줄도 모릅니다. 모아서 자식에게 줄 줄만 알았지 자신을 위해서 쓸 줄을 모릅니다. 그것은 지혜가 아닙니다. 이제부터라도 기쁘게 사는 법을 배우기를 바랍니다. 하나님께서 주신 것을 기쁘게 누리며 사는 법을 배우기를 바랍니다. 그리하여 허무한 인생을 잘 살기를 바랍니다. 하나님의 뜻대로 잘 살기를 주의 이름으로 기원합니다. 아멘.

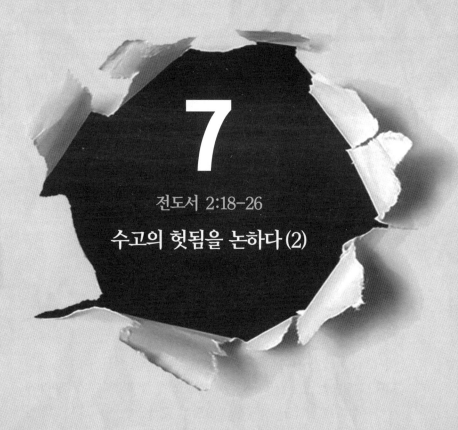

7

전도서 2:18-26

수고의 헛됨을 논하다 (2)

전 2:18-26

[18]내가 해 아래에서 내가 한 모든 수고를 미워하였노니 이는 내 뒤를 이을 이에게 남겨 주게 됨이라 [19]그 사람이 지혜자일지, 우매자일지야 누가 알랴마는 내가 해 아래에서 내 지혜를 다하여 수고한 모든 결과를 그가 다 관리하리니 이것도 헛되도다 [20]이러므로 내가 해 아래에서 한 모든 수고에 대하여 내가 내 마음에 실망하였도다 [21]어떤 사람은 그 지혜와 지식과 재주를 다하여 수고하였어도 그가 얻은 것을 수고하지 아니한 자에게 그의 몫으로 넘겨 주리니 이것도 헛된 것이며 큰 악이로다 [22]사람이 해 아래에서 행하는 모든 수고와 마음에 애쓰는 것이 무슨 소득이 있으랴 [23]일평생에 근심하며 수고하는 것이 슬픔뿐이라 그의 마음이 밤에도 쉬지 못하나니 이것도 헛되도다 [24]사람이 먹고 마시며 수고하는 것보다 그의 마음을 더 기쁘게 하는 것은 없나니 내가 이것도 본즉 하나님의 손에서 나오는 것이로다 [25]아, 먹고 즐기는 일을 누가 나보다 더 해 보았으랴 [26]하나님은 그가 기뻐하시는 자에게는 지혜와 지식과 희락을 주시나 죄인에게는 노고를 주시고 그가 모아 쌓게 하사 하나님을 기뻐하는 자에게 그가 주게 하시지만 이것도 헛되어 바람을 잡는 것이로다

☞ 우매자일지 누가 알리요?

오래전 제가 어느 할머니의 장례식을 집례한 적이 있습니다. 발인하던 날에 눈발이 날리며 어찌나 매섭게 추웠던지, 이 설교를 준비하면서 그날 춥고 발이 시려 고생했던 일이 기억났습니다. 그 할머니의 장지는 추풍령의 어느 산자락이었습니다. 파놓은 할머니의 묘지 옆에는 남편의 묘가 있었고, 그 앞에는 제 키보다 큰 비석이 있었습니다. 비문에는 할머니의 남편이 어떤 분이었는지 내용이 담겨 있었습니다. 그분은 요즈음 말로 하자면 경찰 최고위직을 역임한 분이었습니다.

그 할머니에게는 5층 연립주택 한 동이 있었습니다. 전세와 월세를 받아 넉넉하게 지내셨습니다. 할머니와 남편 사이에 친자는 없었고 양자가 있었습니다. 당시 양자의 나이가 서른 살 전후였던 것을 고려하면, 할머니가 50세 전후에 양자를 들였던 것 같았습니다. 할머니와 양자는 사이가 좋지 않았습니다. 결혼하여 분가했는데도 가끔 찾아오면 다퉜습니다. 제가 심방가면 양자가 재산을 더 달란다며 불만을 털어놓으셨습니다. 그 할머니가 쓰러지신 이유도 재산 문제 때문이었습니다. 재산을 더 주라, 못 준다며 다투다 쓰러지셨고, 몇 달 후에 돌아가셨습니다. 그 후에 재산은 양자의 것이 됐습니다.

이 이야기를 들으시면서 지난주일 설교가 생각나지 않으십니까? 지난주에 수고의 헛됨을 논했습니다. 해 아래서 수고한 모든 수고가 헛되다고 했습니다. 고생하고 애를 써도 뜻을 이루지 못하면 그 수고가 헛된 것이고, 뜻을 이뤘다고 해도 병이 나거나 자식들이 잘못 크면 그 수고도 헛된 것입니다. 뜻을 이루고 살았어도 내가 수고하고 이룬 것을 누군가에게 물려줄 수밖에 없습니다. 그런 경우 내가 이뤄놓은 모든 것을 물려받은 자가 지혜자일지 우매자일지 어찌 알겠느냐고 했습니다.

그런 사실을 본문 19절에 이렇게 말씀합니다.

그 사람이 지혜자일지, 우매자일지야 누가 알랴마는 내가 해 아래에서 내
지혜를 다하여 수고한 모든 결과를 그가 다 관리하리니 이것도 헛되도다
(2:19)

'관리'라는 말은 권세를 부린다, 압제한다, 지배한다는 뜻이라고 했습니
다. 성경에서 이 단어는 부정적인 의미로 사용한다고 했습니다. 그런 점에
서 우매자가 관리한다는 것은 전도자가 수고하여 성취한 모든 것을 송두
리째 삼켜버리든지 허물어버린다는 것을 의미합니다. 그렇게 되면 고생하
고 열심히 산 것은 어떻게 될까요? 일평생 노력해서 이뤄놓은 것은 어떻
게 될까요? 전도자는 헛되다고 했습니다. 또 그렇게 열심히 살고 자신에
게 남은 것은 무엇일까요? 슬픔과 잠 못 자고 고생한 것뿐이라고 했습니
다. 그것도 헛되다고 했습니다.

　　앞에서 소개한 할머니가 그런 경우일 겁니다. 돌아가시기 전에 그렇
게 될 것을 내다보면서 억울하고 분하지 않았을까요? 허망하지 않았을까
요? 죽은 후에라도 일이 그렇게 된 것을 알았다면 '내가 이 꼴을 보려고
그렇게 아끼고 살았던가!' 하고 한탄하지 않았을까요? 그랬을 것입니다.
그래서 전도자는 해 아래서 수고한 모든 수고가 헛되다고 했습니다. 인간
이 그런 존재입니다. 죽을 고생을 해서 많은 재산을 모았어도 헛되고, 다
른 사람의 소유가 되는 것도 헛됩니다. 인간이 그렇게 허무합니다.

▗▌ 헛되다면 기쁘게 살아야

그렇다면 어떻게 살아야 할까요? 어떻게 살아야 허무한 인생을 잘 사는

것일까요?

본문 24절은 이렇게 말씀합니다.

> 사람이 먹고 마시며 수고하는 것보다 그의 마음을 더 기쁘게 하는 것은 없
> 나니 내가 이것도 본즉 하나님의 손에서 나오는 것이로다(2:24)

애쓰고 고생하며 사는 것도 허망하지만, 그런 인생을 "마음을 더 기쁘게 하는 것"보다 나은 것이 없다고 했습니다. 그리고 그렇게 낙을 누리고 사는 것은 하나님의 손에서 나온다고 했습니다. 하나님께서 기쁘게 살도록 복을 주셨다는 것입니다. 그렇다면 기쁘게 살아야 하지 않을까요? 재미있게 살아야 하지 않을까요? 그래야 합니다. 기쁘게 살아야 합니다. 그게 지혜이고 하나님의 뜻입니다. 우리에게 하나님을 경외하는 믿음이 있다면 그렇게 살아야 합니다.

전도자는 전도서 전체에 걸쳐 기쁘게 살 것을 강조합니다. 허무하지만 기쁘게 살라고 열 번 이상 말씀합니다.

전도서 6장 3절에는 그게 얼마나 중요한지 이렇게까지 강조합니다.

> 사람이 비록 백 명의 자녀를 낳고 또 장수하여 사는 날이 많을지라도 그의
> 영혼은 그러한 행복으로 만족하지 못하고 또 그가 안장되지 못하면 나는 이
> 르기를 낙태된 자가 그보다는 낫다 하나니(전 6:3)

사람이 백 명의 자녀를 낳는 것은 불가능한 일입니다. 이 말씀은 과장법으로 이해해야 합니다. 그러나 자녀를 많이 낳는 것은 농경시대나 목축하는 사람에게는 중요한 일이었습니다. 이렇게 표현해서 미안한 감이

있는데 그들은 최고의 노동력이었거든요. 그들은 생존을 위한 필수 방편이었거든요. 그리고 그렇게 많은 자녀를 낳는다는 것은 오래 산다는 것을 전제합니다. 그런 점에서 그 시대의 사람에게 백 명의 자녀를 낳는 것은 큰 복이었습니다. 엄청난 복이었습니다. 그러나 그렇게 많이 낳고 장수를 누린다고 해도 그 마음에 즐거움이 없으면 태어나지도 못하고 낙태된 자가 더 낫다고 했습니다. 즐겁게 사는 것이 그렇게 중요하다는 뜻입니다.

6장 6절에는 또 이렇게 강조합니다.

그가 비록 천 년의 갑절을 산다 할지라도 행복을 보지 못하면 마침내 다 한 곳으로 돌아가는 것뿐이 아니냐(전 6:6)

천 년의 갑절은 이천 년입니다. 이것도 과장법인데 그렇게 오래 살 수 없습니다. 그렇지만 그렇게 오래 산다고 해도 기쁨을 누리지 못하면 단명한 자나 다를 바 없다는 뜻입니다. "다 한 곳으로 돌아간다"는 것은 천 년의 갑절을 살고 죽는 자가 단명한 자보다 나은 게 없다는 뜻입니다. 그만큼 즐겁게 사는 것이 중요하다는 것입니다. 우리는 우리의 삶을 즐겁게 살아야 합니다. 힘들고 어려운 일이 있어도 기쁘게 살고, 눈물겨운 날이 있어 잠시 울더라도 곧 기쁨을 회복하고 즐겁게 살아야 합니다.

이렇게 말하면 어떤 분은 뭐가 그렇게 좋다고 기쁘게 살겠느냐고 합니다. 좋은 일이 있어야 즐겁게 살지 그렇지 않은데 어떻게 즐겁게 살겠느냐고 합니다. 그렇습니다. 좋은 일이 없는데 어떻게 즐겁게 살겠습니까? 그것은 어려운 일입니다. 그러나 그리스도인은 하나님을 생각하고 즐겁게 사는 사람입니다. 허무하지만 하나님의 영광을 바라보고 즐거워하고 환난 중에도 즐거워해야 합니다. 그렇게 살 줄 아는 것이 믿음입니다. 의인이라는 증거입니다(롬 5:1-4). 우리가 물과 성령으로 거듭난 자라면 기쁘게 살아야 합니다. 그렇게 사는 것이 하나님의 뜻입니다.

본문의 맥락에서 기쁘게 산다는 것은 누리고 사는 것을 의미합니다. 2장 18절을 보면 내가 해 아래에서 내가 한 모든 수고를 내 뒤를 이을 이에게 남겨 주게 된다고 했습니다. 19절에서는 그가 우매자일 수도 있다며 모든 수고가 헛되다고 했습니다. 또 21절에서는 어떤 사람은 그 지혜와 지식과 재주를 다하여 수고하였어도 그가 얻은 것을 수고하지 아니한 자에게 그의 몫으로 넘겨주게 되니 그것도 헛되다고 했습니다. 이런 사실이 의미하는 것은 수고하는 중에도 기쁘게 살라는 것입니다. 남겨주려고만 하지 말고 누리며 살라는 것입니다. 누리며 사는 것은 하나님께서 주신 은혜입니다. 그러므로 누리며 사는 기쁨이 있어야 한다는 것입니다.

하지만 누릴 줄 모르는 사람이 있습니다. 그분들은 아끼고 모으기만 하지 자기를 위해 쓰지를 않습니다.

전도서 6장 2절에는 그런 사람에 대해 이렇게 경고합니다.

어떤 사람은 그의 영혼이 바라는 모든 소원에 부족함이 없어 재물과 부요와 존귀를 하나님께 받았으나 하나님께서 그가 그것을 누리도록 허락하지 아니하셨으므로 다른 사람이 누리나니 이것도 헛되어 악한 병이로다(전 6:2)

누리고 사는 것은 하나님께서 주신 복인데, 누릴 줄 모르는 것은 누리는 복을 받지 못한 것이라고 했습니다. 그리고 그것은 헛된 것이라고 했습니다. 무엇에 걸렸다고 했나요? 악한 병에 걸렸다고 했습니다. 모으기만 하면서 쓸 줄도, 베풀 줄도 모르는 사람은 지독한 병에 걸렸다는 것입니다.

제가 설교 중에나 심방 중에 이 말씀으로 여러 차례 권면했습니다.

다들 들을 때는 공감했습니다. 아멘으로 화답했습니다. 그러나 좀처럼 고치지 못하는 것을 봅니다. 여전히 아끼고 모으려고만 하지, 자신을 위해 사용하거나 베풀지 않는 것을 봅니다. 그러고 보면 누릴 줄 모르는 것은 병이 맞습니다. 좀처럼 고칠 수 없는 병, 그러나 고쳐야 하는 병입니다.

저 자신도 그런 면이 없잖아 있다고 생각합니다. 저를 위해서 쓰는 것을 아까워하는 경향이 있습니다. 저는 자전거 타는 것이 취미인데 하루에 1시간, 일주일에 네 차례 정도 타는 게 목표입니다. 하지만 그 정도 타지 못하고 대체로 한 달에 10차례 또는 12차례 정도 탑니다. 언젠가 자전거 바꿀 때였습니다. 자전거가 고장 나서 바꾸려는 것은 아니었고, 조금 더 성능이 좋은 것을 타고 싶어서 바꾸려고 했습니다. 그러나 한동안 망설이고 바꾸지 못했습니다.

그러다 문득 아들을 위해서는 기꺼이 쓰면서 나 자신을 위해서는 쓰지 못하는 저를 발견했습니다. 왜 그럴까? 왜 나를 위해서는 참고 포기하고 아끼려고만 할까? 전도서의 말씀 대로였습니다. 그래서 생각을 바꾸기로 했습니다. 나 자신에게 '나도 누려보자. 이보다 중요한 것이 없다고 했는데 나도 누리며 살자'고 했습니다. 그렇게 사는 은혜도 하나님의 손에서 나온다고 했거든요. 그 후에 용기를 내서 자전거를 바꿨습니다. 아마 제가 저 자신에게 그만큼 거금을 사용한 것은 처음이었을 것입니다. 그래서 얼마나 좋았는지요? 며칠 동안 기쁘기 한이 없었습니다. 저에게 스스로 격려하기를 '잘했다. 임형택, 너 잘했어!' 라고 말하기도 했습니다.

하나님께서 주신 것을 누리고 사는 것은 복입니다. 복을 누리는 것입니다. 그게 하나님의 뜻입니다. 하나님의 말씀대로 사는 것입니다. 우리가 수고한 것을 대개 자식이 물려받겠지만, 그게 그들에게 복이 될지, 화가 될지 알 수 없잖아요? 그렇게 된다면 우리가 일평생 근심하며 수고한

게 얼마나 허무합니까? 밤잠을 못 자고 고생한 게 얼마나 허무합니까? 그런 일이 있습니다. 하나님께서는 그렇게 사는 것이 지혜가 아니며 누리고 살라고 하십니다. 우리가 누리는 것이 익숙하지 못하다면 자신을 고쳐서 기쁘게 살고, 누리며 살아야 합니다.

그러면 그 누리는 기쁨은 오래갈까요? 누리고 살면 항상 기쁠까요? 허무하지는 않을까요? 그렇지 않습니다. 허무합니다. 누리는 기쁨도 지극히 제한적입니다. 하나님께서 주신 복이지만 그것도 한계가 있습니다. 그런데도 누리게 하시는 것은 허무한 인생에게 주시는 하나님의 위로입니다. 하나님의 위로에 힘입어 잘 살게 하는 은혜입니다.

이제까지 내가 수고하여 얻은 복을 우매자에게 끼칠 수 있다는 사실을 논했습니다. 그런 경우 그가 관리할 것이며, 일평생 근심하며 수고하고 밤잠을 못 자고 산 것이 헛되다고 했습니다.

본문 26절은 우리가 수고하여 얻은 성취물이 헛된 또 다른 경우를 말씀합니다.

> 하나님은 그가 기뻐하시는 자에게는 지혜와 지식과 희락을 주시나 죄인에게는 노고를 주시고 그가 모아 쌓게 하사 하나님을 기뻐하는 자에게 그가 주게 하시지만 이것도 헛되어 바람을 잡는 것이로다(2:26)

하나님께서 그가 기뻐하시는 자에게는 지혜와 지식과 희락을 주신다고 했습니다. 죄인에게는 노고를 주시고, 그가 모아 쌓은 것을 하나님을 기뻐하는 자에게 주게 하신다고 했습니다. 죄인에게는 누리는 복을 주지 않으시고, 그가 애써 모은 것을 하나님을 기뻐하는 자에게 주신다는 것입니다.

그건 너무하신 것 아닐까요? 그런 일이 세상에 있기나 할까요?

먼저 하나님께서 너무하신 것이 아니냐고 항변하는 분들은 결코 너무하신 것이 아니라는 것을 알아야 합니다. 그것은 세상에 대한 하나님의 통치이며, 죄인에 대한 심판입니다. 하나님은 그와 같은 방식으로 세상을 다스리시고, 죄인을 벌할 수 있으십니다. 하나님께는 그렇게 할 수 있는 주권이 있습니다. 세상에 그런 일이 있기나 하냐며 의문을 제기하는 분들은 그런 일이 있다는 것을 알아야 합니다.

전도자는 세상의 이치를 자세히 관찰한 후에 전도서를 기록했습니다. 우리도 조금만 관심을 가지고 살펴본다면 그런 사실을 어렵지 않게 찾아 볼 수 있습니다. 그러고 보면 하나님께서 누리는 복을 주지 않았다는 사람과 누리는 복을 받지 못한 사람은 같은 사람입니다. 따라서 누리는 복을 받지 못한 사람은 악인입니다. 악인이 수고하여 하나님을 기뻐하는 자에게 주게 하시는 것은 하나님의 통치이지만 악인에게는 허망한 일입니다. 악인이 악하게 살고, 그렇게 살아도 잘 살 것 같아도 하나님께서 다스리십니다.

세상에는 부조리한 일이 있지만, 하나님께서는 부조리한 세상을 다스리십니다. 그런 점을 볼 때 하나님을 경외하는 것이 얼마나 중요한지요! 돈을 벌고 부를 쌓을 때 정직하게 버는 것이 얼마나 중요한지요! 정말 중요합니다. 세상에는 부조리하고 허무한 일이 있지만 하나님께서 그런 세상을 잘 다스리시기 때문입니다. 우리가 우리의 삶을 하나님을 경외하는 믿음으로 살기를 바랍니다. 인생이 허무한 존재이고, 세상에는 부조리한 일이 있지만 의롭게, 정직하게 살기를 바랍니다. 아멘.

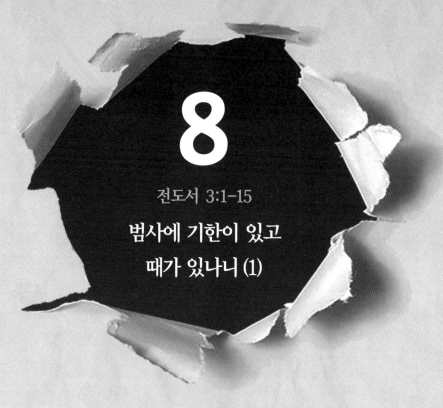

8

전도서 3:1-15

범사에 기한이 있고
때가 있나니 (1)

전 3:1-15

[1]범사에 기한이 있고 천하 만사가 다 때가 있나니 [2]날 때가 있고 죽을 때가 있으며 심을 때가 있고 심은 것을 뽑을 때가 있으며 [3]죽일 때가 있고 치료할 때가 있으며 헐 때가 있고 세울 때가 있으며 [4]울 때가 있고 웃을 때가 있으며 슬퍼할 때가 있고 춤출 때가 있으며 [5]돌을 던져 버릴 때가 있고 돌을 거둘 때가 있으며 안을 때가 있고 안는 일을 멀리 할 때가 있으며 [6]찾을 때가 있고 잃을 때가 있으며 지킬 때가 있고 버릴 때가 있으며 [7]찢을 때가 있고 꿰맬 때가 있으며 잠잠할 때가 있고 말할 때가 있으며 [8]사랑할 때가 있고 미워할 때가 있으며 전쟁할 때가 있고 평화할 때가 있느니라 [9]일하는 자가 그의 수고로 말미암아 무슨 이익이 있으랴 [10]하나님이 인생들에게 노고를 주사 애쓰게 하신 것을 내가 보았노라 [11]하나님이 모든 것을 지으시되 때를 따라 아름답게 하셨고 또 사람들에게는 영원을 사모하는 마음을 주셨느니라 그러나 하나님이 하시는 일의 시종을 사람으로 측량할 수 없게 하셨도다 [12]사람들이 사는 동안에 기뻐하며 선을 행하는 것보다 더 나은 것이 없는 줄을 내가 알았고 [13]사람마다 먹고 마시는 것과 수고함으로 낙을 누리는 그것이 하나님의 선물인 줄도 또한 알았도다 [14]하나님께서 행하시는 모든 것은 영원히 있을 것이라 그 위에 더 할 수도 없고 그것에서 덜 할 수도 없나니 하나님이 이같이 행하심은 사람들이 그의 앞에서 경외하게 하려 하심인 줄을 내가 알았도다 [15]이제 있는 것이 옛적에 있었고 장래에 있을 것도 옛적에 있었나니 하나님은 이미 지난 것을 다시 찾으시느니라

☞ 허무의 안개가 자욱한 인생

전도서 1, 2장을 읽다 보면 온통 헛되다는 말을 접하게 됩니다. 마치 허무의 안개가 자욱하게 끼어 있는 것처럼 보입니다. 인생이 얼마나 헛된지 허무 중의 허무라 했고, 헛되지 않은 것이 하나도 없다고 했습니다. 그야말로 성경을 읽는 독자에게 허무감을 줍니다. 저는 신학교 강단에서 전도서를 강론하는 것이 아니라 예배 중에 성도들에게 전도서를 설교하는 설교자입니다. 그러기에 설교를 허무로 끝내선 안 됩니다. 전도서 말씀대로 왜 허무한지를 전하지만, 그런 인생을 어떻게 살아야 하는지를 언급하고 설교를 마무리합니다. 그렇게 하지 않는다면 설교도 허무로 끝내야 합니다. 그 정도로 1, 2장을 읽으면 한 치 앞도 내다볼 수 없을 만큼 허무의 안개가 자욱한 것을 알 수 있습니다. 그런 사실은 인간이 헛된 존재라고 가르치고 인식하게 합니다. 따라서 전도서를 배우면서 인생이 어떻게 허무한지, 왜 허무한지 알아야 합니다.

그동안 지혜의 헛됨과 즐거움의 헛됨을 강론했습니다. 그리고 지난 두 번은 인간의 모든 수고가 헛됨을 확인했습니다. 우리가 삶을 잘 살기 위해서 고생하는 그 모든 수고가 헛되다고 했습니다. 고생을 마다하지 않고 열심히 살아도 뜻을 이루지 못할 수 있습니다. 뜻을 이루어 살만해져도 병이 나거나, 자식이 자기 역할을 못 할 수 있습니다. 그런 경우 고생하고 산 것이 헛되다는 것을 깨닫는다고 했습니다. 또 우리는 평생토록 이룬 것을 뒤를 이을 자에게 남겨줄 수밖에 없습니다. 그것을 넘겨받은 그 사람이 지혜자일지, 우매자일지 알 수 없습니다. 그는 우리가 남겨놓은 것을 다스릴 것입니다. 그것으로 자기 뜻대로 권세를 부리거나 허물어버리거나, 우리의 뜻과 상관없이 다스릴 것입니다. 그런 경우도 인생이 헛되다는 것을 깨닫는다고 했습니다.

그래서 하나님께서는 수고하고 사는 인생들에게 허무를 달래고 이기며 살도록 은혜를 주셨고, 그것이 기쁘게 사는 것이라고 했습니다. 기쁘게 누리며 사는 것이 하나님께서 주신 복이라고 했습니다. 허무하지만 기쁘게 살고, 허무하지만 누리며 살라고 복을 주셨다고 했습니다. 따라서 우리는 기쁘게 살고 주신 복을 누리며 살므로 삶이 허무해도 잘 살아낼 수 있습니다.

지난주일 예배 후에 점심을 먹으면서 여러 성도님들이 누리고 사는 것에 대해 정말 그렇다고 공감하셨습니다. 그러나 베풀고 사는 것도 누리고 사는 것 중의 하나라고 했을 때는 한 분을 제외하고는 공감하지 않았습니다. 왜 그랬을까요? 왜 누리고 사는 것은 공감하면서 베풀고 사는 것에는 공감하지 않았을까요? 아깝기 때문이 아니었을까요? 자신에게 쓰는 것은 아깝지 않은데, 다른 사람에게 베푸는 것은 아깝다고 생각한 것은 아니었을까요? 그러시면 안 됩니다. 누리고 살 줄은 아는데 베풀고 살 줄은 모르는 것은 잘사는 것이 아닙니다. 누리고 살아도 어느 날 어떤 재앙을 당할지 알 수 없습니다. 욥처럼 엄청난 재앙을 당할 수 있습니다. 많이 베풀고 사는 사람들은 그런 날에 하나님께서 돌려받게 하십니다. 욥도 그러지 않았습니까? 하나님께서 욥에게 찾아오시고 욥이 모든 의문을 풀고 회개했을 때 떠났던 사람들이 돌아왔습니다. 그들이 돌아와 욥을 위로하며 금고리 하나, 금조각 하나씩을 주었습니다. 그게 종잣돈이 돼서 욥은 재기할 수 있었습니다. 욥이 베풀고 살았기에 그가 재기할 때 하나님께서 돌려받게 하신 것입니다. 그런 점에서 베풀고 사는 것은 보험을 드는 것이라 할 수 있습니다. 하나님께 보험을 드는 것입니다. 하나님께서 우리의 수고한 일에 주신 복을 누리고 살기 바랍니다. 더불어 베풀며 살기 바랍니다. 그리하여 하나님께서 다시 찾게 하시는 은혜도 누리기를 바랍니다.

⏚ 세상만사가 때가 있다

전도서 2장 18절부터 인간이 해 아래서 수고하는 모든 수고에 대해 논했습니다. 3장에서도 해 아래서 수고하는 모든 수고에 대해 논합니다. 하지만 2장에서는 그 수고의 헛됨을 논했다면, 3장에서는 우리가 수고한 일이 이루어지는 것에 대해 만사가 때가 있다는 점을 논합니다.

그래서 본문 1절은 이런 말로 시작합니다.

범사에 기한이 있고 천하 만사가 다 때가 있나니(3:1)

범사가 기한이 있고, 모든 일이 이루어지는 것도 때가 있다는 것입니다. 기한과 이룰 때는 각기 다른 단어입니다만 둘 다 정해진 때를 뜻합니다. 세상의 모든 일은 정해진 때가 있고, 목적이 이루어지는 것도 정해진 때가 있다는 것입니다.

여러분께서도 그렇게 생각하십니까? 세상만사가 다 때가 있다고 생각하십니까? 그렇습니다. 세상만사가 때가 있습니다. 3장은 그렇다는 사실을 증명합니다.

본문 2절을 보십시오.

날 때가 있고 죽을 때가 있으며 심을 때가 있고 심은 것을 뽑을 때가 있으며 (3:2)

3절에서도 같은 말씀을 하고 있으며, 4절에서도 이렇게 말씀합니다.

울 때가 있고 웃을 때가 있으며 슬퍼할 때가 있고 춤출 때가 있으며(3:4)

인간은 누구나 이 세상에 태어날 때가 있는가 하면 죽을 때가 있습니다. 그것은 자기 의사와 상관없습니다. 누가 태어나고 싶어서 태어납니까? 죽고 싶어서 죽습니까? 때가 되어 태어나고, 때가 되매 죽지요. 심을 때가 있고, 심은 것을 거둘 때가 있다고 했는데 이것이 목숨일 수도 있고 농산물일 수도 있습니다. 목숨이라면 심을 때와 거둘 때는 이 세상에서 태어나는 것과 죽는 것을 말합니다. 역시 자기 의사와 상관없이 태어나고 죽는다는 뜻입니다.

　세상일에는 울 때가 있는가 하면 웃을 때도 있습니다. 누가 울며 사는 일이 일어나기를 바랄까요? 그렇지 않습니다. 누구나 웃으며 살 일만 일어나기를 바랍니다. 그러나 세상에는 웃을 일만 일어나지 않습니다. 울어야 할 일도 일어납니다. 원치 않지만 자기 의사와 상관없이 일어납니다. 우리가 수고하며 사는 인생이 그렇습니다. 수고하는 것도 때가 있습니다.

　본문 5절을 보시겠습니까?

돌을 던져 버릴 때가 있고 돌을 거둘 때가 있으며 안을 때가 있고 안는 일을 멀리 할 때가 있으며(3:5)

돌은 가치가 없는 물건이나 삶을 의미합니다. 돌을 던져 버린다는 것은 끌어안고 있을 가치가 없어서 포기하는 것을 말합니다. 그렇게 해야 할 때가 있습니다. 세상에는 군이 끌어안고 있을 필요가 없는 것들이 있습니다. 기꺼이 포기해야 하는 것들이 있습니다. 그런 경우 그렇게 하는 것이 지혜입니다. 포기하지 않으면 해를 당할 수 있습니다. 그런가 하면 아무리 가치가 없다 싶어도 포기해선 안 되는 것도 있습니다. 끝까지 끌어안아야 하는 것도 있습니다. 그런 경우 그렇게 하는 것이 지혜입니다. 돌을 거둘 때가 있다는 것이 그런 뜻입니다. 가치가 없다 싶어 포기하고 싶은데 그래도 포기해선 안 되는 것이 있습니다.

예를 들면 사람이 그러지 않을까요? 어떤 사람은 애써 붙잡고 있을 가치가 없습니다. 포기해야 할 때는 기꺼이 포기해야 하는 사람이 있습니다. 그런 경우 포기하는 것이 잘하는 것입니다. 지혜입니다. 포기하지 않으면 해를 당할 수 있습니다.

그런가 하면 아무리 가치가 없는 사람이라 해도 포기해선 안 될 사람도 있습니다. 길바닥에 널브러져 있는 돌처럼 쓸모가 없는 것 같아도 포기해선 안 될 사람이 있습니다. 부모에게 자식이 그런 존재가 아닐까요? 자식이 큰 힘이 되지 않고 도움이 되지 않을 때가 있습니다. 그렇다고 부모가 자식을 포기하면 될까요? 자식도 마찬가지입니다. 살다 보면 부모가 큰 짐이 될 때가 있습니다. 그렇다고 포기하면 될까요? 그래선 안 됩니다. 그런 경우 포기하는 것은 인간이기를 포기하는 것이고, 그리스도인이기를 포기하는 것입니다. 그것은 어리석은 짓입니다.

본문 8절을 보십시오.

사랑할 때가 있고 미워할 때가 있으며 전쟁할 때가 있고 평화할 때가 있느니라(3:8)

그렇지 않습니까? 살다 보면 사랑할 때가 있고, 사랑하다가도 미워할 때가 있지 않습니까? 세상만사가 때가 있다는 것입니다. 전쟁도 그렇습니다. 전쟁을 피하고 평화를 추구해야 할 때가 있고, 불가피하게 전쟁을 해야 할 때가 있습니다. 아무리 피해가 크더라도 말입니다.

여러분께서도 그렇다고 생각하십니까? 사랑할 때가 있고 미워할 때가 있다고 생각하십니까? 그렇다는 것을 알려면 먼저 이 말씀에 공감하는 것이 중요합니다. 세상만사가 때가 있고 우리가 노력하고 애쓰는 것이 이루어지는 것도 다 때가 있다는 것을 아는 것이 중요합니다. 그리고 우리의 삶을 관찰하는 것이 중요합니다. 지금까지 살아오면서 세상일이 어떻게 돌아갔는지를 다시 한번 생각하고 살펴보는 것이 중요합니다. 그리하면 정말 그렇다는 것을 알 수 있습니다. 세상만사가 때가 있다는 것을 알 수 있고, 전도서의 말씀이 진리라는 것을 확인할 수 있습니다.

⍋ 세상만사가 때가 있다면 어떻게 살아야 하는가?

그렇다면 만사가 정해진 때가 있다는 것은 무엇을 의미할까요? 어떻게 하라는 것일까요? 운명적으로 살라는 것일까요? 노력하거나 열심히 살 것이 없고, 운명에 맡기고 체념하고 살라는 것일까요? 그런 생각은 비 성경적인 생각입니다. 성경은 운명론을 가르치지 않습니다. 세상에는 하나님의 뜻이 있고 예정이 있지만, 우리에게 모든 운명은 정해졌으니 애쓰고 살 필요가 없다고 가르치지 않습니다. 오히려 하나님의 뜻을 이루고 하나님께서 예정하신 것을 이루기 위해서 힘쓰고 애쓰고 열심히 살라고 합니다.

그렇다면 만사가 정해진 때가 있다는 것은 어떻게 하라는 것일까요? 본문 1절부터 8까지를 보면 세상만사가 정해진 때가 있다는 것을 예로 들어 증명한 다음 9절에 이렇게 묻습니다.

일하는 자가 그의 수고로 말미암아 무슨 이익이 있으랴(3:9)

이 말씀의 뜻은 일하는 자가 그렇게 수고를 많이 해서 무슨 이익이 있느냐는 것입니다. 사람이 애쓰고 수고해서 무엇을 얻으려고 하지만 그렇게 해서 얻은 것이 무엇이냐는 것입니다. 모든 것이 정해진 때가 있고 기한에 따라 일어나는 것이지, 원한다고 되지 않는다는 것입니다.

앞에서 세상만사가 다 때가 있다는 것을 설명하면서 모든 일이 자기 의사대로 되는 것이 아니라고 했습니다. 인간이 태어나는 것도 자기의 뜻대로 태어나는 것이 아니고, 아무리 죽기 싫어도 자기 의사와 상관없이 죽어야 한다고 했습니다. 돌을 던져 버릴 때가 있고 돌을 거둘 때가 있다고 했는데, 역시 자기 의사에 반하여 포기해야 할 것도 있고 포기해선 안 되는 것도 있습니다. 인간이 노력하고 열심히 사는 것이 중요하지만 그렇다고 해서 세상일이 인간의 뜻대로 되지 않습니다.

그렇다면 누구의 뜻대로 될까요? 하나님의 뜻대로 됩니다. 하나님께서 정하신 때가 있습니다. 우리가 애쓰고 노력하는 것도 하나님께서 정하신 기한이 돼야 이룰 수 있습니다. 그때까지는 힘쓰고 애쓰고 열심히 살아야 합니다. 힘들고 낙심되고 실패할 때도 있겠지만 인내하면서 용기를 내서 살아야 합니다. 인생이 그런 존재입니다. 그런 한계가 있습니다. 하나님께서 정하신 한계입니다.

우리는 하나님께서 정하신 때가 있다는 말을 답답하게 여길 수 있습니다. 노력해도 안 되는 것이 있다는 것을 받아들이기 힘들 수 있습니다. 그러나 실제로는 안 되는 것이 있습니다. 그래서 답답할 수 있습니다. 그러나 자유롭게 삽니다. 하고 싶은 것을 자유롭게 하고 원하는 것을 얻기 위해서 열심히 삽니다. 그러므로 하나님께서 정하신 때가 있다고 해서 답답하게 여길 필요가 없습니다. 이상하게 여길 필요가 없습니다. 앞으로도 우리가 하는 일에는 하나님의 뜻이 있습니다. 정하신 때가 있습니다. 그렇지만 우리는 하고 싶은 것을 하고 살 것이고 자유롭게 살 것입니다. 그러나 우리는 인간이라는 것을 기억하고 살기를 바랍니다. 하나님은 하나님이시라는 것을 기억하기를 바랍니다.

이처럼 세상만사가 정해진 때가 있고, 우리가 하는 모든 일에는 하나님의 뜻이 있다면 우리가 어떻게 살아야 할까요? 앞에서 말씀드렸듯이 운명론적으로 살면 안 된다고 했습니다. 계획하고 그것을 이루기 위해서 열심히 살아야 한다고 했습니다. 그리고 또 어떻게 살아야 할까요? 오늘은 간략하게 말씀드리고, 다음 시간에 자세히 다루겠습니다.

첫째, 조급하거나 절망하지 말아야 합니다.

우리를 향하신 하나님의 뜻이 있는 것을 믿는다면 원하는 대로 되지 않는다고 해서 조급하거나 일이 잘되지 않는다고 해서 절망해선 안 됩니다. 하나님께서 선하고 좋은 길로 인도하실 것을 믿어야 합니다. 그리고 우리의 삶에 최선을 다하고 살아야 합니다. 그렇게 사는 것이 믿음으로 사는 것이고, 하나님의 백성으로서 의롭게 사는 것입니다.

둘째, 하나님의 주권을 인정하고 살아야 합니다.

내가 원하는 대로 되지 않는다고 해서 하나님을 부정하거나 불신해서는 안 됩니다. 나는 내가 원하는 것을 이루지 못했지만, 하나님의 뜻이 이루어진다는 것을 믿어야 합니다. 세상의 이치는 하나님의 뜻대로 이루어진다는 것을 믿어야 합니다. 그것은 결코 나쁜 것이 아닙니다. 내가 원하는 것이 이루어지지 않았지만, 더 잘 된 것일 수 있습니다. 무엇보다도 하나님께서 모든 것을 지으시되 때를 따라 아름답게 하셨습니다. 그러므로 내가 원하는 대로 되지 않았다고 해서 하나님을 부정하거나 원망해선 안 됩니다.

셋째, 기쁘게 살아야 합니다.

전도서는 세상만사가 정해진 때가 있다는 것을 말씀한 후에 기쁘게 살 것을 말씀합니다. 기쁘게 일하고, 선하게 살라고 합니다. 인생은 하나님의 선하신 뜻 가운데 살 수밖에 없는 존재입니다. 그런 사실을 안다면 너무 욕심을 부리며 살지 않아야 합니다. 잠깐은 슬퍼하고 낙심하더라도 너무 슬퍼하거나 낙심하지 말아야 합니다.

우리가 하나님을 경외한다면 세상만사에 하나님의 뜻이 있는 것을 믿어야 합니다. 그리고 수고롭지만 꿈을 꾸고 열심히 살아야 합니다. 혹 일이 잘 되지 않는다고 해서 좌절하거나 삶을 포기하지 않아야 합니다. 모든 것을 아름답게 지으신 하나님이십니다. 때를 따라 아름답게 하신 하나님이십니다. 그 하나님을 경외하는 믿음으로 수고로운 삶을 기쁘게 살기 바랍니다. 그리하여 우리의 삶을 통해서 하나님을 영화롭게 하고, 우리의 삶을 빛나게 살기를 주의 이름으로 기원합니다. 아멘.

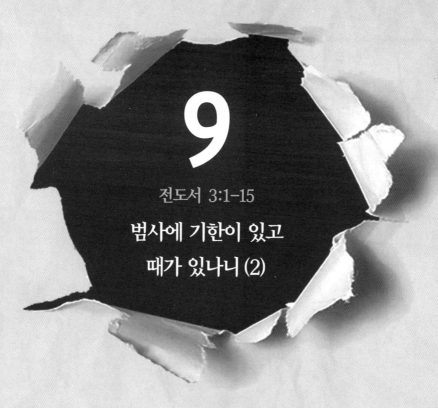

9

전도서 3:1-15

범사에 기한이 있고
때가 있나니 (2)

전 3:1-15

¹범사에 기한이 있고 천하 만사가 다 때가 있나니 ²날 때가 있고 죽을 때가 있으며 심을 때가 있고 심은 것을 뽑을 때가 있으며 ³죽일 때가 있고 치료할 때가 있으며 헐 때가 있고 세울 때가 있으며 ⁴울 때가 있고 웃을 때가 있으며 슬퍼할 때가 있고 춤출 때가 있으며 ⁵돌을 던져 버릴 때가 있고 돌을 거둘 때가 있으며 안을 때가 있고 안는 일을 멀리 할 때가 있으며 ⁶찾을 때가 있고 잃을 때가 있으며 지킬 때가 있고 버릴 때가 있으며 ⁷찢을 때가 있고 꿰맬 때가 있으며 잠 잠할 때가 있고 말할 때가 있으며 ⁸사랑할 때가 있고 미워할 때가 있으며 전쟁할 때가 있고 평화할 때가 있느니라 ⁹일하는 자가 그의 수고로 말미암아 무슨 이익이 있으랴 ¹⁰하나님이 인생들에게 노고를 주사 애쓰게 하신 것을 내가 보았노라 ¹¹하나님이 모든 것을 지으시되 때를 따라 아름답게 하셨고 또 사람들에게는 영원을 사모하는 마음을 주셨느니라 그러나 하나님이 하시는 일의 시종을 사람으로 측량할 수 없게 하셨도다 ¹²사람들이 사는 동안에 기뻐하며 선을 행하는 것보다 더 나은 것이 없는 줄을 내가 알았고 ¹³사람마다 먹고 마시는 것과 수고함으로 낙을 누리는 그것이 하나님의 선물인 줄도 또한 알았도다 ¹⁴하나님께서 행하시는 모든 것은 영원히 있을 것이라 그 위에 더 할 수도 없고 그것에서 덜 할 수도 없나니 하나님이 이같이 행하심은 사람들이 그의 앞에서 경외하게 하려 하심인 줄을 내가 알았도다 ¹⁵이제 있는 것이 옛적에 있었고 장래에 있을 것도 옛적에 있었나니 하나님은 이미 지난 것을 다시 찾으시느니라

☞ 하나님께서 정하신 때

지난 주일에 이어서 오늘도 전도서 3장 1–15절을 강론하겠습니다. 1절을 보면 "범사에 기한이 있고 천하 만사가 다 때가 있나니"라고 했습니다. 세상만사가 다 때가 있다는 것입니다. 지난 주일에도 여쭤봤습니다만 오늘 또 여쭙겠습니다. 여러분께서도 그렇게 생각하십니까? 세상만사가 때가 있다고 생각하십니까? 저도 그렇게 생각합니다. 사람이 아무리 애를 써도 그 일이 이루어지는 것은 다 때가 있습니다.

여러분께서는 그것을 어떻게 아셨습니까? 전도서를 읽고 아셨습니까? 그렇지 않으셨을 것입니다. 인생을 살다 보니 그렇다는 것을 아셨을 것입니다. 인생을 오래 살다 보니 세상일은 아무리 몸부림을 쳐도 원하는 대로 안 되고 때가 돼야 이루어진다는 것을 아셨을 것입니다. 전도자도 그랬습니다. 세상만사를 살펴보고 정말 그렇다는 것을 알았습니다. 그것은 인간사에 나타난 하나님의 섭리이거든요. 세상사에 대한 하나님의 이치입니다.

그렇다면 그때는 누가 정할까요? 하나님께서 정하십니다. 세상만사가 때를 따라 이뤄지는데 그때를 하나님께서 정하십니다. 인간이 아무리 애를 써도 세상만사는 인간의 뜻대로 되지 않고 하나님의 뜻대로 이루어집니다. 우리가 이것을 믿어야 합니다.

많은 분이 이런 사실을 부정하려고 합니다. 그럴 것 같으면 열심히 살 필요가 없는 것이 아니냐고 항변합니다. 그러면 그때를 하나님께서 정하시는 것이 아니라고 생각해 보십시오. 그때를 하나님께서 정하신 것이 아니라고 생각해도 만사가 이루어지는 것은 때가 있지 않습니까? 그것은 분명한 사실이지 않습니까? 그런데 그때를 하나님께서 정하셨다고 한들 뭐가 그렇게 불편하십니까? 그때를 하나님께서 정하셨다고 해서 인간이 하고 싶은 대로 안 하고 삽니까? 자신이 하고 싶은 대로 살지 않습니까? 그런데 그때를 하나님께서 정하셨다는 것이 뭐가 문제입니까? 아무리 부정하고 싶어도 그때를 정하신 분은 하나님이시라는 사실은 불변의 진리입니다.

세상만사가 하나님께서 정하신 때가 있다는 것은 우리에게는 다행입니다. 큰 행운이고 축복입니다. 왜 그럴까요? 만일 인간이 그때를 정한다면 세상은 엉망진창이 됐을 것입니다. 이기적이고 자기중심적이고 자기에게 유리하도록 정했을 것입니다. 서로 그랬을 것입니다. 그런 세상에 정의가 있을까요? 그런 세상이 바로 돌아갈까요? 그럴 리가 없습니다. 그러나 그런 이유 때문이 아니라 하나님의 섭리가 있기에 하나님께서 그때를 정하신 것이 다행입니다.

본문 11절을 보면 그 이유를 이렇게 말씀합니다.

하나님이 모든 것을 지으시되 때를 따라 아름답게 하셨고(3:11)

하나님께서 세상 모든 일을 지으셨는데 그것을 이루실 때를 따라 아름답게 하셨다고 했습니다. 하나님께서 그때를 정하셨어도 아름답게 이루어지게 하셨다는 것입니다. 그래서 다행이라는 것입니다. 그래서 행운이라는 것입니다. 그때를 하나님께서 정하셨기에 우리는 인생이 허무해도 믿음을 가지고 살 수 있습니다. 안정적으로 살 수 있습니다. 희망을 가질 수 있습니다. 그러니 얼마나 다행입니까?

이렇게 세상만사가 하나님의 뜻대로 된다면 우리는 어떻게 살아야 할까요? 지난 주일에 간략한 답만 말씀드렸는데, 오늘은 이에 대해 보다 깊이 상고하겠습니다.

☞ 조급하거나 절망하지 말아야

첫째, 일이 뜻대로 되지 않는다고 해서 조급하거나 절망하지 말라고 했습니다.

모든 일이 자기 뜻대로 되지 않는 것이 세상 일이고 현실입니다. 조급하게 군다고 더 빨리 되거나 더 잘되지 않습니다. 그러므로 조급하게 굴지 말아야 합니다. 또 일이 안 된다고 포기하지 말아야 합니다. 오히려 그것을 이루실 때 하나님께서 아름답게 하실 것을 믿고 더 열심히 살고, 더 힘쓰고 애쓰며 살아야 합니다. 고생이겠지만 인내하면서 살아야 합니다.

살다 보면 어떤 경우는 세상일이 자기 뜻대로 될 때도 있습니다. 계획한 대로 착착 이루어질 때도 있습니다. 그래서 자신을 굉장히 유능하고 똑똑한 사람으로 여기기도 하고 또는 자만에 빠지기도 합니다. 마치 자신이 마음만 먹으면 무엇이든 다 할 수 있을 것처럼 생각합니다. 자신은 실패할 수 없는 사람으로 여깁니다. 그러나 지나고 보면 자기 뜻대로 되지 않았다는 것을 깨닫게 됩니다. 인간은 인간이거든요. 근본적으로 허무한 존재이거든요. 항상 성공할 것 같아도 그렇지 못하거든요. 그렇습니다. 만사가 자기 뜻대로 된 것 같아도 지나고 보면 자기 뜻대로 되지 않는다는 것을 알게 됩니다.

박근혜 전 대통령 때 "최순실 씨의 국정농단" 사건으로 온 나라가 휘청거렸습니다. 최순실 씨가 자격도 안 되는 딸을 고등학교 졸업 후 이화여

대에 입학시킬 때만 해도 세상만사가 자기 뜻대로 되는 것으로 생각했을 것입니다. 청와대 수석비서관들이 자신의 지시대로 움직일 때나, 기업인들을 등쳐서 돈을 거둬들일 때도 세상만사가 자기 뜻대로 된다고 생각했을 것입니다. 그러면 지금도 그렇게 생각할까요? 감옥에 들어앉아서 지금도 만사가 자기 뜻대로 된다고 생각하고 있을까요? 그렇지 않을 것입니다. 세상일은 결코 인간의 뜻대로 되지 않습니다. 인간의 뜻대로 되도록 하나님께서 내버려 두지 않으십니다.

그러므로 자신에게 주어진 삶이라면 힘들어도 인내하고 살아야 합니다. 고생하겠지만 뜻을 이루기 위해서 희망을 품고 살고, 용기를 가지고 살아야 합니다. 열심히 살아야 합니다.

그래서 본문 10절을 보면 이렇게 말씀합니다.

하나님이 인생들에게 노고를 주사 애쓰게 하신 것을 내가 보았노라(3:10)

하나님께서 정하신 때까지는 그리고 하나님께서 때를 따라 아름답게 하실 때까지는 사는 것이 고생스럽더라도 애쓰며 살아야 한다는 것입니다. 그러므로 우리가 힘겨울 때가 있고 낙심될 때가 있더라도 조급하지 않아야 합니다. 삶을 포기하고 싶은 생각이 문득문득 들더라도 포기하지 말아야 합니다. 지금은 힘들지만 세상만사가 때가 있다는 것을 알고, 참고 이기고 살아야 합니다. 하나님을 경외하는 믿음이 있다면 그런 태도로 살아야 합니다. 그렇게 살 줄 아는 것이 믿음으로 사는 것입니다.

▜ 하나님의 주권을 인정해야

세상 만사가 하나님께서 정하신 때가 있다는 것을 믿는다면 또 어떻게 살아야 할까요?

둘째, 하나님의 주권을 인정하고 살아야 한다고 했습니다.

세상만사가 때가 있다고 했습니다. 그때를 하나님께서 정하신다고 했습니다. 하나님께서 정하신 때를 따라 아름답게 하셨다고 했습니다. 이 말은 이 세상에 대한 주권이 하나님께 있다는 것을 의미합니다. 세상일은 하나님께서 하나님의 뜻을 따라 다스리신다는 것을 의미합니다. 우리가 하나님을 믿는다면 이것을 믿어야 합니다. 이 세상은 하나님께서 다스리시고 주장하신다는 것을 믿어야 합니다.

안타깝게도 예수를 믿는다는 사람 중에도 하나님의 주권을 인정하지 않는 사람이 있습니다. 그들은 자기들의 주장이 옳다는 증거로 이 세상에서 일어나는 부조리한 일을 제시합니다. 하나님께서 세상을 다스리실 것 같으면 "최순실 씨의 국정농단"과 같은 일이 왜 일어나느냐고 반문합니다. 왜 대한민국이 이런 혼란에 빠지는 것을 막아주지 않느냐고 항변합니다. 그렇지 않은 것을 볼 때 세상만사는 하나님의 뜻대로 되지 않는다고 합니다. 이런 항변들은 인간에게는 아무런 책임이 없다는 뜻입니다. 하나님의 주권을 인정하지 않겠지만, 인간에게도 책임이 없다는 뜻입니다. 과연 그럴까요? 이런 혼란과 부조리한 일이 생기는 책임이 인간에게 없을까요?

전도서 7장 29절을 보면 이런 무지한 인생에게 이렇게 말씀합니다.

내가 깨달은 것은 오직 이것이라 곧 하나님은 사람을 정직하게 지으셨으나 사람이 많은 꾀들을 낸 것이니라(7:29)

하나님께서 이 세상을 지으실 때 그렇게 혼란스럽고 부조리하게 짓지 않으셨다는 것입니다. 사람을 지으실 때도 정직하게 지으셨다는 것입니다. 하나님은 인간에게 하나님의 형상을 주셨습니다. 그런데도 인간은 정직하게 살기보다는 꾀 부리기를 좋아합니다. 이 꾀라는 것을 요즈음 흔히 사용하는 말로 하면 꼼수입니다. 인간은 정직하게 성실하게 살기보다는 욕심을 채우려고 꼼수를 부리기를 좋아합니다. 그래서 세상은 혼란에 빠지기도 하고 부조리한 일이 생기기도 합니다. 그 책임이 누구에게 있습니까? 그래도 하나님께 있습니까? 그렇지 않습니다. 인간에게 있습니다.

그렇다고 세상은 망하지 않습니다. 인간이 욕심을 부리고 자기 욕심을 채우기 위해서 수단과 방법을 가리지 않지만, 이 세상은 망하지 않습니다. 대한민국도 이렇게 혼란을 겪지만 그렇다고 망하지 않을 것입니다. 왜 망하지 않을까요? 하나님께서 통제하고 계시기 때문입니다. 인간이 부패한 욕망을 따라 욕심을 부리고 꼼수를 부리지만 그럼에도 하나님께서 이 세상을 잘 통치하고 계십니다. 하나님의 선하고 아름다운 뜻을 따라 통치하십니다. 그래서 세상이 금방 망할 것 같아도 예수님께서 재림하실 때까지는 망하지 않습니다.

하나님께서 이 세상을 통치하신다는 주권을 믿지 못하는 사람들은 현실을 받아들일 줄 모르는 사람입니다. 그런 사람은 자기 삶을 받아들이려 하지 않고 하나님을 이겨 먹고 세상의 이치를 이겨 먹으려고 합니다. 그래서 세상만사가 때가 있음에도 그때를 알아내려고 합니다. 왜 일이 잘 안 풀리는지, 언제나 풀릴지 점괘를 보러 다닙니다. 예수 믿는 사람 중 어떤 사람은 "언제 일이 잘 풀리겠는지" 기도 받으러 다닙니다. 세상의 종말에 관한 때도 하나님께서 비밀에 부치셨는데도 그때를 알려고 합니다. 목사나 기도 좀 한다는 사람 중에는 자신이 그때를 알 수 있는 것처럼 말하기도 합니다. 언제쯤 되면 일이 잘 풀릴 것이라고 말하기도 하고, 무슨 장사를 하면 돈을 많이 벌 것이라고 말하기도 합니다. 마치 점쟁이가 복채를 받고 점을 칠 때 하는 행동을 합니다. 이런 행동은 하나님의 주권을 인정하지 않는 행동입니다. 대단히 인본적이고 불신앙적인 행동입니다.

본문 11절을 보면 이런 사람들에게 이렇게 말씀합니다.

하나님이 하시는 일의 시종을 사람으로 측량할 수 없게 하셨도다(3:11)

그래서 인간은 하나님이 하시는 일을 알 수 없습니다. 인간은 하나님께서 하시는 일도 알 수 없습니다. 하나님께서 미래사를 측량할 수 없게 하셨는데 언제나 일이 풀리겠는지, 무슨 장사를 해야 돈을 잘 벌겠는지 기도받으러 다니면 되겠습니까?

우리가 하나님께서 이 세상을 통치하시는 것을 믿는다면 불안과 염려 속에 살아선 안 됩니다. 하나님께서 정하신 때가 언제인지 알려고 하면 안 됩니다. 그때가 언제일지 모르지만, 하나님께 맡기고 살아야 합니다. 하나님께서 이루실 때까지 정직하게 살고, 의롭게 살아야 합니다. 고생하겠지만 인내하면서 열심히 살아야 합니다. 그렇게 사는 것이 믿음으로 사는 것입니다.

전도서는 인간의 허무를 말씀하고 인생이 어떻게 허무한지 낱낱이 증명해 보입니다. 그래서 우리가 어떤 존재인지, 얼마나 허무한 존재인지 알게 합니다. 이와 더불어 하나님은 어떤 분이신지 말씀합니다. 허무한 세상을 어떻게 하시는지, 인생을 어떻게 다스리는지 말씀합니다.

전도서는 그 어떤 성경 못지않게 하나님께 대해 많은 것을 계시합니다. 3장 11절 상반절을 보면 하나님은 모든 것을 지으신 분이라고 했습니다. 하나님은 천지 만물을 창조하시고, 인생을 창조하신 하나님이시라고 했습니다. 3장 11절 하반절을 보면 하나님은 인간이 측량할 수 없는 분이라고 했습니다. 하나님은 무한하신 하나님이라고 했습니다. 지식도 무한하고 사랑도 무한하고 능력도 무한한 하나님이시라는 것입니다. 그래서 인간은 하나님이 하시는 일을 알 수 없습니다.

3장 14절 상반절을 보면 하나님은 영원하신 분이라고 했습니다. 전도서가 인간의 허무를 말씀한 것은 인간은 유한한 존재라는 것을 알라는 것이고, 그에 반하여 하나님은 영원하신 분이라는 것입니다. 그래서 인간은 하나님께서 하시는 일을 더 할 수도 없고, 덜 할 수도 없다고 했습니다. 인간이 아무리 애를 쓰고 노력해도 하나님께서 하시는 일에 무엇을 더하거나 뺄 수 없다는 것입니다. 인간은 인간이고, 하나님은 하나님이라는 것입니다.

하나님은 세상을 그렇게 만드셨습니다. 인생을 그런 존재로 지으셨습니다. 왜 그렇게 지으셨을까요? 왜 유한한 존재로 만드셨을까요? 거기에는 중요한 뜻이 있습니다.

본문 14절 하반절을 보십시오.

> 하나님이 이같이 행하심은 사람으로 그 앞에서 경외하게 하려 하심인 줄을 내가 알았도다(3:14)

인간을 이런 존재로 지으신 것은 인생으로 하나님이 계신 줄 알고 살라는 뜻입니다. 이 세상은 인간이 다가 아니라는 것입니다. 인간이 주인이 아니라는 것입니다. 이 세상에는 하나님이 계시다는 것입니다. 하나님이 계신 것을 알고, 하나님을 경외하며 살라는 것입니다.

우리는 허무한 인생을 살아야 합니다. 유한한 삶을 살 수밖에 없는 존재입니다. 하나님께서 우리를 그렇게 만드셨습니다. 그러나 하나님은 천지 만물을 만드신 분이고 인간을 만드신 분입니다. 인간이 측량할 수 없을 만큼 무한하신 분이고 영원하신 분입니다. 그 하나님을 경외하기를 바랍니다. 사랑하기를 바랍니다.

⚑ 기쁘게 살아야

셋째, 세상만사가 하나님께서 정하신 때가 있다는 것을 믿는다면 우리는 인생이 허무해도 기쁘게 살아야 한다고 했습니다.

그동안 전도서를 강론하면서 즐거움의 허무에 대해 논했고, 지혜의 허무에 대해 논했습니다. 그리고 수고의 허무에 대해 논했습니다. 그런데 전도서를 보면 즐거움과 지혜와 인간의 모든 수고가 헛되다고 하면서 그때마다 강조한 것이 있습니다. 그것은 무엇일까요? 기쁘게 살라는 것입니다. 허무한 인생에게 이것보다 중요한 것이 없다며 기쁘게 살라고 했습니다. 그렇습니다. 기쁘게 사는 것은 허무한 인생에게 주신 하나님의 위로입니다. 허무하지만 인생을 잘 살게 하는 방편입니다.

여러분은 기쁘게 사십니까? 인생을 재미있게 사십니까? 허무하지만 기쁘게 살기를 바랍니다. 힘들고 괴로울 때가 있지만 기쁘게 살기를 바랍니다. 일이 뜻대로 되지 않아도 기쁘게 살기를 바랍니다. 그것은 하나님의 뜻입니다. 허무한 인생에게 주신 선물입니다. 복입니다.

본문 12절에도 이렇게 말씀합니다.

사람들이 사는 동안에 기뻐하며 선을 행하는 것보다 더 나은 것이 없는 줄
을 내가 알았고(3:12)

세상만사가 때가 있는데, 일이 잘 안 된다고 짜증을 부리거나 원망하거나
한탄하고 살지 말라는 것입니다. 하나님의 정하신 때가 있으므로 기쁘게
살고, 선하게 살라는 것입니다. 그렇게 사는 것보다 나은 것이 없습니다.
우리가 하나님을 믿는다면 기쁘게 살기를 바랍니다. 재미있게 살기를 바
랍니다. 하나님께서 정하신 때가 있는 것을 믿고 우리의 삶을 잘 살아내기
를 기원합니다. 아멘.

10

전도서 3:9-15

때를 따라 아름답게 하시다

전 3:9-15

⁹일하는 자가 그의 수고로 말미암아 무슨 이익이 있으랴 ¹⁰하나님이 인생들에게 노고를 주사 애쓰게 하신 것을 내가 보았노라 ¹¹하나님이 모든 것을 지으시되 때를 따라 아름답게 하셨고 또 사람들에게는 영원을 사모하는 마음을 주셨느니라 그러나 하나님이 하시는 일의 시종을 사람으로 측량할 수 없게 하셨도다 ¹²사람들이 사는 동안에 기뻐하며 선을 행하는 것보다 더 나은 것이 없는 줄을 내가 알았고 ¹³사람마다 먹고 마시는 것과 수고함으로 낙을 누리는 그것이 하나님의 선물인 줄을 또한 알았도다 ¹⁴하나님께서 행하시는 모든 것은 영원히 있을 것이라 그 위에 더 할 수도 없고 그것에서 덜 할 수도 없나니 하나님이 이같이 행하심은 사람들이 그의 앞에서 경외하게 하려 하심인 줄을 내가 알았도다 ¹⁵이제 있는 것이 옛적에 있었고 장래에 있을 것도 옛적에 있었나니 하나님은 이미 지난 것을 다시 찾으시느니라

⫸ 전도서 세 교훈

원문을 연구하는 학자들의 말을 들어보면 전도서는 어렵다고 합니다. 우리의 번역본을 보아도 읽어서 이해하기에 쉽지는 않습니다. 그러나 그 내용은 흥미롭습니다. 하나님의 말씀이지만, 우리의 일상에서 일어나는 일을 말씀하고 있습니다. 그래서 내용을 알고 보면 마음에서 깊은 공감이 일어납니다. 그 어떤 말씀보다 더 위로가 되고 힘이 됩니다.

또 전도서는 우리가 잘하지 못하는 것을 반복적으로 가르칩니다. 그 대표적인 예가 기쁘게 살라는 것입니다. 그것보다 중요한 게 없다며 기쁘게 살 것을 가르칩니다. 그래야 합니다. 삶이 허무하지만 정말 기쁘게 살아야 합니다. 그게 하나님의 뜻이고, 믿음으로 사는 것입니다.

또 전도서는 우리가 잘못 알고 있는 것을 바로 잡아주는 성격이 강합니다. 신앙이 아닌 것을 신앙으로 알고 있는 것을 바로 잡아주고, 신앙으로 사는 것이 무엇인지 알게 합니다. 그런 점에서 저는 전도서가 욥기와 함께 우리 시대의 복음이라고 생각합니다. 하나님을 경외하게 하고, 그리스도인답게 살게 하는 복음이라고 생각합니다.

전도서는 인생이 허무하다고 합니다. 그리고 어떻게 허무한지 낱낱이 증명해 보입니다. 인생이 얼마나 허무한지, 인생은 아무런 의미가 없는 것처럼 느끼게 합니다. 그렇다고 인생은 의미 없는 것이 아니라고 합니다. 오히려 허무하지만, 인생만큼 의미 있는 것은 없다고 합니다. 허무하지만 살아볼 만한 가치가 있고, 기쁘게 살아야 하는 것이 인생이라고 합니다.

이런 내용들을 정리하면 전도서의 전체적인 메시지는 세 개로 귀결됩니다.

첫째는 자신의 삶을 잘 받아들이며 살라고 합니다.

인생이 허무하고 세상에는 부조리한 일이 있지만, 그런 삶을 잘 받아들이고 살라고 합니다. 살다 보면 이해가 안 되는 일이 있고 말도 안 되는 일이 있지만, 그렇다고 하여 자신의 삶을 원망하거나 절망하지 말라고 합니다. 인생이 다 그런 것입니다. 그러므로 우리는 자기 삶을 잘 받아들이고 살아야 합니다. 특히 우리 그리스도인은 하나님이 계시므로 더 잘 받아들이고 살아야 합니다. 그리스도인으로서 그렇게 살 줄 아는 것이 믿음입니다.

둘째는 즐겁게 살라고 합니다.

즐겁게 사는 것은 자신의 삶을 잘 받아들이는 방식 중에 더 나은 방식입니다. 전도서는 사람이 수고하고 애쓰고 사는 것 중에 즐겁게 사는 것보다 더 중요한 것이 없다고 강조합니다. 즐겁게 사는 것도 한계가 있지만, 즐겁게 사는 것은 하나님께서 주신 복이라고 합니다. 그러므로 인생이 허무하고 세상이 부조리하지만 즐겁게 살아야 합니다. 그리스도인으로 즐겁게 살 줄 아는 것이 믿음입니다.

셋째는 하나님을 경외하라고 합니다.

하나님을 경외하는 것은 즐겁게 사는 것보다 자신의 삶을 더 잘 받아들이는 것입니다. 인생이 허무하고 세상에는 부조리한 일이 있지만, 그런 삶 가운데서 하나님을 경외하라고 합니다. 왜냐하면 허무한 인생을 주관하시는 분은 하나님이시고, 부조리한 세상을 통제하시는 분도 하나님이시기 때문입니다. 그런 삶을 위로하시고 때가 되면 아름답게 하실 분이 하나님이시기 때문입니다. 무엇보다도 하나님을 경외하는 믿음으로 사는 것은 모든 것을 끝장내버리는 죽음을 이기게 하기 때문입니다. 그러므로 우리가 하나님을 경외하는 믿음으로 살기를 바랍니다.

⚑ 고생하며 사는 것은 하나님의 정하신 이치

오늘은 3장 9절부터 15절까지를 상고하겠습니다. 지난 두 번 설교에서 3장 1절부터 8절을 통해서 세상만사에 때가 있다는 것을 배웠습니다. 전도서 2장에서 "해 아래서 수고하는 모든 수고"에 대해 논한 후 그 수고한 것이 이루어지는 것도 때가 있다는 뜻으로 말씀한 것입니다.

이 부분은 우리가 모두 공감하는 내용입니다. 문제는 그 다음입니다. 세상만사에 때가 있지만 그때까지는 일이 안 풀릴 수도 있고 실패를 거듭할 수도 있습니다. 열심히 살다가도 지칠 수 있고, 죽도록 고생도 해도 되는 것이 없을 수도 있습니다. 만사가 이뤄질 때까지는 고생을 많이 하고 살아야 합니다.

그러나 사람들은 고생을 싫어합니다. 고생 없이 살고 싶어 합니다. 그러나 그런 인생은 없습니다. 고생하면서 사는 것이 인생입니다. 하나님께서 그렇게 만드셨습니다.

그래서 본문 10절에 이렇게 말씀합니다.

하나님이 인생들에게 노고를 주사 애쓰게 하신 것을 내가 보았노라(3:10)

하나님께서 만사를 이루실 때까지는 고생하며, 애쓰며, 살게 하셨다는 것입니다.

그런데 힘들다고 고생을 회피하면 되겠습니까? 약삭빠르게 살려고 하면 되겠습니까? 그렇게 사는 것은 믿음으로 사는 것이 아닙니다. 눈물 나게 힘들어도 열심히 살아야 합니다. 참아가면서 희망을 품고 열심히 살아야 합니다. 하나님의 위로가 있으므로 기쁘게 살아야 합니다. 그렇게 사는 것이 믿음으로 사는 것입니다.

어떤 분은 고생하면서 어떻게 기쁘게 살 수 있겠느냐고 반문할 것입니다. 그것은 말도 안 되는 소리요, 궤변이라고 할 것입니다. 그러나 그렇게 말하는 분들은 일의 즐거움을 모르는 분들입니다. 땀 흘리는 기쁨을 모르는 분들입니다. 하나님의 위로도 모르는 분들입니다. 모든 일에는 힘들고 어려운 것이 있어도 그와 더불어 즐거움이 있고 보람도 있습니다. 무엇보다도 하나님의 위로가 있습니다.

학생 중에는 공부가 제일 쉽다는 학생도 있습니다. 그러나 대부분 학생에게 공부는 힘든 일입니다. 그러나 힘들지만 공부에는 재미가 있잖아요? 새로운 것을 알아가는 기쁨이 있고 문제를 풀었을 때 누리는 기쁨이 있잖아요? 그렇습니다. 힘들어도 공부에는 보람이 있습니다. 회사 일도 그렇고, 막노동도 그렇습니다. 일자리가 없어지고 일거리가 없어 보세요. 일하는 것이 좋습니까? 안 하는 것이 좋습니까? 일하는 것이 좋습니다. 비록 막노동하고 산다고 할지라도 일거리가 있는 것이 더 좋습니다. 세상의 모든 일이 그렇습니다. 하나님께서 그렇게 만드셨습니다.

그래서 본문 12절을 보면 이렇게 말씀합니다.

사람들이 사는 동안에 기뻐하며 선을 행하는 것보다 더 나은 것이 없는 줄을 내가 알았고(3:12)

이 말씀은 전도서를 강론하면서 여러 번 말씀드렸습니다. 전도자는 이 말씀을 한 후 13절에서 또 이렇게 말씀합니다.

> 사람마다 먹고 마시는 것과 수고함으로 낙을 누리는 그것이 하나님의 선물인 줄도 또한 알았도다(3:13)

두 가지 사실을 알았다고 했습니다. 하나는 사람이 사는 동안에 기뻐하며 선을 행하는 것보다 나은 것이 없는 줄을 알았다고 했습니다. 또 하나는 먹고 마시는 것과 수고함으로 낙을 누리는 것이 하나님의 선물이라는 것을 알았다고 했습니다. 그렇습니다. 고생에는 기쁨이 있습니다. 고생은 힘들고 짜증스러운 것만이 아니고 기쁨이고 보람입니다. 하나님께서 주신 선물입니다. 그러므로 고생하고 사는 것을 너무 이상하게 여기지 않아야 합니다. 힘들고 짜증스러운 것으로만 여기지 말아야 합니다. 오히려 고생스러운 삶이지만 잘 받아들이고, 고생을 통해서 주시는 기쁨을 누리며 살아야 합니다. 그것은 하나님께서 주신 선물을 받아보고 기뻐하는 것과 같습니다.

우리가 사는 것이 고달프고 힘들어도 견뎌야 하는 보다 분명한 이유가 있습니다.

본문 11절이 이를 말씀하는데 함께 봉독하겠습니다.

> 하나님이 모든 것을 지으시되 때를 따라 아름답게 하셨고 또 사람들에게는 영원을 사모하는 마음을 주셨느니라 그러나 하나님이 하시는 일의 시종을 사람으로 측량할 수 없게 하셨도다(3:11)

세상만사에 때가 있는데 그때를 따라 아름답게 하셨다는 것입니다. 비록 하나님께서 인생에게 노고를 주사 애쓰고 살게 하셨지만, 때가 되면 아름다운 결말을 보게 하신다는 것입니다. 다시 말해서 하는 일이 힘들고 고생이 돼도 정직하게 열심히 살면 좋은 결과를 본다는 것입니다. 비록 지금은 낙심이 되고 죽을 것만 같아도 믿음을 가지고 의롭게 살라는 것입니다. 그리하면 좋은 날을 보게 된다는 것입니다.

그렇다면 고생을 견뎌야 하지 않을까요? 그렇습니다. 힘들어도 견뎌야 합니다. 때때로 낙심되지만, 포기하지 말고 견뎌야 합니다. 하나님께서 아름답게 하신 때가 있으므로 하나님을 믿는 믿음으로 견디고 살아야 합니다. 이것이 허무한 삶을 대하는 그리스도인의 자세입니다. 고생을 대하는 그리스도인의 믿음입니다. 우리에게 이런 믿음이 있기를 바랍니다. 그리하여 힘들고 고생이 되지만 기쁘게 이기기를 바랍니다. 하나님께서 아름답게 하실 그때 영광을 누리기를 바랍니다.

▐▶ 왜 수고하게 하셨을까?

하나님은 왜 이렇게 모든 일을 힘들게 만드셨을까요? 왜 쉽게 살게 하지 않으시고 만사가 이뤄질 때까지 고생하며 살게 하셨을까요? 물론 세상일에는 쉬운 것도 있습니다. 쉽게 이뤄지는 일도 있습니다. 하지만 반드시 고생해야만 이룰 수 있는 일도 있습니다. 그런 일이 훨씬 더 많을 것입니다. 그런데 왜 그렇게 고생하며 살게 하셨느냐 말입니다. 그 이유는 무엇일까요?

본문 14절은 이 질문에 대해 이렇게 대답합니다.

하나님께서 행하시는 모든 것은 영원히 있을 것이라 그 위에 더 할 수도 없고 그것에서 덜 할 수도 없나니 하나님이 이같이 행하심은 사람들이 그의 앞에서 경외하게 하려 하심인 줄을 내가 알았도다(3:14)

인간은 완전한 존재도 아니고, 전능한 존재도 아닙니다. 인간은 불완전하고, 유한하고, 무능한 존재입니다. 반대로 하나님은 인간이 측량할 수 없을 만큼 무한하신 분이요, 전능하신 분입니다. 그래서 하나님께서 하시는 일을 인간이 무엇을 더하거나 덜할 수도 없습니다. 하나님께서 만사의 때를 정해 놓으셨는데, 그때까지는 고생하고 애를 쓰며 살아야 합니다.

그렇게 하신 이유는 무엇이라고 했습니까? 사람으로 하나님을 경외하게 하려고 했습니다. 하나님을 두려워하고 존경하게 하려고 만사의 때를 정하셨다는 것입니다. 인간이 아무리 바꿔놓으려 해도 바꿔질 수 없게 하셨는데 인간은 인간이라는 것입니다. 하나님은 하나님이시라는 것입니다. 그러므로 인간의 유한함을 알고 하나님을 경외하라는 것입니다. 사노라면 힘들고 괴로울 때가 있는데 하나님을 의지해서 살라는 것입니다. 죽는다고 아우성을 치지 말고 하나님께서 주시는 지혜와 능력으로 살라는 것입니다.

고난이 없으면 사람이 하나님을 믿을까요? 물론 그런 분들이 계십니다. 대개 그런 분들은 마음이 부드럽고 겸손한 분들입니다. 그런 분들은 인간의 연약함을 알고 하나님을 경외하고 사랑합니다. 저는 사람들이 다 그랬으면 좋겠습니다. 하나님께서 깨닫게 하실 때 부드러운 마음과 겸손한 마음으로 하나님께로 돌아오고 하나님을 경외하고 사랑했으면 좋겠습니다. 그런 분들은 복이 많은 분입니다. 우리가 그런 사람이기를 바랍니다.

　그러나 인간은 근본적으로 타락하고 부패해서 고난을 겪지 않으면 인간이 어떤 존재인지 잘 알지 못합니다. 얼마나 유한하고 어리석은 존재인지 잘 깨닫지 못합니다. 하나님께서 은혜를 주시지 않는 것이 아니라 마음이 완악해서 그렇습니다. 하나님께서 은혜를 주셔도 그 은혜를 무시하고 경멸합니다. 그리고 자신이 옳다고 믿고 삽니다. 자기 생각이 하나님의 말씀보다 더 옳다고 생각합니다. 그래서 하나님께서 은혜를 주셔도 하나님을 경외하지 않습니다.

　그런 사람을 어떻게 해야 할까요? 어떻게 해야 하나님께로 돌아올까요? 그런 사람은 고난을 많이 당해야 합니다. 지난 주일에 말씀드린 것처럼 고난을 당한다고 다 하나님께로 돌아오지 않습니다. 고난을 당하면 하나님보다 사람을 더 의지하려고 합니다. 도움이 될 만한 사람, 해결사가 될 만한 사람을 찾습니다. 그러다가 고난을 더 많이 당하면 하나님을 찾습니다. 그래서 고난을 많이 당해야 하나님을 찾는다는 것입니다.

　요나를 보십시오. 하나님께서 니느웨로 가서 회개하라고 외치게 하셨습니다. 그게 싫어서 반대 방향으로 가는 배를 탔습니다. 지독하게 자기 주장이 옳다고 주장한 것입니다. 그러다가 광풍을 만나 바다에 던져졌는데 고기 배 속에서 사흘을 지냈습니다.

　요나서 2장 2절을 보면 그때 요나가 이렇게 고백합니다.

　이르되 내가 받는 고난으로 말미암아 여호와께 불러 아뢰었더니 주께서 내게 대답하셨고 내가 스올의 뱃속에서 부르짖었더니 주께서 내 음성을 들으셨나이다(욘 2:2)

내가 받는 고난으로 말미암아 여호와를 찾았다고 했습니다. 고기 배 속에서 죽을 것만 같으니까 그때야 하나님을 찾았다는 것입니다. 인간은 이렇게 고난을 당해야 하나님을 찾습니다.

그렇게 해서라도 하나님을 경외하게 된 것은 다행입니다만 그러나 어리석은 것이지요. 그렇게까지 고생을 하지 않더라도 인간에게는 크고 작은 고생이 있습니다. 우리가 수고하고 애쓰는 것들이 이뤄질 때까지는 그 고생을 하고 살아야 합니다. 하나님께서는 그 고생을 하나님의 은혜로 이기며 살라고 하십니다. 하나님께서 주시는 지혜와 능력으로 이기며 살라고 하십니다.

그러므로 우리가 하나님을 의지하는 믿음으로 살기를 바랍니다. 하나님께서 주시는 지혜와 능력으로 우리의 고단한 삶을 의롭게 살아내기를 바랍니다. 그리하여 만사를 때를 따라 아름답게 하시는 은혜를 주실 때 그 은혜로 더욱 감사가 넘치고 믿음이 넘치기를 바랍니다. 아멘.

11

전도서 3:16-22

하나님의 심판이 있는 세상

(1)

전 3:16-22

¹⁶또 내가 해 아래에서 보건대 재판하는 곳 거기에도 악이 있고 정의를 행하는 곳 거기에도 악이 있도다 ¹⁷내가 내 마음속으로 이르기를 의인과 악인을 하나님이 심판하시리니 이는 모든 소망하는 일과 모든 행사에 때가 있음이라 하였으며 ¹⁸내가 내 마음속으로 이르기를 인생들의 일에 대하여 하나님이 그들을 시험하시리니 그들이 자기가 짐승과 다름이 없는 줄을 깨닫게 하려 하심이라 하였노라 ¹⁹인생이 당하는 일을 짐승도 당하나니 그들이 당하는 일이 일반이라 다 동일한 호흡이 있어서 짐승이 죽음 같이 사람도 죽으니 사람이 짐승보다 뛰어남이 없음은 모든 것이 헛됨이로다 ²⁰다 흙으로 말미암았으므로 다 흙으로 돌아가나니 다 한 곳으로 가거니와 ²¹인생들의 혼은 위로 올라가고 짐승의 혼은 아래 곧 땅으로 내려가는 줄을 누가 알랴 ²²그러므로 나는 사람이 자기 일에 즐거워하는 것보다 더 나은 것이 없음을 보았나니 이는 그것이 그의 몫이기 때문이라 아, 그의 뒤에 일어날 일이 무엇인지를 보게 하려고 그를 도로 데리고 올 자가 누구이랴

⫟ 정의, 재판관에게 주신 소명

전도서는 세상만사가 때가 있다고 가르칩니다. 해 아래서 일어나는 모든 일에는 정한 기한이 있고 모든 목적을 이루는 때가 있다고 합니다. 이에 대해 설교하면서 두 번 여쭀는데 여러분께서도 그렇게 살아야 한다고 했습니다. 하나님께서 전도서를 통해서 하신 말씀이 옳다고 하셨습니다. 정말 그렇습니다. 세상만사가 때가 있습니다.

전도서는 하나님께서 모든 것을 지으시되 때를 따라 아름답게 하셨다고 했습니다. 그때까지는 노고를 주셔서 애쓰며 살게 하셨다고 했습니다. 그러므로 우리는 만사가 이뤄지는 그때까지는 고생도 해야 하고 인내도 해야 합니다. 절망감이 들어도 용기를 내서 살아야 합니다. 좋은 일이 없어도 자신의 삶을 잘 받아들이고 기쁘게 살아야 합니다. 여러분께서도 그렇게 살아야 한다고 생각하십니까? 하나님의 말씀이 옳다고 믿으십니까? 그렇다면 우리가 이 말씀을 믿고 그렇게 살기를 바랍니다.

그러면 세상에 악이 있는 것은 무엇 때문일까요? 하나님께서 모든 것을 지으시되 때를 따라 아름답게 하셨다고 했는데 세상에는 악이 있고 악인이 있습니다. 악인 중에는 죄를 짓고 벌을 받지 않는 악인도 있습니다. 건강하게 잘 먹고 잘사는 악인도 있습니다. 이것은 아름다운 것이 아닙니다. 하나님이 때를 따라 아름답게 하셨다고 했는데 이것을 어떻게 이해해야 할까요?

세상이 아무리 타락하고 부패해도 절대로 불의와 타협해서는 안 되는 사람들이 있습니다. 그들은 정의를 위해 존재하고 정의만을 위해서 존재해야 합니다. 그들은 그들의 직업과 직무를 통해서 하나님의 의를 드러내야 합니다. 그들이 불신자일지라도 마찬가지입니다. 그들은 누구일까요? 재판관들입니다. 재판관들은 판결을 통해서 이 사회에 하나님의 의를 드러내야 하고 정의를 시행해야 합니다. 그게 하나님께서 주신 소명입니다.

그런데 그렇습니까? 재판관들이 항상 정의로운 재판을 합니까? 그들의 판결이 항상 공의롭습니까? 그렇지 않습니다. 그래선 안 되는데 법관들이 재판과정에서 불의와 타협하거나 정권과 타협하는 일이 있습니다. 전관예우(前官禮遇)라는 명분으로 약자를 억울하게 하고, 뇌물을 받고 정직한 자를 죄인으로 만들기도 합니다.

본문 16절이 이런 사실을 말씀하고 있습니다.

> 또 내가 해 아래에서 보건대 재판하는 곳 거기에도 악이 있고 정의를 행하는 곳 거기에도 악이 있도다 (3:16)

이 말씀에서 재판하는 곳과 정의를 행하는 곳은 평행법으로 같은 곳을 말합니다. 재판과 재판관들을 말합니다. 재판은 정의로워야 하고, 재판관은 재판을 통해서 정의를 시행해야 한다는 것을 의미합니다. 그런데 그렇지 않더라는 것입니다. 적어도 재판하는 곳에는 악이 없어야 하는데 그런 곳에도 악이 있더라는 것입니다. 이것은 아름다운 일이 아닙니다. 하나님은 모든 것을 지으시되 때를 따라 아름답게 하셨다고 했는데 세상에는 이렇게 아름답지 못한 일이 있습니다. 이게 누구 책임일까요? 하나님의 책임일까요? 아니라면 사람의 책임일까요?

⫸ 하나님을 원망하는 인간들

일반적으로 불행한 사고를 당하거나 억울한 일을 당했을 때 사람들은 누구를 원망합니까? 하나님을 원망합니다. 자신들의 불행이 자신에게 책임이 있다고 생각하지 않습니다. 하나님께서 지켜주시지 않았고 도와주시지 않았다고 생각합니다. 하나님이 계신다면 어떻게 그런 불행한 일이 일어나겠느냐고 원망합니다. 재판이 공의롭지 못하다면 그것을 막지 않은 하나님께 책임이 있고, 재판관이 악한 판결을 한다면 그것도 하나님의 책임이라고 생각합니다.

과연 그렇게 말할 수 있을까요? 그런 책임이 하나님께 있을까요? 이런 것을 논할 때 먼저 생각할 것은 인간에게 인간사에 일어나는 모든 일을 규명할 수 있는 능력이 있느냐 입니다. 사람과 사람 사이에 일어나는 복합적인 문제들을 파악하고 그 원인을 규명할 수 있는 능력이 인간에게 있는가? 과연 인간이 모든 불행한 일에 대한 원인을 규명할 수 있는 능력이 있는가? 악한 자들이 악을 행하는 마음이 어떻게 작용하는지 그 과정과 원인을 규명할 수 있는가 하는 것입니다. 그런 능력이 있을까요?

사실 이런 문제는 앞에서 이미 다뤘습니다. 인간의 한계, 지혜의 한계를 논하면서 다뤘습니다. 인간은 지적인 능력이든 재능에 관한 것이든 대단한 잠재력을 가지고 있습니다. 그렇다고 그것이 무한한 능력은 아니라고 했습니다. 극히 제한적이라고 했습니다. 그렇습니다. 인간은 탁월한 능력을 갖췄지만 지적인 능력도 한계가 있고, 재능도 극히 제한적입니다. 결과적으로 인간에게는 엄청난 지적 능력이 있지만, 인생사에 일어나는 모든 과정을 파악하고 원인을 규명할 수 있는 능력은 없습니다. 다시 말해서 인생사에 불행한 일이 발생하고 악한 자가 생겨나는 것은 하나님의 책임이라고 말할 수 없다는 것입니다. 그럼에도 사람들은 불행한 일이 닥치거나 악한 자에게 억울한 일을 당하면 하나님을 원망하고 그 책임을 하나님께 돌립니다. 이것이 옳은 일일까요? 평소에 하나님을 경외하지도 않고 사랑하지도 않는 사람이 불행한 일을 당했다고 하나님께 책임을 돌리는 것이 옳은 것일까요? 의롭게 살지도 않았으면서 억울하다고 하나님께 책임을 묻는 것이 옳은 것일까요? 죄도 짓고, 자기 욕심을 채우기 위해서 다른 사람에게 불이익을 주며 사는 인간이 세상이 악하다고 하나님을 탓해도 될까요?

이런 행동들은 인간의 죄성과 부패성과 깊이 맞물려 있습니다. 자신의 잘못을 인정하지 않고 다른 사람에게 책임을 돌리는 것은 마음이 부패한 결과입니다. 더욱이 이런 마음은 하늘에 있는 악한 영들의 계략과 교묘하게 맞물려 있습니다. 그런 인간이 어떻게 모든 불행과 악의 과정과 원인을 파악할 수 있겠습니까? 어떻게 세상의 모든 이치에 대해 말할 수 있겠습니까? 인간에게는 인간사의 모든 일을 규명할 수 있는 능력이 당최 없습니다. 따라서 하나님께 책임을 돌리는 것은 어리석은 행동입니다.

ⓟ 하나님은 정직하게 지으셨으나 사람은 꾀를 내고

전도서는 하나님께서 모든 것을 지으시되 때를 따라 아름답게 하셨다고 합니다. 하나님께서는 인간도 아름답게 지으셨습니다. 인간에게는 하나님의 형상을 주셔서 하나님과 같은 인격이 있게 하셨습니다. 만물 중에 가장 아름답게 하셨습니다. 그런데도 인간은 아름답지 못한 일을 하고 악을 행합니다.

그 원인이 무엇인지 전도서 7장에서는 이렇게 말씀합니다.

> 내가 깨달은 것은 오직 이것이라 곧 하나님은 사람을 정직하게 지으셨으나
> 사람이 많은 꾀들을 낸 것이니라(7:29)

하나님은 사람을 정직하게 지으셨지만, 사람이 많은 꾀를 부리고 산다는

것입니다. 하나님은 아름답게 지으셨는데 인간이 죄와 욕심에 사로잡혀 많은 꾀를 부리고 삽니다. 그 결과 아름답지 못한 짓을 하고 악을 행하기도 합니다. 그런데도 악의 책임과 불행의 책임을 하나님께 돌리면 될까요? 그것은 무지한 행동입니다. 어리석은 행동입니다.

이와 유사한 경험을 한 욥의 경우를 보실까요? 욥기의 주인공 욥은 의인이었습니다. 하나님께서 인정해 주신 의인이었습니다. 그런 의인도 재앙을 당했습니다. 그때 욥도 이해가 안 됐습니다. 의롭게 살았는데 왜 이런 재앙을 당해야 하는지 의문이었습니다. 그는 하나님께 여쭸습니다. 내가 왜 이런 일을 당해야 하는지 대답 좀 해 보시라고 여쭸습니다. 만일 답하지 못하신다면 하나님은 의로운 하나님이 아니라고 했습니다. 그도 하나님께 그 책임이 있다고 생각한 것입니다.

욥기 38장을 보면 욥에게 추궁당하신 하나님께서 물으십니다.

무지한 말로 생각을 어둡게 하는 자가 누구냐 (욥 38:2)

누가 무식하게 세상의 이치도 몰라보고 함부로 말하느냐고 물으신 것입니다. 그리고 하나님의 하나님 되심을 말씀하십니다. 하나님의 말씀을 들은 후에 욥은 42장에서 이렇게 대답합니다.

무지한 말로 이치를 가리는 자가 누구니이까 나는 깨닫지도 못한 일을 말하였고 스스로 알 수도 없고 헤아리기도 어려운 일을 말하였나이다 (욥 42:3)

그동안 이해할 수 없다고 함부로 말했다는 것입니다. 자신이 세상의 이치를 다 아는 것처럼 떠들어 댔다는 것입니다. 인간에게는 지적인 한계가 있다는 것을 인정하지 않고 무식하게 떠들어 댔다는 것입니다. 자신이 재앙을 당했지만 그러나 세상에는 하나님이 세상을 다스리시는 이치가 있다는 것을 몰라봤다는 것입니다. 그런 뜻으로 "무지한 말로 이치를 가리는 자가 누구니이까"라고 하나님의 질문으로 대답했습니다. 그리고 그동안 인간이 스스로 깨달을 수도 없고, 다 알 수도 없고, 헤아릴 수도 없는 일을 말했노라고 고백했습니다.

우리도 이것을 알아야 합니다. 인간에게는 한계가 있다는 것을 알아야 합니다. 인간에게는 엄청난 지적 능력이 있지만 그렇다고 세상의 이치를 다 알 수는 없다는 것을 알아야 합니다. 하나님께서 하시는 일을 다 헤아릴 수 없다는 것을 알아야 합니다. 그리고 하나님을 원망하고, 하나님께 책임을 돌렸던 것에 대해 욥처럼 고백해야 합니다.

"나는 깨닫지도 못한 일을 말하였고 스스로 알 수도 없고 헤아리기도 어려운 일을 말하였나이다"

우리가 이렇게 고백할 수 있기를 바랍니다. 불행한 일을 당할 때 억울하다는 생각이 들지만, 하나님을 원망하지 않기를 바랍니다. 힘들다고 어리광을 부리고, 탄식해도 괜찮습니다. 하나님께 울며 보채도 괜찮습니다. 그러나 하나님께서 모든 불행과 악을 만들었다고 생각해선 안 됩니다. 하나님께 책임을 돌려선 안 됩니다. 그런 때는 인간의 부패성과 한계를 생각하기를 바랍니다. 인간에게 책임이 있다는 것을 깨닫기를 바랍니다.

⚓ 심판하실 때가 있습니다.

다시 본문 16절로 돌아갈까요?

> 또 내가 해 아래에서 보건대 재판하는 곳 거기에도 악이 있고 정의를 행하
> 는 곳 거기에도 악이 있도다(3:16)

앞에서 말씀드린 대로 법정은 정의로워야 합니다. 하나님의 공의를 대변
해야 하고, 정의를 시행해야 합니다. 재판관은 그래야 합니다. 그들이 불
신자이고 이교도일지라도 그것은 하나님께서 그들에게 주신 소명입니다.
그리스도인 법관이라면 더 말할 것도 없습니다. 그는 자신의 직업과 직무
를 통해서 하나님의 공의를 드러내야 하고, 법을 통해서 정의를 시행해야
합니다. 하나님은 그런 사실을 율법을 통해서 말씀하셨고, 하나님 백성의
시민사회에서 시행하셨습니다. 그러나 재판관도 한계가 있습니다. 아무리
정의로운 마음을 가진 재판관일지라도 인간의 부패성과 유한함에서 자유
로울 수 없습니다. 공의로운 재판을 하다가도 악을 행할 수 있습니다. 정
의를 시행하다가도 불의를 시행할 수도 있습니다. 심지어 정의를 시행한
다고 했는데 시행하고 보니 그것이 불의일 수도 있습니다. 그래서 재판하
는 곳에 악이 있고 공의를 행하는 곳에도 악이 있을 수 있습니다. 우리는
그런 세상에서 살아야 합니다. 그러나 그런 일을 당했을 때 허망하고 억
울하겠지만 하나님의 백성으로서 의롭게 살아야 합니다.

이 설교를 듣고 보니 여러분의 마음이 어떠하십니까? 세상이 그렇게
돌아간다 해도 의롭게 살고 싶으십니까? 세상을 잘살아 볼 용기가 나십니
까? 다 잘 되리라는 희망이 생기십니까? 그렇지 않으실 것입니다. 재판이

공의롭지 못하고 재판관이 악을 행한다면 그 사회는 희망이 없습니다. 절망적입니다. 그런 세상에서 무슨 희망을 보겠습니까? 무슨 삶의 위로와 용기를 얻겠습니까? 그러나 우리는 그런 세상에서도 희망을 봅니다. 위로를 받고 용기를 얻습니다. 이유는 무엇일까요? 하나님께서 계시기 때문입니다. 하나님께서 그런 인생사를 살피시고 통치하시기 때문입니다.

그래서 본문 17절 보면 이렇게 말씀합니다.

> 내가 내 마음속으로 이르기를 의인과 악인을 하나님이 심판하시리니 이는 모든 소망하는 일과 모든 행사에 때가 있음이라 하였으며(3:17)

이것도 전도자가 세상의 모든 이치를 살펴본 후에 깨달은 것입니다. 재판이 악하게 판결나고, 재판관이 악을 행한 것을 본 후에 마음속으로 한 말입니다. 세상에는 하나님의 심판이 있다는 것입니다. 그것도 때가 있다는 것입니다. 하나님은 재판관들이 정의를 시행하는지 악을 시행하는지 지켜보고 계십니다. 두 눈을 부릅뜨고 지켜보고 계십니다. 그리고 때가 되면 심판하십니다. 우리가 믿기를 바랍니다. 하나님께서 심판하실 때가 있다는 것을 믿기를 바랍니다. 악을 행하는 재판관들을 심판하실 때가 있습니다. 모든 악과 악인을 심판하실 때가 있습니다.

그런 사실을 믿은 전도자는 또 이렇게 말씀합니다. 본문 22절입니다.

> 그러므로 나는 사람이 자기 일에 즐거워하는 것보다 더 나은 것이 없음을 보았나니 (3:22)

아름다워야 할 세상에 악이 있지만, 그에 대한 하나님의 심판이 있으므로 자기 일에 즐거워해야 한다는 것입니다. 하나님을 믿는 믿음으로 기쁘게 살아야 한다는 것입니다. 정의로워야 할 재판관이 악을 행할 때도 있지만, 그럼에도 자신의 삶을 기쁘게 살아야 한다는 것입니다.

우리는 이런 사실을 알고 믿음으로 살아야 합니다. 또 말씀드립니다. 하나님께서 만사를 이루실 때까지는 고생도 해야 하고 아픔과 슬픔을 겪어야 합니다. 재판관이 악을 행하는 것도 보고 살아야 합니다. 억울한 일을 당할 때도 있을 것입니다. 그러나 우리의 삶을 기쁘게 살아야 합니다. 만사를 하나님께서 다스리시고 심판하신다는 것을 알고 하나님을 경외하는 믿음으로 기쁘게 살기를 주의 이름으로 기원합니다. 아멘.

12

전도서 3:16-22

하나님의 심판이 있는 세상
(2)

전 3:16-22

¹⁶또 내가 해 아래에서 보건대 재판하는 곳 거기에도 악이 있고 정의를 행하는 곳 거기에도 악이 있도다 ¹⁷내가 내 마음속으로 이르기를 의인과 악인을 하나님이 심판하시리니 이는 모든 소망하는 일과 모든 행사에 때가 있음이라 하였으며 ¹⁸내가 내 마음속으로 이르기를 인생들의 일에 대하여 하나님이 그들을 시험하시리니 그들이 자기가 짐승과 다름이 없는 줄을 깨닫게 하려 하심이라 하였노라 ¹⁹인생이 당하는 일을 짐승도 당하나니 그들이 당하는 일이 일반이라 다 동일한 호흡이 있어서 짐승이 죽음 같이 사람도 죽으니 사람이 짐승보다 뛰어남이 없음은 모든 것이 헛됨이로다 ²⁰다 흙으로 말미암았으므로 다 흙으로 돌아가나니 다 한 곳으로 가거니와 ²¹인생들의 혼은 위로 올라가고 짐승의 혼은 아래 곧 땅으로 내려가는 줄을 누가 알랴 ²²그러므로 나는 사람이 자기 일에 즐거워하는 것보다 더 나은 것이 없음을 보았나니 이는 그것이 그의 몫이기 때문이라 아, 그의 뒤에 일어날 일이 무엇인지를 보게 하려고 그를 도로 데리고 올 자가 누구이랴

☞ 인면수심(人面獸心)

요즈음은 인면수심(人面獸心)이라는 말을 자주 듣습니다. 얼굴은 사람인데 마음은 짐승이라는 뜻입니다. 우리 식으로 말하자면 짐승 같은 놈, 짐승만도 못한 놈이라는 뜻입니다. 요즈음 이 말은 대부분 성범죄와 관련돼 사용하고 있습니다. 지난 주간에는 어떤 아버지가 딸의 친구를 성폭행해서 6년 형을 받았다는 보도가 있었습니다. 친딸도 상습적으로 성추행했다고 합니다. 아버지가 이럴 수가 있는 것입니까? 어떻게 딸을 성추행하고 딸 친구를 성폭행을 할 수 있습니까? 이런 사람은 아버지가 아닙니다. 인간도 아닙니다. 짐승입니다, 짐승. 이런 경우만 아니라 인간이 인간의 도리를 다하지 않으면 역시 이런 말을 들을 수 있습니다. 예를 들면 자식이 자기 부모를 공경하지 않고 경멸하고 외면하는 경우입니다. 요즈음 자식에게 맞고 사는 노인들이 많다고 하는데 부모를 때리는 자식들도 짐승 같은 놈 또는 짐승만도 못한 놈이라 할 수 있습니다. 여러분도 그렇게 생각하십니까? 그렇게 생각하는 것이 사회적인 공감대입니다.

성경도 인간을 짐승에 비유하는 경우가 있습니다. 이사야 1장에서 그 예를 볼 수 있습니다.

> 소는 그 임자를 알고 나귀는 그 주인의 구유를 알건마는 이스라엘은 알지 못하고 나의 백성은 깨닫지 못하는도다 하셨도다(사 1:3)

소와 나귀와 같은 짐승도 자기 주인을 알아보는데, 하나님의 백성이 하나님을 알아보지 못한다는 것입니다. 하나님의 백성이 하나님을 몰라보는 것은 소와 나귀만도 못하다는 뜻입니다. 짐승보다 못하다는 뜻입니다. 누가 하신 말씀입니까? 하나님이십니다. 하나님께서 하나님의 백성이 하나님을 몰라보고 불신앙적으로 사는 것은 짐승만 못하다고 하셨습니다. 그렇다면 하나님을 몰라본다는 것은 무슨 뜻일까요? 어떤 것을 두고 하나님을 몰라본다고 할까요? 그 한 예를 본문에서 찾을 수 있습니다.

지난 주일에 상고한 본문 16절을 다시 한번 살펴보겠습니다.

> 또 내가 해 아래에서 보건대 재판하는 곳 거기에도 악이 있고 정의를 행하는 곳 거기에도 악이 있도다(3:16)

이 말씀은 재판관이 재판을 공의롭게 하지 않고, 정의를 시행하지 않는다는 뜻입니다. 오히려 악을 행한다고 합니다. 재판관이 어떻게 악을 행했을까요? 뇌물을 받고 가난하고 약한 자를 억울하게 재판한 것입니다. 하나님을 두려워하지 않고 권력과 야합해서 정직한 자를 죄인으로 만든 것입니다. 어떤 경우는 피고가 마음에 안 들고 피고의 가문과 좋지 않은 감정이 얽혀 있을 수 있는데, 그런 경우 더 많은 형량을 때릴 수 있습니다. 그런 것도 재판을 통해서 악을 행한 것입니다.

세상에는 그런 일이 있습니다. 그래서 '유전무죄 무전유죄'라는 말도 하지 않습니까? 돈이 있으면 죄가 있어도 무죄를 받을 수 있고, 돈이 없으면 죄가 없어도 유죄를 받을 수 있습니다. 우리는 그런 세상을 살아야 합니다. 살다 보면 불가피하게 소송을 걸거나 당하는 경우가 있는데 그런 때 억울한 판결을 받을 수도 있습니다. 죄인이 무죄 판결을 받을 수 있고, 죄 없는 사람이 유죄 판결을 받을 수 있습니다.

재판관이 그런 짓을 하면 될까요? 공부도 많이 했고 월급도 적지 않게 받습니다. 사회적으로 존경을 받고, 무엇보다도 하나님의 공의를 드러내야 할 소명이 있습니다. 그런 재판관이 그런 짓을 하면 될까요? 안 됩니다. 그런 짓을 하는 재판관이 있다면 그런 재판관도 무엇에 비교할 수 있을까요? 짐승에 비교할 수 있습니다. 그런 재판관은 짐승만도 못한 인간입니다. 제가 점잖게 표현해서 그렇지, 일반적으로는 무슨 짐승에 비유합니까? 개입니다. 개 같은 놈, 개만도 못한 놈이라는 말을 사용합니다. 그런 자를 가리켜서 하나님을 몰라본다고 합니다.

ⵏ 수치(羞恥), 하나님의 심판

문제는 그들 자신이 그런 인간이라는 것을 아느냐는 것입니다. 일반적으로 억울한 일을 당한 사람이나 일반인들은 그것이 짐승만도 못한 짓이라는 것을 압니다. 그러면 가해자들도 자신이 그런 인간이라는 것을 알까요? 악한 재판관이 자신이 짐승만도 못한 짓을 했고 개만도 못한 짓을 했다는 것을 알까요? 이것을 안다는 것은 중요한 일입니다. 자신이 무슨 짓을 했는지 안다는 것은 회개하고 용서를 구할 동기가 된다는 점에서 중요합니다. 그게 아니더라도 그런 짓을 한 것에 대한 수치심이나 천벌 받을 짓을 했다는 두려움을 느끼게 하는 점에서도 중요합니다. 그런 재판관은 자신이 한 짓을 알고 수치심을 느껴야 합니다. 자기를 부끄럽게 여기고 살아야 합니다. 그의 자식과 자손들도 자기 아버지와 할아버지를 수치스럽게 여겨야 합니다. 그것도 하나님께서 인생을 심판하시는 방식 중의 하나입니다.

그러면 그런 자들이 자신이 짐승만도 못한 짓을 했다는 것을 알까요? 알고 수치심을 느낄까요? 본문 17절, 18절을 보면 전도자가 심중에 두 가지를 말했다고 했습니다. 하나는 하나님께서 의인들과 악인들을 심판하실 때가 있다는 사실입니다. 전도자가 심중에 말한 두 번째 말은 18절입니다. 함께 보겠습니다.

내가 내 마음속으로 이르기를 인생들의 일에 대하여 하나님이 그들을 시험하시리니 그들이 자기가 짐승과 다름이 없는 줄을 깨닫게 하려 하심이라 하였노라 (3:18)

하나님께서 그들로 자기가 짐승과 다를 바 없는 인간인 것을 깨닫게 하신다는 것입니다. 그러면 이 말씀에서 그들은 누구일까요? 누구에게 깨닫게 하신다는 것일까요? 그것은 의인과 악인입니다. 의인들에게도 재판관이 재판을 악하게 하는 것은 짐승과 같은 짓이라는 것을 깨닫게 하시고, 악인들에게도 재판을 악하게 하는 것은 짐승과 같은 짓이라는 것을 깨닫게 하신다는 것입니다. 그런 경우 의로운 재판관은 경각심이 생길 것입니다. 앞으로도 재판관으로 살면서 저런 짓을 해선 안 된다는 것을 다시 한 번 각성할 것입니다. 반면 악한 재판관은 자신이 개나 하는 짓을 했다는 것을 깨닫게 될 것입니다. 자신은 사람이 아니라 짐승과 같은 놈이라는 것을 알고 수치심을 느낄 것입니다. 그때 느끼는 수치심은 하나님의 심판입니다. 자기가 자신을 짐승만도 못한 놈으로 생각하고, 자신을 수치스럽게 여기고 사는 것은 고통입니다. 재앙입니다. 그들이 이것을 깨닫고 회개할지 안할지 알 수 없지만, 일단은 하나님의 심판을 당한 것입니다.

우리는 재판관들이 정의를 저버리고 악을 행하는 세상에 살고 있고, 앞으로도 그런 일을 보면서 살아야 합니다. 생각하면 슬픈 일이고 희망이 보이지 않습니다. 억울하고 분노가 솟구칩니다. 그러나 그런 세상에 대한 하나님의 심판이 있다는 것을 알아야 합니다. 하나님께서 그런 자들의 죄를 드러내시고 수치를 당하게 하실 것을 믿어야 합니다. 그렇다면, 그런 사실을 믿는다면 우리의 삶을 어떻게 살아야 할까요? 그리스도인으로서 어떻게 살아야 할까요? 의롭게 살아야 합니다. 정직하게 살고, 열심히 살아야 합니다. 그것은 하나님을 경외하는 것이고, 믿음으로 사는 것입니다.

지난 금요일 중앙일보에 최유정 변호사에 대한 뉴스가 실렸습니다. 최 변호사는 2014년 전주지방법원에서 부장판사를 끝으로 법복을 벗고 변호사로 개업했습니다. 최 변호사는 판사 시절 피고인석에 선 어느 청소년에게 판결문을 읽으면서 이런 조언을 한 바 있습니다.

"돈보다 훨씬 더 귀한 것을 네가 가졌다는 것을 잊지 마라. 너는 부자다."

이 조언은 법조인들 사이에 유명한 일화가 됐고, 일간 신문에 기고됐습니다.

그녀가 변호사가 된 후 전 네이처 리퍼블릭 대표 정운호 씨와 이숨 투자자문 대표 송창수 씨가 검찰에 구속돼 조사를 받을 때였습니다. 그들은 100억 원대 불법 도박 사건에 연루돼 있었습니다. 최 변호사는 그들에게 보석으로 풀려나고 집행유예를 받도록 재판부에 청탁해 주겠다며 두 사람으로부터 각각 50억 원씩 받았습니다. 모두 100억 원을 받았습니다. 그게 들통 나서 변호사법 위반으로 1심에서 6년 형을 받았습니다. 그리고 지난 17일 항소심이 있었습니다. 최유정 변호사가 항소심을 앞두고 반성문을 작성했는데 본인이 읽을 수 없어서 자신의 변호사로 대신 읽게 했습니다. 그녀는 반성문을 통해 이런 말을 했습니다.

"나의 오만함과 능력에 대한 과신이 가져온 어마어마한 사태로 상처 입은 국민과 옛 동료들께 고개 숙여 사죄합니다."

또 이런 말을 했습니다.

"처음 기소 됐을 때…… 사건의 심각성조차 알지 못했고, 스스로 사냥터에서 궁지에 몰린 사냥감 같다는 생각에 떨었습니다."

1심만 아니라 항소심에서도 최 변호사를 아는 판사들은 재판석에 앉지 않으려고 했답니다. 항소심 재판관도 최 변호사와 전혀 모르는 사이는 아니었다고 합니다. 그들은 법원 선배였고 후배였고 동료였습니다. 그들 앞에서 파렴치범으로 끌려 나와 피고석에 섰습니다. 동료가 아니라 죄수로 섰습니다. 얼마나 수치스러웠을까요? 후배 재판관, 선배 재판관 앞에서 고개나 들 수 있었을까요? 자신이 짐승만도 못한 짓을 했다고 생각했는지는 모르겠지만, 수치스러워 고개를 들지도 못했습니다. 흔히 하는 말로 하자면 개망신을 당했습니다. 그녀는 살아계신 하나님의 준엄한 심판을 당한 것입니다.

전도자가 재판하는 곳에 악이 있고, 공의가 있어야 할 곳에도 악이 있는 것을 보고 심중에 한 말이 무엇이었습니까?

인생들의 일에 대하여 하나님이 그들을 시험하시리니 그들이 자기가 짐승과 다름이 없는 줄을 깨닫게 하려 하심이라 하였노라(3:18)

하나님이 인생의 일에 대하여 그들을 시험하신다고 했습니다. 이 시험은 고난을 말하기도 하고, 재앙을 말하기도 합니다. 그런 시험을 겪을 때, 악한 짓을 하고 산 자들이 짐승과 다를 바 없다는 것을 깨닫게 하신다는 것입니다. 그런 점에서 인생에 대한 하나님의 심판이 있다는 것은 다행입니다. 그런 심판을 보면서 악인은 경각심이 생길 것이고, 의인은 위로를 받을 것입니다.

하나님을 하나님으로 인정하지 않고 살고, 하나님을 믿는다고 하면서 공경하는 마음도 없는 것은 짐승과 다를 바 없습니다. 천당은 가고 싶어서 주일에 예배를 드린다고 해서 다 하나님을 알아보는 것은 아닙니다. 예배는 형식적으로 드리면서 불신앙적으로 살고, 세속적으로 살고, 자기 욕심만 채우고 사는 것은 짐승과 같은 인간입니다. 교회를 다녀도 그렇습니다. 하나님께서 그것을 깨닫게 하기 위해서 시험하신다고 했습니다. 고난을 통해서든 재앙을 통해서든 깨닫게 하신다고 했습니다. 우리가 하나님을 경외하는 자라면 이 말씀을 믿어야 합니다.

╟ 하나님을 경외해야

그렇다면, 세상일이 하나님의 말씀대로 이루어지는 것을 믿는다면 어떻게 살아야 할까요? 앞에서는 이 질문에 의롭게 살자고 했습니다. 세상은 요지경일지라도 하나님을 공경하고 사랑하는 마음으로 의롭게 살자고 했습니다. 또 어떻게 살아야 할까요? 하나님께서 의인과 악인을 시험하셔서 그런 인간은 짐승과 다를 바 없다는 것을 깨닫게 하신다면, 또 어떻게 살아야 하느냐는 것입니다. 어떻게 살아야 할까요? 이 질문에 대한 결론을 듣기 전에 본문 19절부터 21절을 보면 인간이 짐승보다 더 나은 점이 없다는 사실을 죽음을 통해서 증명합니다. 인간은 짐승과는 비교조차 할 수 없는 존재이지만, 죽음 앞에서는 인간이나 짐승이나 다를 바 없다고 합니다. 인간에게는 하나님의 형상이 있지만, 그래서 고귀하고 영광스러운 존재이지만, 죽음 앞에서는 허무한 존재라는 것입니다.

그리고 본문 21절에는 이렇게 말씀합니다.

> 인생들의 혼은 위로 올라가고 짐승의 혼은 아래 곧 땅으로 내려가는 줄을 누가 알랴(3:21)

인간은 짐승 같은 짓을 해선 안 되지만, 그렇게 살지 않더라도 죽음 앞에서는 짐승과 다를 바가 없는 존재라는 것입니다. 죽음은 짐승만 아니라 인간도 허무하게 만들어버립니다. 근본부터 모든 것을 허무하게 만들어버립니다. 그러나 짐승은 죽어서 땅으로 내려가지만, 인간은 위로 올라갑니다. 하나님께로 갑니다. 그렇다는 사실을 누가 알겠습니까? 안다면 그런 짓을 할까요? 재판관이 악을 행하며 하나님이 안 계신 것처럼 행동할 수 있을까요? 자신이 절대 권한을 가진 것처럼 행동할 수 있을까요? 그렇지는 않을 겁니다.

저는 목사이기에 장례식을 자주 집례합니다. 그리고 누구보다도 더자주 화장장에도 가고 묘지에도 갑니다. 화장장에 가면 화구에 들어간 지두어 시간이 지나면 하얀 유골이 나옵니다. 그 유골을 보는 것은 충격입니다. 엄청난 충격입니다. 화구에 들어가기 전에도 시신이었지만, 그래도 그때는 사람의 형태가 있었습니다. 그러나 화구에서 나오면 인간의 형태가 없습니다. 앙상한 뼈가 되어 나오는데 가슴을 몽둥이로 한 대 퍽 얻어맞은 것처럼 충격을 받습니다. 그렇게 허망할 수가 없습니다. 누가 그 모습을 보면서 인간이 짐승보다 낫다고 하겠습니까? 땅에 안장한다고 해서 다르지 않습니다. 안장한 지 얼마 후에 묘를 개장해 보십시오. 사람이 아닙니다. 형태가 없고, 시커멓게 썩은 데다가 구더기가 바글바글합니다. 그 모습도 가히 충격입니다. 그건 사람이 아닙니다. 인간이 그렇게 허무할 수가 없습니다. 누가 그 모습을 보고 인간이 짐승보다 낫다고 하겠습니까? 다를 바가 없습니다. 인간이 그런 존재입니다. 그러나 인간의 영혼은 하나님께로 올라갑니다. 죽음을 통해서 하나님께로 올라갑니다. 그다음에는 심판이 있습니다. 세상에 살면서 무슨 말을 했든지, 무슨 짓을 했든지 그 행한 대로 심판을 받습니다.

여러분은 그런 사실을 믿으십니까? 믿는다면 우리가 그리스도인으로서 어떻게 살아야 할까요? 예수를 믿는다고 하면서 세상 사람들과 똑같은 생각을 가지고 살고, 욕심이나 채우고 이기적이고 자기중심적으로 살아도 될까요? 그것은 하나님을 모르는 자들의 행동입니다. 그런 사실을 믿는다면 하나님을 경외하는 믿음으로 살아야 합니다. 하나님을 두려워하고 존경하는 마음으로 살아야 합니다. 그것은 당연한 귀결이지요. 자연스러운 결론입니다. 또 전도서의 논지를 볼 때 적절한 교훈입니다.

그런데 전도자가 본문을 통해서 교훈하고자 하는 것은 그게 아닙니다. 세상이 그렇다고 해도 우리가 의롭게 살아야 하고, 하나님을 경외해야 합니다. 그런데 전도자는 본문을 통해서 그래도 기쁘게 살라는 교훈을 합니다. 그런 세상이라고 낙심하지 말고, 슬퍼하지 말고, 기쁘게 살라고 합니다. 본문 22절을 함께 보겠습니다.

> 그러므로 나는 사람이 자기 일에 즐거워하는 것보다 더 나은 것이 없음을 보았나니 이는 그것이 그의 몫이기 때문이라 아, 그의 뒤에 일어날 일이 무엇인지를 보게 하려고 그를 도로 데리고 올 자가 누구이랴 (3:22)

우리가 허무하고 불의한 세상을 살아야 하지만 그래도 기쁘게 살라고 합니다. 억울할 때가 있고 분이 치밀 때가 있겠지만, 기쁨을 잊지 말고 살라고 합니다. 그렇게 살 줄 아는 것이 지혜요, 믿음입니다.

세상이 그렇다고 해서 의롭게 살기를 포기해선 안 됩니다. 불의한 재판관에 대해서도 심판하실 때가 있으므로 하나님을 경외하는 믿음으로 살아야 합니다. 기쁨을 잃지 말고 살아야 합니다. 우리가 그렇게 살 수 있기를 바랍니다. 허무한 인생이지만 허무를 잘 이기고 살기를 주의 이름으로 기원합니다. 아멘.

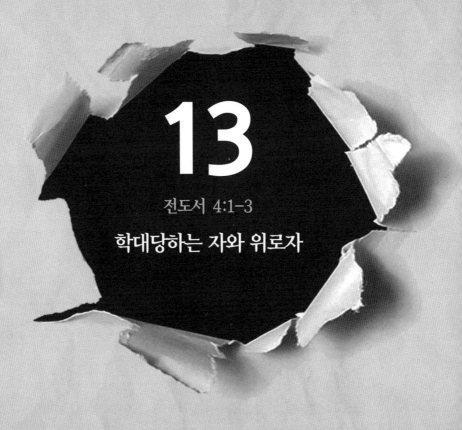

13

전도서 4:1-3

학대당하는 자와 위로자

전 4:1-3

¹내가 다시 해 아래에서 행하는 모든 학대를 살펴 보았도다 보라 학대 받는 자들의 눈물이로다 그들에게 위로자가 없도다 그들을 학대하는 자들의 손에는 권세가 있으나 그들에게는 위로자가 없도다 ²그러므로 나는 아직 살아 있는 산 자들보다 죽은 지 오랜 죽은 자들을 더 복되다 하였으며 ³이 둘보다도 아직 출생하지 아니하여 해 아래에서 행하는 악한 일을 보지 못한 자가 더 복되다 하였노라

☞ 전도서의 교훈 세 가지

지난 세 번에 걸쳐 전도서 3장을 강론했습니다. 전도서 3장을 보면 세상만사가 때가 있다고 했습니다. 아무리 조급하게 굴고 애를 쓰고 살아도 만사가 이루어지는 것은 때가 있다고 했습니다. 그리고 하나님께서 그때를 아름답게 하셨다고 했습니다. 그때까지는 수고하고 살게 하셨으므로 고생이 돼도 열심히 살아야 하고 의롭게 살아야 합니다. 살다 보면 희망이 안 보일 수 있고 지칠 수도 있을 것입니다. 아픔이 있을 수 있고 슬픔이 있을 수도 있을 것입니다. 그래도 하나님께서 그때를 아름답게 하셨다는 것을 믿고 인내하고 견디고 살아야 합니다.

그런가 하면 우리의 삶에는 위로도 있습니다. 힘들 때가 있지만 위로도 있습니다. 하나님께서 주시는 위로입니다. 하나님께서 삶에 용기를 주시고 살아볼만 하도록 희망을 주십니다. 그러므로 전도자는 자기 삶을 잘 받아들이고 살라고 합니다.

우리는 우리의 삶을 잘 받아들이며 살고 있을까요? 삶이 힘들고 고달프지만, 그 삶을 잘 받아들이며 살고 있을까요? 그래야 합니다. 그 삶을 거부하거나 도피하지 말고, 잘 받아들이고 살아야 합니다. 그럴 줄 아는 것이 믿음입니다.

자기 삶을 잘 받아들이되 더 잘 받아들이는 것은 기쁘게 사는 것이라고 했습니다. 힘이 들지만 기쁘게 살고, 여전히 고달프지만 즐겁게 살아야 합니다. 기쁘게 사는 것이 우리에게 향하신 하나님의 뜻입니다. 믿음으로 사는 것입니다. 자기 삶을 기쁘게 사는 분들은 대개 평안합니다. 마음과 생각이 건강합니다. 몸도 건강할 수 있습니다. 인생을 잘 삽니다. 자기 삶을 받아들이고 기쁘게 사는 것은 그렇게 중요합니다. 우리가 기쁘게 살기를 바랍니다. 하나님께서 때를 따라 아름답게 하신 것을 믿고, 우리의 삶을 잘 받아들이고 기쁘게 살기를 바랍니다.

자기 삶을 가장 잘 받아들이는 것은 하나님을 경외하는 것입니다. 삶이 아프고 슬퍼도 그 삶 가운데서 하나님을 경외하며 사는 것입니다. 정직하게 살다가 재앙을 당했다고 해도 하나님의 섭리가 있는 것을 믿고 경외하며 사는 것입니다. 좋은 일이 있을 때도 경외하고, 아픔이 있을 때도 하나님을 경외하는 것입니다.

욥은 재앙을 당했을 때 자녀 열 명이 한 날에 죽었습니다. 기가 막힌 일이지요. 막상 그런 일을 당하면 죽고 싶지, 살고 싶을까요? 그럴 수 있습니다. 그럼에도 욥은 그때 "주신 이도 여호와시요 거두신 이도 여호와시오니 여호와의 이름이 찬송을 받으실지니이다 (욥 1:21)"라고 고백했습니다. 마음이 너무 아프지만, 그동안 하나님이 주셔서 잘 누렸는데 하나님께서 취하시니 하나님께서 옳으시다는 것입니다. 이런 마음이 하나님을 공경하고 사랑하는 마음입니다. 우리가 추구해야 할 믿음이고, 우리가 가져야 할 큰 믿음입니다. 우리가 우리의 삶을 잘 받아들이되 우리의 삶 속에서 하나님을 공경하기를 바랍니다.

⫿ 학대당하는 자

본문은 우리가 살아가면서 겪을 수 있는 학대에 대해 논합니다. 전도자는 해 아래서 행해지는 수많은 학대를 살펴보았습니다. 그리고 인간이 당하는 학대를 보며 살아 있는 것보다 차라리 일찍 죽는 것이 더 나은 경우가 있다고 했습니다.

본문 2절을 함께 보겠습니다.

그러므로 나는 아직 살아 있는 산 자들보다 죽은 지 오랜 죽은 자들을 더 복

되다 하였으며(4:2)

어떤 학대는 그렇게 당하고 사는 자보다 죽은 자가 더 낫다는 것입니다. 그것도 일찍 죽은 자가 더 낫다는 것입니다. 여러분께서도 그렇다고 생각하십니까? 학대당하며 사는 자보다 오래전에 죽은 자가 더 복이 있다고 생각하십니까?

본문 3절을 보면 전도자는 그런 학대를 당하는 자에 대해 이렇게도 말씀합니다.

> 이 둘보다도 아직 출생하지 아니하여 해 아래에서 행하는 악한 일을 보지 못한 자가 더 복되다 하였노라(4:3)

그런 식으로 학대를 당하는 자보다 빨리 죽은 자가 더 낫고, 그보다는 아예 태어나지 않은 자가 더 낫다는 것입니다. 이 말씀에는 비교 강조가 있습니다. 이 말씀을 어떻게 생각하십니까? 그렇다고 생각하십니까? 아마 그런 경우를 보지 않은 분들은 공감이 안 될 것입니다.

여기서 말씀하고 있는 학대는 위로자가 없는 학대입니다. 학대에서 벗어날 수 있다는 희망이 없고, 잘 견디도록 위로해 주는 위로자도 없는 학대를 말합니다.

그것을 본문 1절 하반절에서 이렇게 말씀합니다.

> 보라 학대 받는 자들의 눈물이로다 그들에게 위로자가 없도다 그들을 학대하는 자들의 손에는 권세가 있으나 그들에게는 위로자가 없도다(4:1b)

이 학대는 너무 마음이 아프거나 너무 절망스러워 눈물을 흘리게 하는 학대입니다. 학대하는 자에게 권세가 있다는 것은 학대받는 자가 그에게서 벗어날 수가 없다는 것을 의미합니다. 견딜 힘도 없고 희망도 없습니다. 게다가 위로자도 없습니다. 이런 학대를 당하고 사는 사람보다는 일찍 죽은 사람이 더 낫고, 그보다는 차라리 태어나지 않은 사람이 더 나을까요? 그렇게 생각하십니까?

작년(2016년) 이맘때쯤 부천에서 어떤 여중생이 백골 상태로 발견됐습니다. 그 여중생의 엄마는 2007년에 암으로 돌아가셨습니다. 아버지는 2009년에 재혼했고, 그때부터 2015년 죽을 때까지 아버지와 새엄마와 함께 살았습니다. 여중생에게는 오빠와 언니가 있었는데, 그들은 새엄마와 갈등이 있었습니다. 이에 오빠는 가출해서 경상남도의 한 고시원에서 생활했습니다. 언니는 독일로 도피 유학갔다고 합니다. 그 여중생은 선택의 여지없이 아빠와 새엄마와 함께 살았습니다.

경찰 조사에 따르면 그 여중생은 부모로부터 폭행을 당하는 것과 가출하기를 반복했다고 합니다. 그러던 중 2015년 3월 12일 새벽 1시부터 5시간 폭행을 당했다고 합니다. 그리고 그날 죽었습니다. 부모에게 맞아 죽은 것입니다. 부모는 자수 하지도 않았고 사망 신고도 하지 않았습니다. 그러다 죽은 지 1년이 지나서 백골 상태로 발견됐습니다. 어린 딸이 아빠와 계모에게 학대를 당하다가 맞아 죽은 것입니다. 그 여중생의 아버지는 목사였습니다. 부천에 있는 성결교 신학교 교수이기도 했습니다.

이런 학대를 당한다면 학대를 당하고 사는 사람이 나을까요, 일찍 죽은 사람이 나을까요? 아니면 아예 태어나지 않은 사람이 더 나을까요?

여러분은 어느 쪽이 더 낫다고 생각하십니까?

그 여학생이 백골 상태로 발견되기 두 달 전에는 같은 부천에서 초등학교 1학년 어린이 시신이 토막 난 채 발견됐습니다. 발견되기 3년 전에 아버지가 무참히 때려죽이고, 딸의 시신을 토막 내 일부는 냉장고에 보관하고 일부는 변기에 버리고 일부는 쓰레기로 버렸다고 합니다. 그런 사람을 아버지라 할 수 있을까요? 인간이라 할 수 있을까요? 그런 사람은 인간이 아닙니다. 짐승입니다, 짐승. 그런 짐승 같은 인간에게 학대를 당하고 산 아이가 나을까요, 일찍 죽은 아이가 나을까요? 아니면 아예 태어나지 않은 아이가 더 나을까요? 전도자는 아예 태어나지 않은 사람이 제일 낫다고 했습니다. 그렇게 학대당하고 살 바에는 차라리 태어나지 않은 사람이 더 낫다는 것입니다.

학대는 인간으로서 존재의 가치와 의미를 파괴해 버립니다. 인간의 인격과 존엄성을 파괴하고, 살고 싶은 의지와 소망을 꺾어 버립니다. 이렇게 살 바에는 차라리 죽는 게 더 낫고 태어나지 않았더라면 더 좋을 뻔했다고 생각하게 합니다. 한마디로 학대는 인간의 존재를 허물어 버립니다.

학대라는 말을 사용하니 너무 거창하고 우리와 상관없는 말 같습니다만 우리 주변에서 흔히 일어나는 일입니다. 요즈음 문제가 되는 갑질도 같습니다. 자신이 손님이라고 어린 종업원들을 함부로 대하는 것도 학대입니다. 아파트 주민이라고 경비원 아저씨들을 종 부리듯이 함부로 대하는 것도 학대입니다. 부모로서 어린 자식을 사랑하지 않고 보호하지 않는 것도 학대입니다. 늙으신 부모를 잘 모셔드리지 않는 것도 학대입니다. 직장 상사라고 아래 직원들을 깔아뭉개는 것도 학대입니다. 어떤 의미에서든지 자신의 우월한 위치를 이용해서 상대적인 약자에게 갑질하는 것은 죄다 학대입니다.

학대는 악입니다. 재판을 통해서 하나님의 의를 드러내고 그 사회에 정의를 시행해야 할 재판관이 악을 행하는 것과 같습니다. 하나님께서 그런 재판관을 어떻게 하신다고 하셨습니까? 전도서 3장 17절과 18절을 보면 심판하신다고 하셨습니다. 또 그들이 짐승만도 못한 짓을 했다는 것을 깨닫게 하셔서 수치를 당하게 하신다고 하셨습니다.

마찬가지입니다. 자신의 우월한 지위를 이용해서 약한 자를 학대하는 자는 하나님의 심판을 받을 것입니다. 하나님께서 복으로 주신 것들을 이용해서 갑질을 하는 사람들에게 수치를 당하게 하실 것입니다. 그들이 짐승만도 못한 짓을 했다는 것을 알게 하시고 수모를 당하게 하실 것입니다. 우리가 그런 자가 되지 않기를 바랍니다. 갑질이나 하고, 다른 사람을 학대하는 자가 되지 않기를 바랍니다. 오히려 약자를 보호하고 사랑함으로 하나님의 공의를 드러내고 정의를 시행하는 성도가 되기를 바랍니다.

그렇다면 학대당하는 사람에게 필요한 것은 무엇일까요? 우리 주변에는 어떤 형태로든지 갑질을 당하고 사는 사람들이 있습니다. 그들에게 필요한 것은 무엇일까요? 위로입니다. 학대에서 쉽게 벗어나기가 어렵겠지만, 학대당할 때 필요한 것은 위로자입니다. 위로가 그들의 문제를 해결해 주지 못할지라도 눈물겨운 삶을 이겨내는 용기와 희망을 줄 수 있습니다. 마음을 따뜻하게 하고, 삶을 따뜻한 온기로 채워줄 수 있습니다. 그런 삶을 살아도 의미 있게, 기쁘게 살게 할 수 있습니다. 그래서 고난당하는 분들에게 무엇보다도 필요한 것이 있다면 그것은 위로입니다. 거기에 문제까지 해결해 줄 수 있다면 얼마나 좋겠습니까? 학대에서 벗어나도록 구출해 준다면 그보다 좋은 일은 없을 것입니다.

우리 하나님의 백성은 학대당하는 분들에게 위로자가 되어야 합니다. 용기를 잃고 사는 영혼들, 삶에 지쳐가는 영혼들에게 위로자가 되어야 합니다. 학대를 당하는 사람들에게 손을 내밀어주고 그들을 도울 수 있다면 무엇이든지 하나라도 도와주는 위로자가 되어야 합니다.

하나님의 백성이 바벨론에 포로로 끌려간 것은 절망이었습니다. 바벨론에서의 삶은 비참했습니다. 나라가 망한 백성들이 무슨 대접을 받고 살았겠습니까? 하마터면 온 민족이 말살당할 뻔한 위기도 겪었습니다. 그러나 하나님께서는 그들에게 징계가 끝나면 다시 고국으로 돌아가게 해주시겠다고 말씀하셨습니다. 70년이 차면 고국에 돌아갈 것이라고 하신 것입니다.

그러면서 이사야 40장 1절에서 이렇게 말씀합니다.

너희의 하나님이 이르시되 너희는 위로하라 내 백성을 위로하라(사 40:1)

이 말씀은 하나님께서 이사야 선지자를 통해서 하나님의 백성에게 주신 말씀입니다. 서로 위로하라는 것입니다. 하나님의 백성들이 서로 위로하고 위로하라는 것입니다. 앞으로 고난의 시기가 오겠지만, 그러나 때가 되면 하나님께서 다시 회복을 주시므로 서로 위로하고 살라는 것입니다.

여기에 위로하라고 두 번 말씀하신 것은 히브리말에서 최상급을 의미합니다. 서로 힘껏 위로하라는 뜻입니다. 서로 위로하고 위로해서 용기와 희망을 품게 하라는 뜻입니다. 그러므로 우리는 우리 이웃들에게 위로자가 되어야 합니다. 아픔을 겪으며 살고, 학대당하고 사는 영혼들에게 좋은 위로자가 되어야 합니다.

그러나 우리가 아무리 위로자로 산다고 해도 한계가 있습니다. 누군가를 위로하는 것이 극히 제한적입니다. 항상 위로자가 될 수 없고, 모든 일을 위로할 수도 없습니다. 문제를 해결해 주는 것은 더더욱 불가능합니다. 그러나 하나님은 영원한 위로자이십니다. 무한한 위로자이십니다. 마음에 용기와 희망을 주실 뿐만 아니라 문제를 해결해 주시는 위로자이십니다. 실제로 우리는 무슨 일을 하든지 하나님의 위로를 받으며 살고 있습니다. 날마다 하나님의 위로 가운데 살고 있습니다.

그래서 시편 23편에서 다윗은 이렇게 고백했습니다.

내가 사망의 음침한 골짜기로 다닐지라도 해를 두려워하지 않을 것은 주께서 나와 함께 하심이라 주의 지팡이와 막대기가 나를 안위하시나이다(시 23:4)

우리는 바보같이 사망의 골짜기를 찾아들어 가는 실수를 저지르기도 하지만, 그럼에도 하나님은 우리와 함께하신다는 것입니다. 죄를 짓고 죽음의 나락으로 떨어질 때가 있지만, 그런 경우도 우리를 버리지 않으신다는 것입니다. 주의 지팡이와 막대기로 나를 안위하신다고 했는데, 안위는 위로라는 뜻입니다. 하나님은 우리가 죽음의 골짜기를 찾아들어 갔을 때에도 함께 하시고, 위로하신다는 것입니다. 용기를 주시고 희망을 주실 뿐만 아니라 구원해 주신다는 것입니다.

하나님은 진정한 위로자이십니다. 영원하고 무한한 위로자이십니다. 그러므로 우리가 살면서 서러운 눈물을 흘릴 때가 있고 가슴이 시리도록 아픈 눈물을 흘릴 때가 있지만, 그런 날에 하나님을 의지하기를 바랍니다. 사망의 음침한 골짜기에서도 하나님을 의지하고 공경하기를 바랍니다. 하나님께서는 그런 우리를 지켜보십니다. 보실 뿐만 아니라 구원하십니다.

우리가 하나님의 백성으로 이 은혜를 누리며 살기를 주의 이름으로 기원합니다. 아멘.

14

전도서 4:4-8

만족을 모르는 인생

전 4:4-8

⁴내가 또 본즉 사람이 모든 수고와 모든 재주로 말미암아 이웃에게 시기를 받으니 이것도 헛되어 바람을 잡는 것이로다 ⁵우매자는 팔짱을 끼고 있으면서 자기의 몸만 축내는도다 ⁶두 손에 가득하고 수고하며 바람을 잡는 것보다 한 손에만 가득하고 평온함이 더 나으니라 ⁷내가 또 다시 해 아래에서 헛된 것을 보았도다 ⁸어떤 사람은 아들도 없고 형제도 없이 홀로 있으나 그의 모든 수고에는 끝이 없도다 또 비록 그의 눈은 부요를 족하게 여기지 아니하면서 이르기를 내가 누구를 위하여는 이같이 수고하고 나를 위하여는 행복을 누리지 못하게 하는가 하여도 이것도 헛되어 불행한 노고로다

지난 설교 때 학대당하는 사람에 대해 상고했습니다. 어떤 사람은 눈물겹도록 학대를 당하고 사는데 위로자가 없더라고 했습니다. 그 학대가 얼마나 지독한지 그렇게 당하고 사는 사람보다 일찍 죽은 사람이 더 낫다고 했습니다. 그보다는 차라리 태어나지 않은 사람이 더 낫다고 했습니다. 그만큼 학대는 인간의 존재 가치와 의미를 말살시켜버립니다.

그런 일이 없어야 하는데 세상에는 그런 일이 있습니다. 차라리 태어나지 않았으면 좋았을 만큼 지독한 학대를 당하는 사람이 있습니다. 우리가 사랑하는 대한민국에서도 날마다 그런 일이 일어나고 있습니다. 부모에게 당하고 사는 자녀들이 있고, 자기 배우자에게 당하고 사는 사람도 있습니다. 자식에게 당하고 사는 부모도 있습니다. 그런 사람에게 가장 중요한 것은 무엇이라고 했습니까? 위로라고 했습니다. 그들의 삶을 사랑하고 위로해 줄 사람이 필요하다고 했습니다.

그리스도인은 위로자의 삶을 살아야 합니다. 고난당하는 이들을 위로하고, 학대당하는 사람을 돕는 자로 살아야 합니다. 우리 하나님께서 그렇게 하셨습니다. 탕자와 같은 우리들, 죄로 죽을 수밖에 없는 우리를 절망 가운데 망하도록 내버려 두지 않으셨습니다. 우리의 위로자로 찾아오셨고, 우리를 대신해서 죽었습니다. 하나님은 진정한 위로자이십니다.

예수님의 위로가 있기에 우리는 살아볼 만합니다. 학대당할 때가 있고, 아픔과 슬픔을 겪을 때가 있지만 살아볼 만합니다. 학대를 당하는 중에도 용기를 잃지 않을 수 있고, 희망을 잃지 않을 수 있습니다. 우리는 날마다 그런 위로를 받고 삽니다. 그런 우리이기에 우리도 이웃들에게, 특별히 고난과 아픔을 겪고 사는 이웃들에게 위로자가 되기를 바랍니다. 학대당하는 자가 있다면 그들을 구출해 줄 수 있는 위로자가 되기를 바랍니다.

▌ 잘못된 경쟁심

오늘은 만족을 모르고 사는 인생에 대해 상고하겠습니다. 절대로 채울 수 없는 욕심을 부리며 사는 인생에 대해 상고하겠습니다. 욕심이 없는 사람은 이 세상을 살아야 할 이유가 없습니다. 욕심이 없이는 세상을 살아갈 수 없다는 뜻입니다. 이 세상을 잘 살기 위해서는 적절한 욕심이 있어야 합니다. 그런 욕심을 의욕(意慾)이라고 합니다. 뜻 의, 하고자 할 욕을 써서 의욕이라고 합니다. 의미가 있는 욕심이라는 뜻입니다. 그런 욕심은 꼭 있어야 합니다. 만일 그것이 없다면 일하기도 싫고 먹기도 싫을 수 있습니다. 살기도 싫을 수 있습니다. 의욕은 사람이 살아가는 데 있어서 꼭 필요한 정서입니다. 삶의 원동력이라 할 수 있습니다.

욕심 중에는 의욕에서 지나친 욕심이 있습니다. 그것을 과욕이라고 합니다. 때때로 과욕이 굉장한 일을 해냅니다. 기대 이상의 성과를 내기도 하고, 남들이 상상도 못 할 일을 해내기도 합니다. 그러나 과욕을 부리면 잃는 것도 많습니다. 과욕 때문에 건강을 잃을 수 있고, 삶과 인생을 잃을 수도 있습니다. 재산을 잃을 수도 있고, 가정을 잃을 수도 있습니다. 무엇보다도 하나님을 잃어버리고 신앙을 잃어버릴 수도 있습니다. 과욕은 인생을 엎어버릴 수 있습니다. 본문 4:4-6이 이 욕심에 대해 논하고 있습니다.

본문 4절을 함께 보겠습니다.

> 내가 또 본즉 사람이 모든 수고와 모든 재주로 말미암아 이웃에게 시기를 받으니 이것도 헛되어 바람을 잡는 것이로다(4:4)

우리 성경에는 모든 수고와 재주로 '시기'를 당한다고 했는데, 히브리어로 이 말(히, 킨아 קִנְאָה)에는 '질투'라는 뜻과 함께 '열정'이나 '경쟁심'이라는 뜻도 있습니다. 4절 한 절만 놓고 보면 시기라고 번역해도 적절해 보입니다. 그러나 5절과 6절과 연결해 보면 시기라는 번역보다 경쟁심이라는 말이 더 어울리는 것을 알 수 있습니다. 그리고 시기를 당하는 것이 아니라 시기심 또는 경쟁심에서 나온다는 말이 더 적절합니다. 그래서 저희 제자들에게 구약을 가르쳐주신 김성수 교수님은 그의 저서 『전도서』에서 이렇게 번역했습니다.

> 내가 사람들이 애써 수고하며 온갖 재주를 다하여 이루는 일들을 보니 그것은 모두 이웃에 대한 시기심에서 나온 것이로다

사람들이 애써 수고하며 온갖 재주를 부려서 이룬 일들을 보니 다 시기심에서 나오더라는 것입니다. 이런 경우의 시기심은 경쟁심을 말합니다. 다시 말해서 다른 사람에 대한 경쟁심 때문에 더 애를 쓰고 살고 온갖 재주를 부리며 산다는 것입니다. 다른 사람보다 더 잘 살고 더 출세하고 더 성공하기 위해서 열심히 산다는 것입니다. 그런데 이것도 헛되어 바람을 잡으려는 것과 같다고 했습니다.

지금보다 더 부자가 되어야 하는 이유가 다른 사람보다 더 잘 살아야 하기 때문이라는 것입니다. 지금보다 더 출세하고 싶은 이유가 다른 사람보다 더 잘 되고 싶은 욕심 때문이라는 것입니다. 재물이 부족해서가 아니고, 뜻을 이루지 못해서가 아니라, 다른 사람보다 더 잘 살아야 하는 경쟁심 때문이라는 것입니다. 그런 것입니까? 여러분께서도 그렇다고 생각하십니까? 어쩌면 전도자의 말씀이 공감이 안 될지 모르겠습니다. 그러나 전도자는 사람들이 사는 것을 자세히 관찰해 보았습니다. 왕으로서 가진 모든 권력과 재능과 지혜를 총동원해서 살펴보고 그렇다고 판단했습니다. 다른 사람과의 경쟁심 때문이라고 생각했습니다. 자식을 열심히 키우는

것도 자식을 위해서라기보다는 다른 집 자식보다 더 잘 돼야 한다는 욕심 때문이라는 것입니다. 이것이 과연 그런지 그렇지 않은지 우리로서는 사색해 보면 알 수 있습니다. 전도자의 말씀대로 다른 사람보다 더 부자가 되고 다른 사람보다 더 잘 살기 위해서 애쓰고 사는지 그렇지 않은지 사색해 봐야 합니다. 저는 그렇다고 생각합니다.

인간은 만족한 마음만 가진다면 살아가는데 그렇게 많은 것을 필요로 하지 않습니다. 진수성찬은 아니더라도 하루 세 끼를 먹을 수 있고, 그렇게 넓고 큰 집이 아니더라도 사랑하는 가족이 따뜻하게 지낼 수 있다면 그것으로 충분합니다. 부자는 반찬을 한두 가지 더 놓고 먹을 수 있겠지만 하루 네 끼를 먹고 살지는 않습니다. 조금 더 넓고 좋은 집에 살겠지만 그렇다고 집이 두 채, 세 채 있어야 하지 않습니다. 부자도 하루 세 끼만 먹으면 살 수 있고, 집도 한 채만 있으면 충분합니다. 그런데 왜 더 많은 돈을 벌기 위해서 애를 쓰고 살까요? 왜 더 좋은 집에 살기 위해서 죽을 고생을 하며 살까요? 지금 가지고 있는 것으로도 충분한데 말입니다. 지금 가진 것을 만족하게 여기고 살면 안 될까요? 안 됩니다. 인간은 그게 안 됩니다. 안 되는 것이 아니라 못 합니다. 왜 그럴까요? 욕심 때문입니다. 죄로 타락한 본성과 철저하게 버무려진 욕심 때문에 못 합니다. 그 욕심이 시기심을 부추기고 경쟁심을 부추깁니다.

우리 중 대부분은 지금 우리가 젊었던 시절보다 훨씬 잘 삽니다. 30년 전, 20년 전과 비교하면 지금이 더 잘 먹고 더 좋은 환경에서 삽니다. 그때는 자가용이 없었는데 지금은 자가용도 있고요. 그때는 겨울에 불을 때도 추웠는데 지금은 따뜻하게 겨울을 보냅니다. 너무 따뜻해서 겨울에도 반바지에 반팔티를 입고 삽니다. 그 시절을 생각하면 지금이 훨씬 더 잘 삽니다. 그렇다면 지금의 삶을 만족해야 하는 것 아닐까요? 감사가 넘쳐야 하지 않을까요? 그래야 합니다. 이것을 절대적 부라고 합니다. 그러나 우리는 만족하지 않습니다. 감사하지 않습니다. 왜 그럴까요? 다른 사람보다 더 부자가 아니거든요. 다른 사람보다 더 잘 살지 않거든요. 마음에는 끝없는 욕심이 있거든요. 이것을 상대적 빈곤이라고 합니다. 다른 사람과 비교해서 더 잘 살아야 부자라고 생각하는 것입니다. 이렇게 생각하는 사람은 월급을 한 달에 1천만 원을 받고 고급 승용차를 타고 크고 넓은 집에 살아도 자신을 부자라고 생각하지 않습니다. 월급을 많이 받아도 다른 사람보다 10원이라도 더 받아야 하고, 좋은 집에 살아도 다른 사람보다 더 좋은 집에 살아야 부자라고 생각합니다. 그런 사람은 자기 삶에 만족하지 않습니다. 절대로 만족하지 않습니다. 감사를 모르고 살고, 잘 살아도 평안이 없습니다. 항상 자신과 다른 사람을 비교하고 자기가 자기를 갈구고 삽니다. 마음에 평안도 없고 기쁨도 없고 보람도 없습니다. 그렇게 사는 것이 잘사는 것일까요? 그런 인생이 행복할까요? 그렇지 않습니다. 지금보다 세 배나 더 많이 가진다 해도 절대로 평안하지 않습니다. 행복하지도 않습니다.

⫟ 적은 것을 가져도 마음이 평온해야

사람은 살다 보면 실패할 때가 있습니다. 진급을 못 할 때도 있고, 사업이 안 될 때도 있습니다. 다른 사람은 잘 풀리는데 자신은 안 풀릴 때도 있습니다. 끝없는 욕심과 경쟁심에 사로잡혀 사는 사람은 그런 날을 잘 이겨낼 수 있을까요? 역경을 잘 견뎌 낼까요? 그렇지 않습니다. 그런 사람은 분노에 사로잡혀 살 수 있습니다. 가인처럼 자기 잘못을 생각하지 않고 하나님과 다른 사람을 원망할 수 있습니다. 그래서 가인이 자기 동생을 죽였습니다. 잘못된 경쟁심, 지나친 욕심이 질투심을 가져와 소중한 동생을 죽이게 했습니다.

그래서 본문 6절에서는 이렇게 말씀합니다.

> 두 손에 가득하고 수고하며 바람을 잡는 것보다 한 손에만 가득하고 평온함
> 이 더 나으니라(4:6)

두 손에 가득 쥐고도 평안이 없는 사람보다는 한 손에만 가득하고 평안한 사람이 더 낫다는 것입니다. 다른 사람보다 적게 가졌을지라도 마음에 평안이 있는 사람이 더 낫다는 것입니다. 아무리 많은 것을 가지고 산다고 해도 영혼에 평안이 없고 인생에 평안이 없다면 한 손에만 가득한 사람만 못하다는 것입니다. 그런 사람은 바람을 잡으려는 사람과 같다고 했습니다. 바람이 잡히나요? 힘쓰고 애쓰고 죽을 고생을 하고 살면 바람이 잡히나요? 잡히지 않습니다. 그런 노력은 헛수고입니다. 욕심을 부린다고 일이 더 잘되지 않습니다. 인생을 잘 살지 않습니다. 남보다 더 잘 되고 더 잘 살아야 한다는 욕심을 부리는 것은 바람을 잡으려는 것과 같습니다. 결코 이룰 수 없는 일을 좇고 사는 것입니다. 그런 사람은 인생을 엎어먹을 수 있습니다. 50대가 되고 60대가 되면 인생이 엎어질 수 있습니다. 허무하게 무너질 수 있습니다.

사람은 많이 소유하고 사는 것보다 평안을 누리고 사는 것이 중요합니다. 우리 하나님의 말씀입니다. 남보다 적게 가졌을지라도 마음이 평안하고 가정이 평안하고 인생이 평안한 것이 중요합니다. 이것을 믿는다면 남보다 더 많이 갖지 못했을지라도 우리가 가지고 있는 것을 족하게 여겨야 합니다. 만족하게 여기고 평안을 누리며 살아야 합니다. 마음이 평안을 누리고, 가정이 평안을 누리고, 인생도 평안을 누리고 살아야 합니다.

어떤 사람이 있었습니다. 그 사람에게는 자식도 없고, 형제도 없었습니다. 혈육이라고는 한 명도 없이 혈혈단신으로 살았습니다. 그런 그가 가진 것이라고는 돈뿐이었습니다. 돈이 엄청나게 많았습니다. 여러분 생각에 그 사람이 좋아 보이십니까? 부러우십까? 그게 다가 아니었습니다. 그 많은 돈을 모을 줄은 알아도 쓸 줄을 몰랐습니다. 쌓을 줄은 알아도 누릴 줄을 몰랐습니다. 돈은 모으는 재미도 있지만 쓰는 재미도 있습니다. 그런데 쓰는 재미를 모른다면 모으는 재미가 재미일까요? 의미가 있을까요? 모으는 재미는 알아도 쓰는 재미를 모르는 사람은 남 좋은 일만 시키는 사람입니다. 그것은 고통이고, 허무이고, 재앙일 수 있습니다. 게다가 자신이 그런 사람이라는 것을 모르는 바가 아니었습니다. 자신이 누구를 위해서 그 고생을 하면서 돈을 버는지도 알았습니다. 남 좋은 일을 하고 있다는 것도 알았다는 것입니다. 자기는 죽도록 고생만 하고 산다는 것도 알았습니다. 그런 사실을 알았다면 그런 자신을 어떻게 생각했을까요? 인생을 잘살고 있다고 생각했을까요? 사는 보람이 있다고 생각했을까요?

본문 7절과 8절은 그런 사람에 대한 말씀입니다. 8절을 보겠습니다.

> 내가 누구를 위하여는 이같이 수고하고 나를 위하여는 행복을 누리지 못하게 하는가 하여도 이것도 헛되어 불행한 노고로다(4:8)

자기가 자기에게 하는 말입니다. 자신은 허망한 짓을 하고 살고 쓸데없는 짓을 하고 산다는 것입니다. 자기가 자기에게 행복을 누리지 못하게 한다는 것입니다. 다른 사람이 그렇게 하는 것이 아니라 자기가 자기에게 그렇게 한다는 것입니다. 그런 사람은 불쌍한 사람입니다. 불행한 사람입니다.

전도서는 그런 사람을 무엇이라고 표현합니까? 전도서 6장 2절을 보면 악한 병에 걸린 사람이라고 합니다. 부자가 되기 위해서 열심히 일하고 그렇게 해서 돈을 많이 벌었어도 누릴 줄 모르는 사람은 지독한 병에 걸렸다고 합니다. 그런 사람의 병명은 무엇입니까? 욕심입니다. 돈에 대한 집착, 돈에 대한 과욕입니다. 만족을 모르는 것이 병입니다. 평안을 누리지 못하게 하고, 기쁨을 누리지 못하게 하는 병입니다. 하나님께서 선물로 주신 복을 누릴 줄 모르는 병입니다. 지독한 병입니다. 우리는 그렇게 살지 않기를 바랍니다. 정말로 그렇게 살지 않기를 바랍니다.

그것은 악한 병이라고 했습니다. 병은 고쳐야 합니다. 그런 사람은 남보다 적게 가질지라도 평안하게 사는 법을 배워야 합니다. 가진 것이 적을지라도 만족하게 여기는 법을 배워야 합니다. 그런데 못 배울 것입니다. 못 고칠 것입니다. 제가 몇몇 사람을 살펴보니 못 고치더라고요. 그만큼 고치는 것이 어렵습니다. 인생이 그런 존재입니다. 우리가 우리의 인생을 잘 살기 원한다면 그래도 배우기를 바랍니다. 믿음으로 살고, 하나님께서 주신 복을 누리며 살기 원한다면 배우기를 바랍니다. 평안하게 사는 법을 배우고, 만족하게 여기고 사는 법을 배우기를 바랍니다. 기쁘게 사는 법을 배우기를 바랍니다. 그리하여 이 세상에 사는 동안에 하나님께서 주신 은혜를 누리고 살기를 바랍니다. 평안을 누리고 낙을 누리고 살기를 바랍니다. 그런 분이 허무한 인생을 잘 사는 분입니다. 하나님의 뜻대로 잘 사는 분입니다. 우리가 하나님을 경외하는 자로서 그런 삶을 살기를 주의 이름으로 기원합니다. 아멘.

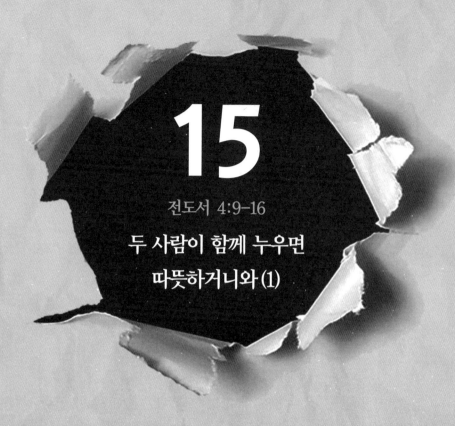

15

전도서 4:9-16

두 사람이 함께 누우면
따뜻하거니와 (1)

전 4:9-16

⁹두 사람이 한 사람보다 나음은 그들이 수고함으로 좋은 상을 얻을 것임이라 ¹⁰혹시 그들이 넘어지면 하나가 그 동무를 붙들어 일으키려니와 홀로 있어 넘어지고 붙들어 일으킬 자가 없는 자에게는 화가 있으리라 ¹¹또 두 사람이 함께 누우면 따뜻하거니와 한 사람이면 어찌 따뜻하랴 ¹²한 사람이면 패하겠거니와 두 사람이면 맞설 수 있나니 세 겹 줄은 쉽게 끊어지지 아니하느니라 ¹³가난하여도 지혜로운 젊은이가 늙고 둔하여 경고를 더 받을 줄 모르는 왕보다 나으니 ¹⁴그는 자기의 나라에서 가난하게 태어났을지라도 감옥에서 나와 왕이 되었음이니라 ¹⁵내가 본즉 해 아래에서 다니는 인생들이 왕의 다음 자리에 있다가 왕을 대신하여 일어난 젊은이와 함께 있고 ¹⁶그의 치리를 받는 모든 백성들이 무수하였을지라도 후에 오는 자들은 그를 기뻐하지 아니하리니 이것도 헛되어 바람을 잡는 것이로다

전도서는 인생의 허무에 대해 강론합니다. 그러면서 인생이 어떻게 허무한지 하나하나 증명해 보입니다. 그것을 살펴보면 우리가 인생을 살면서 흔히 경험할 수 있는 일들이고 공감할 수 있는 일들입니다.

전도서 1장 2절을 보면 그 허무함에 대해 이렇게 말씀합니다.

전도자가 이르되 헛되고 헛되며 헛되고 헛되니 모든 것이 헛되도다(1:2)

전도서 첫째 설교에서 말씀드렸지만 이 말씀을 원문대로 번역하면 이렇습니다.

허무 중의 허무라 전도자가 가로되 허무 중의 허무라. 모든 것이 허무하다 하니라

"허무 중의 허무라"는 말은 허무의 깊이를 말합니다. 인생살이가 얼마나 허무한지 마음 깊숙이까지 허무를 느낍니다. 뼛속까지 느낀다는 말입니다. "모든 것이 헛되다"는 것은 허무의 광범위함을 말합니다. 인생에서 허무하지 않은 것이 없다는 것입니다. 모든 것이 허무하다는 뜻입니다. 인생은 그런 존재입니다. 그러면 인생이 허무하다는 것이 전도서의 결론일까요? 이것이 전도서의 교훈일까요? 그렇지 않습니다. 전도서는 우리가 허무한 존재이지만 허무하게 끝낼 수 없는 존재라는 것을 교훈합니다. 날마다 허무한 일이 일어나지만 허무하게 살아서는 안 된다고 합니다. 그리고 허무하지만 어떻게 살아야 하는지 교훈합니다.

우리는 그 교훈을 여러 차례 배웠습니다. 그것을 요약하면 다음과 같습니다.

첫째, 자신의 인생을 잘 받아들이라고 살라고 합니다.

전도서는 자신에게 주어진 삶이든 자신이 선택한 삶이든, 자기 삶을 잘 받아들이고 살라고 합니다. 일이 뜻대로 되지 않고 말도 안 되는 일이 일어나는 것이 인생인데, 그렇다고 삶을 거부하지 말라고 합니다. 포기하거나 원망하거나 저주하지 말라고 합니다. 힘이 많이 들겠지만 그런 삶을 잘 받아들이고 살라고 합니다.

둘째, 인생이 허무하지만 기쁘게 살라고 합니다.

후회하거나 원망하지 않을 뿐만 아니라 기쁘게 살라고 합니다. 힘이 들고 고난의 끝이 보이지 않지만 그럴지라도 기쁘게 살라고 합니다. 전도서는 이것보다 중요한 것이 없다며 여러 차례 강조합니다. 기쁘게 사는 것은 자신의 삶을 더 잘 받아들이는 것입니다. 허무한데 기쁘게 살라는 것은 말도 안 되는 소리라고 하는 분이 계실 것입니다. 현실성도 없고 지나치게 역설적이라고 주장하는 분도 계실 것입니다. 그런데 의인은 그렇게 삽니다.

얼마 전 로마서 설교를 하면서 의인은 어떻게 사는지에 대해 강론했습니다. 그때 의인은 하나님의 영광을 바라보고 즐거워한다(롬 5:2)고 했습니다. 바로 그것입니다. 의인은 허망한 삶을 바라보고 사는 것이 아니라 하나님을 바라보고 삽니다. 하나님을 바라보기에 허무한 삶이지만 기쁘게 삽니다. 환난 중에서도 하나님을 바라보고 기쁘게 삽니다(롬 5:3).

셋째로 전도서는 인생이 허무하지만 그런 가운데서 하나님을 경외하라고 합니다.

전도자는 기쁘게 사는 것은 인생을 잘 받아들이는 것인데, 하나님을 경외하는 것은 인생을 더 잘 받아들이는 것이라고 합니다. 살다 보면 허망하다 싶을 때가 있고 말도 안 되는 일이 일어나기도 하지만 그런 삶 가운데서도 하나님을 경외하고 의지하라고 합니다. 기도하고 살고 경배하며 살고 하나님의 말씀대로 살라고 합니다. 이것이야말로 허무를 이기는 근본적인 대안입니다(전 12:1, 13-14).

삶이 힘들 때, 우리가 믿고 의지할 분은 하나님밖에 없습니다. 하나님을 경외하는 믿음으로 살기를 바랍니다. 인생이 허망하지만 하나님께서 주시는 위로가 있습니다. 그 위로가 아픔을 이기게 하고 슬픔을 이기게 합니다. 하나님의 위로가 풍성한 것을 믿고 하나님을 경외하는 믿음으로 살기를 바랍니다.

오늘의 본문은 연합의 중요성을 교훈합니다. 혼자 사는 것보다 함께 사는 것이 중요하고, 일도 혼자 하는 것보다 더불어 하는 것이 중요하다고 합니다. 이 말씀은 그렇게 어렵지 않습니다. 누구나 쉽게 공감하는 말씀이고 인간이라면 누구에게나 해당하는 보편적 진리입니다. 그러나 생각보다 잘 지키지 못하는 진리입니다. 아마 그런 이유에서 연합의 중요성을 강조했을 것으로 보입니다.

본문 9절을 보면 그런 사실을 알 수 있습니다.

두 사람이 한 사람보다 나음은 그들이 수고함으로 좋은 상을 얻을 것임이라 (4:9)

여기 두 사람은 부부일 수도 있고, 형제자매일 수도 있습니다. 직장동료일 수도 있고, 교회 성도일 수도 있습니다. 일할 때 혼자 하는 것보다 그들과 함께하는 것이 더 좋다는 것입니다. 그 이유는 좋은 상을 얻을 수 있기 때문이라고 했습니다. 좋은 상은 소득이나 상을 말합니다. 두 사람이 힘을 모으면 더 많은 소득을 올릴 수 있고, 상을 받아도 더 좋은 상을 받을 수 있습니다. 그만큼 더불어 살고 더불어 일하는 것이 중요합니다.

본문 10절은 더불어 사는 것의 중요성을 말씀함과 동시에 혼자 사는 것의 위험성도 지적합니다.

혹시 그들이 넘어지면 하나가 그 동무를 붙들어 일으키려니와 홀로 있어 넘어지고 붙들어 일으킬 자가 없는 자에게는 화가 있으리라(4:10)

친구가 있는 사람은 넘어졌을 때 그 친구가 붙들어 일으켜 줄 것입니다. 그러나 친구가 없는 사람은 일으켜 줄 수 없어서 화를 당할 수 있다는 것입니다. 넘어진 것이 별일이냐고 할 수 있겠지만, 넘어지는 것도 넘어진 것 나름입니다. 혼자 있을 때 넘어졌는데 좀처럼 몸을 움직이지 못하는 경우가 있습니다. 고관절이 부러지던지 허리뼈가 내려앉기라도 하면 꼼짝도 못 합니다. 그렇게 다친 것도 화를 당한 것이지만 제때 치료를 받지 못해서 더 큰 화를 당할 수도 있습니다. 그러므로 넘어지는 것을 단순하게 생각해서는 안 됩니다.

저는 장마철이 다가오면 교회당 지붕에 올라가 봅니다. 장마에 물이 막힐 곳은 없는지, 문제가 될 만한 곳은 없는지 살펴보기 위해서 올라갑니다. 그럴 때는 혼자 가지 않습니다. 꼭 누구를 대동하고 함께 갑니다. 본당 천정의 등이 수명을 다하면 깜빡거립니다. 지난 주일에도 등 두 개가 수명을 다해 깜빡거렸습니다. 저는 그것을 교체할 때도 혼자 하지 말라고 합니다. 항상 두 사람이 함께하라고 합니다. 그 이유는 혼자 하는 것보다 둘이 하면 안전하게 할 수 있고, 만일 사고가 나더라도 응급처치를 할 수 있기 때문입니다. 만일 혼자 하다 사고가 나면 어떻게 응급처치를 하겠습니까? 더 큰 화를 당할 수 있습니다. 본문은 그런 사실을 교훈합니다.

본문 11절은 더불어 사는 삶의 중요성을 또 이렇게 설명합니다.

또 두 사람이 함께 누우면 따뜻하거니와 한 사람이면 어찌 따뜻하랴(4:11)

지금은 난방이 좋은 시대이지만 예전에 난방 시설이 좋지 않았던 때가 있었습니다. 그 시절엔 방에 불을 넣어도 추웠습니다. 그런 추운 겨울에 어떻게 잤습니까? 꼭 껴안고 잤습니다. 서로 꼭 껴안고 자면 따뜻하게 잘 수 있습니다. 몸도 따뜻하고 마음도 따뜻해서 잘만 했습니다. 혼자 사는 사람이 그 따뜻함을 어찌 알겠습니까? 차갑디 차가운 이불 속에서 온몸을 웅크리고 자야 했습니다. 이것은 단순히 잠자리만을 말하지 않습니다. 더불어 사는 것의 중요성을 말합니다. 더불어 사는 법을 배우면 사는 것이 따뜻하다는 것을 교훈합니다. 마음도 따뜻하고 몸도 따뜻하게 살 수 있습니다. 대인관계가 틀어지거나 단절돼서 혼자 일하고 혼자 사는 것보다 다른 사람과 더불어 사는 법을 배우면 사는 것이 따뜻합니다.

여러분께서도 그렇다고 생각하십니까? 혼자 사는 것보다 부부가 함께 사는 것이 중요하고, 혼자 일하는 것보다 다른 사람과 더불어 일하는 것이 중요하다고 생각하십니까? 아마 그 중요성을 아는 분들은 이 말씀에 공감할 것입니다. 그러나 의외로 더불어 사는 것을 잘못하는 사람들이 많습니다. 행복하게 잘 살겠다고 결혼한 부부가 잘살지 못하고 헤어지는 경우도 많고, 직장동료들과 잘 어울리지 못해서 직장생활을 힘들어하는 분들도 많습니다. 교회 생활도 마찬가지입니다. 교회에는 자신과 다른 사람들이 많이 있습니다. 자신과 생각이 다르고, 사는 방식이 다르고, 믿음의 정도가 다른 사람들이 있습니다. 그런 사람들과 더불어 주의 몸을 이뤄야 합니다. 그게 교회입니다.

그런데 다른 사람들과 융화하지 못하고 주의 몸을 이루지 못하는 분들이 있습니다. 그 이유는 무엇일까요? 각 개인의 경우 그 원인이 무엇인지를 밝히려면 전문가와 상담해 봐야 합니다. 그리고 반복적인 교육과 자기 훈련과 기도를 통해서 더불어 사는 법을 배워야 합니다. 전도서 4장도 사람들이 더불어 살지 못하는 이유를 밝힙니다. 그러나 개인적인 원인보다는 보편적인 원인을 말씀합니다. 그 보편적 원인을 세 가지로 제시합니다.

첫째로 사람들이 더불어 살지 못하는 원인은 다른 사람을 학대하기 때문이라고 합니다.

전도서 4장 1절은 학대당하는 자에 대해 말씀합니다. 학대하는 것은 더불어 사는 것이 아닙니다. 이 학대는 적극적으로 다른 사람을 괴롭히는 것만 아니라 다른 사람을 무시하거나 불이익 주는 것을 포함합니다. 자신이 가진 것이나 우월한 위치를 이용해서 다른 사람을 무시하는 것도 학대하는 것입니다.

우리 이웃들 가운데 그런 사람이 있고, 직장 상사나 동료 중에도 그런 사람이 있습니다. 그들에게 좋은 친구가 있을까요? 넘어졌을 때 손을 내밀어 주는 친구, 추운 겨울에 함께 등을 대주는 친구가 있을까요? 대개 그런 사람 주변에는 사람이 없습니다. 진실한 친구가 없습니다. 그런 사람은 더불어 사는 법을 모르는 사람입니다.

부자와 가난한 자의 관계에서 부를 힘으로 사용하여 가난한 자를 학대하는 사람들도 있습니다. 그러나 그런 식으로 사는 것은 하나님의 창조 섭리를 부정하는 것입니다. 잠언 22장 2절을 보면 "가난한 자와 부한 자가 함께 살거니와 그 모두를 지으신 이는 여호와시니라"고 했습니다. 하나님께서 세상을 지으시면서 부자와 가난한 자가 함께 공존하도록 만드셨습니다. 하나님께서 그렇게 만드신 것은 세상에는 부자도 필요하고 가난한 자도 필요하기 때문입니다. 그러면 부자는 가난한 자를 어떻게 대해야 할까요? 그들이 돈이 없어 힘든 삶을 살지만 존중하고 도와야 합니다. 가난한 자들도 부자를 질투하고 미워할 것이 아니라 존중하고 도우며 살아야 합니다. 부자라고 가난한 자의 도움 없이 살 수 있는 것이 아닙니다. 가난한 자는 부자가 돈 쓰는 기쁨을 누리게 합니다. 그러므로 가난한 자에게 고마운 마음도 가져야 합니다. 그렇게 사는 것이 더불어 사는 것입니다.

둘째로 다른 사람과 더불어 살지 못하는 원인은 잘못된 경쟁심 때문이라고 합니다.

전도서 4장 4절에 "모든 수고와 모든 재주로 말미암아 이웃에게 시기를 받으니"라고 했습니다. 이 번역은 오해를 일으킬 수 있는데 본래의 본문은 잘못된 경쟁심이나 시기심 때문에 애써 수고하고 온갖 재주를 부린다는 뜻입니다. 사람은 누구나 어느 정도의 질투심이 있고 경쟁심이 있습니다. 그러나 중용을 모르고 절제하지 못하면 질투심은 친구를 적으로 만듭니다. 경쟁심도 마찬가지로 친구를 적으로 만듭니다. 그런 사람은 더불어 사는 법을 모르는 사람입니다. 따라서 더불어 사는 사람이 누리게 될 축복을 누리지 못합니다. 부부 사이에도 금실이 좋지 않고, 가정에도 화목이 없습니다. 직장에서나 교회에서도 평안을 누리지 못합니다.

셋째로 다른 사람과 더불어 살 줄 모르는 원인은 조언이나 충고를 받을 줄 모르기 때문이라고 합니다.

본문 13절을 보면 신하의 충언을 들을 줄 모르는 왕에 대해 말씀합니다. 그 왕은 늙고 둔해서 경고를 받을 줄 모른다고 합니다. 즉 다른 사람의 의견을 경청할 줄 모른다는 뜻입니다. 그런 사람은 대화를 모르는 사람이요, 소통을 못하는 사람입니다. 그런 왕에게 진실한 신하들이 있을까요? 신하의 말에 귀를 기울이지 않는데 그런 왕에게 목숨을 걸 충신이 있을까요? 없습니다. 그런 왕에게는 간신만 많을 뿐입니다.

대화는 토론이 아닙니다. 자신의 의견을 설득시키는 것도 아닙니다. 대화는 다른 사람의 의견을 경청하는 것에서 출발합니다. 경청은 다른 사람의 입장에서 그 사람의 의견을 들어주는 것입니다. 그런데 다른 사람의 말을 들으려 하지도 않고 오로지 자기만 옳다고 주장한다면 그런 사람에게 친구가 있을까요? 함께 큰 소득을 올리고 큰 상을 탈 만한 친구가 있을까요? 대개 그런 사람에게는 친구가 없습니다.

더불어 살지 못하는 사람들에게는 본문 10절의 말씀처럼 화가 임할 수 있습니다. 넘어졌을 때 붙들어 일으켜 줄 사람이 없기에 더 큰 화를 당할 수 있습니다. 우리가 하나님을 경외하고 사랑하는 사람이라면 다른 사람과 더불어 사는 법을 배워야 합니다. 존중하는 법을 배우고, 경청하는 법을 배우고, 함께 일하는 법을 배워야 합니다. 그런 사람은 망하지 않습니다. 망할 일을 당해도 망하지 않습니다.

그런 뜻으로 본문 12절에서는 이렇게 말씀합니다.

한 사람이면 패하겠거니와 두 사람이면 맞설 수 있나니 세 겹줄은 쉽게 끊

어지지 아니하느니라(4:12)

한 사람이 당하면 패할 수밖에 없고 망할 수밖에 없는 일도 두 사람이 더불어 사는 법을 배우면 능히 이긴다는 것입니다. 게다가 세 사람이 더불어 사는 법을 배우면 더 좋다는 것입니다. 이것은 더불어 사는 자들이 누리는 하나님의 위로이고 상급이고 축복입니다.

우리가 하나님의 사람으로서 더불어 사는 법을 배우기를 바랍니다. 많은 사람과 더불어 사는 법을 배우기를 바랍니다. 그리하여 하나님이 허무한 우리 인생에게 주시는 위로와 은혜와 축복을 누리며 살기를 주의 이름으로 기원합니다. 아멘.

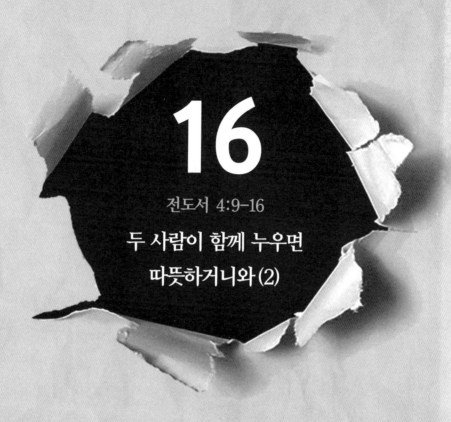

16

전도서 4:9-16

두 사람이 함께 누우면
따뜻하거니와 (2)

전 4:9-16

⁹두 사람이 한 사람보다 나음은 그들이 수고함으로 좋은 상을 얻을 것임이라 ¹⁰혹시 그들이 넘어지면 하나가 그 동무를 붙들어 일으키려니와 홀로 있어 넘어지고 붙들어 일으킬 자가 없는 자에게는 화가 있으리라 ¹¹또 두 사람이 함께 누우면 따뜻하거니와 한 사람이면 어찌 따뜻하랴 ¹²한 사람이면 패하겠거니와 두 사람이면 맞설 수 있나니 세 겹 줄은 쉽게 끊어지지 아니하느니라 ¹³가난하여도 지혜로운 젊은이가 늙고 둔하여 경고를 더 받을 줄 모르는 왕보다 나으니 ¹⁴그는 자기의 나라에서 가난하게 태어났을지라도 감옥에서 나와 왕이 되었음이니라 ¹⁵내가 본즉 해 아래에서 다니는 인생들이 왕의 다음 자리에 있다가 왕을 대신하여 일어난 젊은이와 함께 있고 ¹⁶그의 치리를 받는 모든 백성들이 무수하였을지라도 후에 오는 자들은 그를 기뻐하지 아니하리니 이것도 헛되어 바람을 잡는 것이로다

젊고 지혜로운 사람이 있었습니다. 어리다는 말을 들을 정도로 젊은 사람이었습니다. 그러나 그는 하나님을 경외하고 사랑하는 사람이었습니다. 실력이 있고 지혜가 있다는 평을 받았습니다. 사람들은 그 젊은이를 좋아했습니다. 그런데 가난했습니다. 그것도 흠이라면 유일한 흠이었습니다.

늙은 왕이 있었습니다. 그가 늙었다는 것은 흠이 아니었습니다. 나이가 많은 만큼 경험도 아는 것도 많았습니다. 그것은 노인이 가질 수 있는 최고의 장점입니다. 세상적으로 말하면 그도 지혜롭다는 말을 들을만 했습니다. 왕이었으므로 당연히 권력도 있고 부자였습니다. 그런데 미련하다는 말을 들었습니다. 왜냐하면 신하들의 충언과 간언을 듣지 않았기 때문이었습니다. 이 두 사람 중에 누가 더 나은 사람일까요? 여러분께서 이 둘 중 한 사람이라면 어떤 사람이 되고 싶으십니까?

본문이 13절을 보면 이 두 사람을 비교하여 이렇게 말씀합니다.

가난하여도 지혜로운 젊은이가 늙고 둔하여 경고를 더 받을 줄 모르는 왕보다 나으니(4:13)

권력과 부귀를 누리며 사는 미련한 왕보다는 가난할지라도 지혜로운 젊은이가 더 낫다는 말입니다. 신하의 조언이나 비판이나 충고를 받을 줄 모르는 왕보다는 가난해도 지혜로운 젊은이가 더 낫다는 것입니다. 여러분께서도 그렇게 생각하십니까? 가난하여도 지혜로운 소년이 늙고 둔한 왕보다 낫다고 생각하십니까?

친구의 충고, 신하의 충언, 하나님의 경고를 듣고도 받아들일 줄 모르는 사람은 어리석은 사람입니다. 그런 사람의 주변에는 친구가 없습니다. 충신이 없습니다. 사람들은 그런 사람을 좋아하지 않습니다. 하나님께서도 그런 사람을 기뻐하지 않으십니다. 어쩌면 그는 자기 형제나 자식도 믿지 못해 의심하며 살지도 모릅니다. 실제로 그런 사람들이 있습니다. 헤롯도 그랬습니다. 그는 왕이었지만 자기 동생을 믿지 못해서 죽였습니다. 그런 사람은 세상을 혼자 살려는 사람입니다. 가족이나 다른 사람들과 더불어 사는 것을 귀찮게 여기거나 두려워하는 사람입니다. 그런 사람은 항상 의심과 불안 속에 살 것입니다. 더불어 사는 법을 모르기 때문입니다.

지난주일 설교 때 더불어 사는 것의 중요성에 대해 상고했습니다. 본문 9절을 보면 "그들이 수고함으로 좋은 상을 얻을 것임이라"고 합니다. 혼자 일하는 사람보다 다른 사람들과 함께 일할 줄 아는 사람이 훨씬 더 결과가 좋다는 뜻입니다. 경제활동의 측면에서도 다른 사람들과 함께 일하는 사람이 더 많은 소득을 올린다는 것입니다.

본문 10절을 보면 다른 사람들과 더불어 살 줄 모르는 사람은 화를 당할 수 있다며 이렇게 말씀합니다.

**홀로 있어 넘어지고 붙들어 일으킬 자가 없는 자에게는 화가 있으리라
(4:10)**

심장마비가 왔을 때 골든타임은 4분이라고 합니다. 4분 이내에 응급 처치를 하지 않으면 사망에 이를 수 있습니다. 가족이든 누구든 다른 사람과 더불어 살기를 싫어하고 혼자 살기를 좋아하는 사람은 그런 경우에 화를 당할 수 있습니다.

본문 11절도 그런 뜻으로 말씀합니다.

두 사람이 함께 누우면 따뜻하거니와 한 사람이면 어찌 따뜻하랴(4:11)

난방시설이 좋지 않았던 시절의 추운 겨울에 잠자리에 누우면 얼마나 추웠었는지요! 그러나 두 사람이 함께 누우면 곧 몸을 녹이고 따뜻하게 잠들 수 있었습니다. 혼자 사는 사람은 어찌 그 따뜻함과 평온함을 알겠습니까? 어둡고 추운 날 차가운 이불 속에서 홀로 쭈그리고 자야 했습니다. 잠자리만이 문제가 아닙니다. 모든 삶이 그렇습니다. 더불어 살 줄 아는 사람은 그렇지 않은 사람보다 마음이 따뜻합니다. 삶이 따뜻하고, 인생이 따뜻합니다. 더불어 사는 것이 그렇게 중요합니다.

　더불어 사는 것은 인생에 대한 하나님의 섭리이고 세상의 이치입니다. 하나님께서 만드신 이치를 따라 사는 것입니다. 그리고 더불어 사는 것은 허무한 인생에게 주신 하나님의 위로이고 축복입니다. 우리가 하나님을 경외하고 사랑하는 사람이라면 가족들과 더불어 살아야 합니다. 직장 동료를 비롯해 이웃과 더불어 살아야 합니다. 특별히 주의 몸으로서 성도들과 더불어 사는 법을 배워야 합니다. 우리가 더불어 사는 법을 잘 배울 때 하나님의 위로와 축복을 누리며 살 수 있습니다.

　사람들은 늙고 둔한 왕을 좋아하지 않습니다. 자기들도 다 늙을 것인데도 늙었다는 자체로 좋아하지 않고, 게다가 미련하다면 더욱 좋아하지 않습니다. 그런 왕은 언제라도 거세당할 수 있습니다. 본문에 등장하는 늙고 둔한 왕도 자기 아들에게 왕위를 물려주지 못했습니다. 어찌 된 일인지 그 가난하지만 지혜로운 젊은이가 왕이 됐습니다. 그는 정상적인 방식으로 왕위를 계승하지 않았을 것입니다. 고대에서 그런 법은 없었으니까요. 그러나 백성들은 그를 좋아했습니다. 늙고 둔한 왕이 거세당하고, 젊고 지혜로운 왕이 일어나 인기를 누립니다. 여러분께서는 그런 모습이 상상이 되십니까? 아마도 이해가 되고 상상이 되실 겁니다. 왜냐하면 우리도 똑같은 사람이거든요. 그들과 똑같은 속성을 가지고 있기에 상상이 되고 이해가 되는 것입니다. 이런 사실은 그러한 일이 우리에게도 일어날 수 있다는 것을 의미합니다.

그런데 얼마간의 시간이 지나자 반전이 일어났습니다. 그 세대가 가고 다음 세대가 오자 사람들은 그 젊고 지혜로운 왕을 좋아하지 않았습니다. 본문 16절이 그런 사실을 말씀하고 있습니다.

> 그의 치리를 받는 모든 백성들이 무수하였을지라도 후에 오는 자들은 그를
> 기뻐하지 아니하리니 이것도 헛되어 바람을 잡는 것이로다(4:16)

치리를 받는다는 말의 원문은 왕의 앞에 일어서는 것을 말합니다. 그 왕 앞에 사는 것을 좋아했다는 것입니다. 그러나 "후에 오는 자들은" 그 왕을 좋아하지 않았다고 했습니다. 그들은 그다음 세대를 말합니다. 한 세대는 가고 또 한 세대가 온 것입니다. 그들은 자기 부모가 좋아했던 왕을 좋아하지 않았습니다.

왜 좋아하지 않았을까요? 본문은 그 이유를 명백하게 밝히지 않았습니다. 그러나 후에 오는 자들이라는 말은 그 젊은 왕도 늙었다는 것을 전제합니다. 후에 오는 자들은 젊은 사람들인데 그 젊고 지혜로운 왕도 이제는 늙었다는 것입니다. 그들은 이제는 늙어버린 왕을 더 이상 좋아하지 않은 것입니다. 그렇다고 그 왕이 둔했다고 하지 않았습니다. 앞에서 말씀드렸듯이 연륜은 많은 경험과 지혜를 의미합니다. 여전히 지혜로울 수 있습니다. 그럼에도 그 왕을 좋아하지 않았다고 했습니다.

사람은 누군가가 미워지면 어떻게 해서든지 흠을 찾습니다. 흠이 될 만한 것은 죄다 들춰내서 매도하는 본성이 있습니다. 예전에는 훌륭하게 생각했던 점들까지 결정적인 흠이 되는 것처럼 매도합니다. 어떻게 해서든지 자기들이 좋아하지 않는 것이 옳다는 것을 증명해 보이려고 합니다. 그것은 대단히 비겁한 짓이지요.

본문 14절이 그런 사실을 암시하는데 이렇게 말씀하고 있습니다.

> 그는 자기의 나라에서 가난하게 태어났을지라도 감옥에서 나와 왕이 되었음이니라(4:14)

그가 가난한 사람이었다는 것은 온 나라 사람이 다 아는 사실이었습니다. 그가 어떤 이유로 감옥살이를 했는지도 다 아는 사실이었습니다. 그럼에도 그가 젊고 지혜롭다는 이유로 좋아했습니다. 그가 왕이 됐을 때 그런 점들은 오히려 그를 훌륭한 사람으로 평가받게 하는 요인으로 작용했을 수도 있습니다. 마치 이렇게 말한 것으로 생각해야 합니다.

'봐라. 그는 가난했지만 이렇게 훌륭하게 자라지 않았느냐? 감옥에서 많은 고생을 했지만 절망하지 않고 용기를 가지고 일어서지 않았느냐? 게다가 실력이 있고 지혜롭지 않느냐? 이런 사람이 우리의 왕이 됐다는 것은 축복이다. 하나님이 우리에게 주신 축복이다.'

그런데 인제 와서 자기들이 좋아하지 않는다고 그런 요인들을 결정적인 흠이나 되는 것처럼 매도합니다.

'봐라. 어떻게 저런 가난뱅이가 우리의 왕이 될 수 있겠느냐? 저렇게 비천한 신분을 가진 자가 어떻게 우리의 왕이 되겠느냐? 이게 말이 되느냐? 이 나라는 이 말도 안 되는 사람이 수십 년째 왕 노릇을 하고 있다.'

그래서 어떻게 하겠다는 것일까요? 뒤집어엎어야 한다는 것입니다. 이로 보건데 무엇이 문제입니까? 변심이 문제입니다. 조석으로 뒤바뀌는 마음이 문제입니다. 사람의 마음은 믿을 수가 없습니다. 이것이 인생입니다. 인간사에는 이런 일이 날마다 일어납니다. 달면 삼키고 쓰면 뱉어버립니다. 좋아하다가도 뭐든지 하나라도 수가 틀리면 그냥 매도해버립니다. 이것은 인간의 본성 때문입니다. 타락한 본성 때문입니다.

인간사에는 다른 사람을 이용하는 사람도 많고, 쓸모가 없다 싶으면 배척해 버리는 사람도 많습니다. 남의 돈을 빌려 쓰고 갚지 않는 사람도 많고 사기꾼도 많습니다. 도무지 믿을 수 없는 사람이 많습니다. 그래서 혼자 살려는 사람도 있고 더불어 살기를 두려워하는 사람도 있습니다. 그런 사실을 관찰한 전도자는 "이것도 헛되어 바람을 잡으려는 것이다"고 했습니다. 이렇게 말도 안 되는 일이 일어난다는 것입니다. 이런 허망한 일이 인생에게 일어난다는 것입니다. 우리는 그런 세상을 살아야 합니다.

그렇다면 우리는 어떻게 살아야 하겠습니까? 그런 일을 당하고 나면 사람이 싫어지고 세상이 싫어집니다. 그래서 사람을 떠나고 세상과 등지고 싶은 마음이 생길 수 있습니다. 그러나 그것은 더 큰 아픔을 초래합니다. 그런 일을 겪는다 해도 세상을 등지고 살아서는 안 됩니다. 그건 정말 잘못 사는 것입니다.

그러면 어떻게 살아야 할까요?

먼저 전도서의 교훈대로 세상만사가 그렇다는 것을 받아들이고 살아야 합니다. 그리고 그런 일이 있지만 기쁘게 살아야 합니다. 또 세상이 그렇다고 해도 하나님을 경외해야 합니다. 하나님을 경외하는 사람으로서 사람을 떠나 세상을 등지고 살아서는 안 됩니다. 다른 사람을 이용하려 해서도 안 되고, 사기를 치고 살아도 안 됩니다. 오히려 그런 세상에서 살지만, 하나님을 경외하는 믿음으로 정직하게 살고, 의롭게 열심히 살아야 합니다.

또 어떻게 살아야 할까요?

더불어 사는 법을 배워야 합니다. 속고 속이는 일이 많지만, 그럼에도 더불어 사는 법을 배워야 합니다. 가족들과 갈등과 반목할 때가 있지만, 그럼에도 이해하고 배려하고 함께 사는 법을 배워야 합니다. 마음이 통하는 사람이 없고 악한 자들이 많이 있지만, 그럼에도 용서하는 법을 배우고 사랑하고 사는 법을 배워야 합니다. 하나님은 하나님의 자녀인 우리들이 막힌 담을 헐고 살기를 원하십니다. 축복하며 살기를 원하십니다. 그렇게 하여 더불어 살라고 하십니다.

더불어 사는 사람은 망할 일이 있어도 망하지 않습니다. 어떤 역경을 당한다고 해도 능히 이겨낼 수 있습니다.

그래서 본문 12절에 이렇게 말씀합니다.

> 한 사람이면 패하겠거니와 두 사람이면 능히 맞설 수 있나니 세 겹줄은 쉽게 끊어지지 아니하느니라(4:12)

혼자였다면 망했을 것인데, 둘이 더불어 살면 망하지 않는다는 것입니다. 능히 이겨낸다는 것입니다. 우리가 사랑하는 가족들과 더불어 세 겹줄이 되기를 바랍니다. 사회생활 할 때 직장동료와 이웃과 세 겹줄이 되기를 바랍니다. 교회에서도 다른 성도들과 더불어 세 겹줄이 되기를 바랍니다. 그

리하여 더불어 사는 삶을 통해서 주시는 하나님의 위로와 축복을 누리며
살기를 주의 이름으로 기원합니다. 아멘.

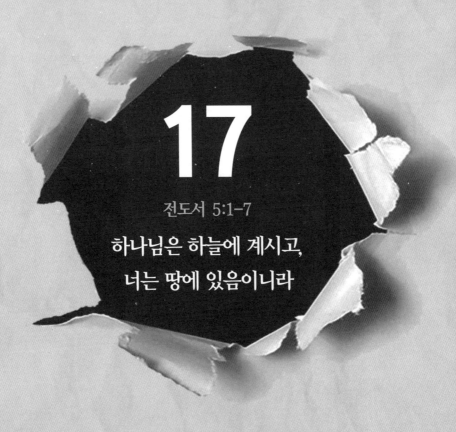

17

전도서 5:1-7

하나님은 하늘에 계시고, 너는 땅에 있음이니라

전 5:1-7

¹너는 하나님의 집에 들어갈 때에 네 발을 삼갈지어다 가까이 하여 말씀을 듣는 것이 우매한 자들이 제물 드리는 것보다 나으니 그들은 악을 행하면서도 깨닫지 못함이니라 ²너는 하나님 앞에서 함부로 입을 열지 말며 급한 마음으로 말을 내지 말라 하나님은 하늘에 계시고 너는 땅에 있음이니라 그런즉 마땅히 말을 적게 할 것이라 ³걱정이 많으면 꿈이 생기고 말이 많으면 우매한 자의 소리가 나타나느니라 ⁴네가 하나님께 서원하였거든 갚기를 더디게 하지 말라 하나님은 우매한 자들을 기뻐하지 아니하시나니 서원한 것을 갚으라 ⁵서원하고 갚지 아니하는 것보다 서원하지 아니하는 것이 더 나으니 ⁶네 입으로 네 육체가 범죄하게 하지 말라 천사 앞에서 내가 서원한 것이 실수라고 말하지 말라 어찌 하나님께서 네 목소리로 말미암아 진노하사 네 손으로 한 것을 멸하시게 하랴 ⁷꿈이 많으면 헛된 일들이 많아지고 말이 많아도 그러하니 오직 너는 하나님을 경외할지니라

지난주일 설교 때 전도서 4장 13절의 "가난하지만 지혜로운 소년"에 대해 상고했습니다. 그 젊은이는 가난했지만 늙고 둔한 왕보다 낫다고 했습니다. 그가 왕이 됐을 때는 사람들이 좋아했습니다. 그의 통치를 기뻐했습니다. 가난했고, 감옥살이했지만 그런 사실이 흠이 되지 않았습니다. 그가 무슨 죄를 지었었는지 알 수 없지만 그래도 좋아했고 많은 지지를 보냈습니다.

하지만 후에 오는 자들은 그 왕을 좋아하지 않았습니다. 그다음 세대들은 자기 부모들이 좋아했던 왕을 좋아하지 않은 것입니다. 좋아하지 않을 뿐만 아니라 비난했습니다. 이전에는 문제가 되지 않았던 사실을 들어 문제 삼기 시작했습니다. 그가 가난했다는 사실과 감옥살이했던 전력을 들춰내며 비난했습니다. 왜 그랬는지 이유는 분명하지 않았습니다. 그가 늙었다는 것 외에는 딱히 이유가 없습니다. 사실 늙었다는 것도 그들이 싫어해야 할 만한 이유가 되지 못합니다. 왜냐하면 나이가 많다는 것은 연륜과 경험이 풍부하다는 것이고, 젊은 사람이 가질 수 없는 지혜를 가진 것이라고 할 수 있기 때문입니다. 더욱이 젊은이들은 노인을 공경해야 합니다. 비록 나이가 많아졌지만 정당한 이유가 없다면 그 왕을 존중해야 합니다. 그런데도 싫어했다는 것은 그들의 마음이 문제였습니다. 조석으로 변하는 마음, 변덕스러운 마음이 문제였습니다.

세상에는 그런 사람이 많습니다. 달면 삼키고 쓰면 뱉어버리는 사람, 잘 지내다가도 이용할 가치가 없으면 내버리는 사람이 많습니다. 자신에게 잘해주면 좋아하고, 진심 어린 조언이나 충고를 하면 듣기 싫다고 내치는 사람도 많습니다. 별일도 아닌 것으로 미워하고 적대적으로 대하는 사람도 많습니다.

그런 일을 당하고 나면 세상이 싫어지고 사람이 싫어질 수 있습니다. 세상을 등지고 살고 싶고, 사람과 담을 쌓고 싶을 수가 있습니다. 그러나 그래선 안 됩니다. 너무 가슴이 아프고 너무 쓰라리겠지만 그렇다고 세상을 등지고 살면 안 됩니다. 그렇게 살면 상처가 더 깊어 집니다. 너무 아프고 너무 고독해집니다. 인생이 망가져 버립니다. 살다 보면 누구나 그런 일을 당할 수 있습니다. 다 피해 갈 수 없습니다. 믿는 도끼에 발등을 찍힐수 있고, 말도 안 되는 일을 당할 수도 있습니다. 그러나 세상이 다 그런줄 알고 살아야 합니다. 인간이 다 그런 존재라는 것을 알고 살아야 합니다. 그래서 성경은 사람을 의지하지 말라는 뜻으로 믿지 말라고 합니다. 그렇습니다. 사람을 의지하지 않아야 합니다. 그런데도 사람을 믿고 살다가 당합니다. 우리가 하나님을 경외하고 사랑한다면 인생이 그렇다는 것을 받아들이고 살아야 합니다.

한 걸음 더 나아가 그런 사람들과도 더불어 사는 법을 배워야 합니다. 그런 사람들에게 당하지 않으면서 잘 사는 법도 배워야 하고, 당하더라도 아픔을 이기고 사는 법을 배워야 합니다. 억울해도 하나님을 바라보고 살아야 합니다. 그렇게 살 줄 아는 것이 믿음입니다. 하나님을 경외하는 것입니다.

가슴이 아프고 억울해도 하나님을 경외하는 믿음으로 살다 보면 살만해집니다. 정말 그렇습니다. 살다 보면 마음이 평안해지고 좋은 일도 생깁니다. 억울한 것이 풀릴 때가 있습니다. 그런 것이 다 하나님의 위로입니다. 하나님의 은혜이고 역사입니다. 우리에게는 하나님의 위로가 있습니다. 역사가 있습니다. 그러므로 그런 세상을 살지만, 하나님을 경외하는 믿음으로 살기를 바랍니다.

지금까지 설교를 듣다 보니 피해자는 누구였습니까? 우리였습니다. 우리는 항상 피해자인 것처럼 생각했을 것입니다. 그러면 우리는 다른 사람에게 해를 끼치지 않고 살까요? 그렇지 않습니다. 우리도 가해자로 살기도 합니다. 누군가에게 아픔을 주기도 하고, 깊은 상처를 주기도 합니다. 우리도 변덕을 부리기도 하고, 오만방자하게 굴 수도 있습니다. 우리도 똑같은 인간입니다. 우리가 그런 인간인데 하나님 앞에서 책임지지 못할 말을 하고, 사람들에게 오만하게 굴듯이 하나님을 섬겨도 될까요? 조석으로 변하는 사람들처럼 변덕스러운 마음으로 하나님을 섬겨도 될까요? 그것은 아닙니다. 하나님을 섬기는 것이 아닙니다.

그래서 본문 1절은 이렇게 말씀합니다.

> 너는 하나님의 집에 들어갈 때에 네 발을 삼갈지어다 가까이하여 말씀을 듣는 것이 우매한 자들이 제물 드리는 것보다 나으니 그들은 악을 행하면서도 깨닫지 못함이니라(5:1)

하나님의 집은 성전을 말합니다. 하나님의 집에 들어간다는 것은 예배로 나아가든지, 기도로 나아가는 것을 말합니다. 하나님께 나아갈 때 발을 조심하라고 했습니다. 성경에서 발을 비유적으로 존경과 겸손의 의미로 사용합니다. 하나님께서 모세를 부르셨을 때 모세에게 "네 발에서 신을 벗으라"고 하셨습니다. 그 경우도 역시 하나님 앞에서 존경심을 품고 겸손할 것을 말씀한 것입니다. 따라서 "네 발을 삼가라"는 것은 하나님께 존경심과 복종과 겸손한 마음이 없이 제사드리는 것을 경고한 것으로 이해해야 합니다. 그럼에도 존경심과 겸손한 마음이 없이 제사한다면, 그것은 우매자의 제사에 지나지 않는다는 것입니다. 그것은 악을 행하면서도 깨닫지 못하고 드리는 제사라는 것입니다.

우리도 하나님을 믿는다고 하면서 그런 잘못을 범할 수 있습니다. 당연히 주일을 지켜야 하고 마땅히 하나님께 예배해야 하므로 예배를 드리지만, 하나님께 존경심이 없이 예배할 수 있습니다. 겸손한 마음이 없이 예배할 수 있습니다. 그뿐 아니라 책임지지도 못 할 말을 하고, 이득을 취할 수만 있다면 하나님도 이용하기 위해서 예배할 수 있습니다. 자신의 처지와 이해관계에 따라 얼마든지 변덕을 부리며 예배할 수 있습니다. 그런 예배는 어리석은 자의 예배요, 악한 자의 예배입니다. 그것은 하나님을 존경하는 것도 아니고, 믿음도 아닙니다. 우리가 하나님께 나아갈 때 발을 조심해야 합니다. 존경심과 겸손한 마음으로 나아가야 합니다.

그렇다면 하나님께 나아갈 때 발을 조심하는 사람은 어떻게 해야 할까요? 어떻게 나아가는 것이 하나님께 존경심과 겸손한 마음으로 나아가는 것일까요?

먼저 말을 함부로 하지 않아야 합니다.

본문 2절이 그렇게 말씀합니다.

너는 하나님 앞에서 함부로 입을 열지 말며 급한 마음으로 말을 내지 말라 하나님은 하늘에 계시고 너는 땅에 있음이니라 그런즉 마땅히 말을 적게 할 것이라(5:2)

함부로 입을 열지 말라는 것은 말을 함부로 하지 말라는 뜻입니다. 급한 마음으로 말을 내지 말라고 한 것은 말을 함부로 하지 말라고 반복한 것입니다. 이것은 강조입니다. 하나님께 존경심이 있는 사람은 말을 함부로 하지 않아야 한다는 것입니다.

함부로 하는 말에는 비난의 말, 비판의 말을 포함합니다. 분노의 말, 저주의 말, 미움의 말을 포함합니다. 자기 눈에 있는 들보는 보지 못하고 남의 눈의 티만 보려는 말도 포함합니다. 자신이 무엇이든지 다 아는 것처럼 말하는 것도 포함합니다. 심지어 하나님께 무엇을 드리겠노라고 서원하는 것도 포함합니다. 서원하는 것도 함부로 하지 말아야 합니다. 하나님이 살아계신 것을 알고 하나님을 경외하는 마음이 있다면 말하는 것을 조심해야 합니다.

말은 마음의 생각을 드러냅니다. 사람이 무슨 말을 하든지 말은 그 사람의 생각을 나타냅니다. 충동적인 말도 그 사람의 생각과 무관하지 않습니다. 생각은 죄와 부패한 마음과 잘 어우러져 있습니다. 그러기에 말이 순할지라도 죄와 악을 드러낼 수 있고 오만함과 부패성을 드러낼 수 있습니다. 게다가 말이 많다면 그 죄와 악이 얼마나 많이 쏟아져 나오겠습니까? 말이 많으면 죄와 악을 많이 쏟아낼 수 있습니다. 사람 앞에서도 그래선 안 되는데 하나님 앞에서 그 많은 말들을 쏟아내면 될까요?

본문 3절을 보면 말이 많은 것의 위험성을 이렇게 말씀합니다.

걱정이 많으면 꿈이 생기고 말이 많으면 우매한 자의 소리가 나타나느니라
(5:3)

또 7절을 보면 이렇게 말씀합니다.

꿈이 많으면 헛된 일들이 많아지고 말이 많아도 그러하니 오직 너는 하나님을 경외할지니라(5:7)

이 두 절의 말씀은 꿈이 많은 것과 말이 많은 것을 비유하고 있습니다. 꿈은 쓸 만한 꿈이 많을까요, 쓸모없는 꿈이 많을까요? 쓸모없는 꿈이 많습니다. 압도적으로 많습니다. 그런 꿈을 뭐라고 하지요? 개꿈이라고 합니

다. 그런 것처럼 말이 많으면 헛된 말이 많다는 것입니다. 쓸모없는 말이 많다는 것입니다. 그런 말을 우매자의 소리라고 했습니다. 이어서 '오직 너는 하나님을 경외할지니라'고 하신 것은 하나님을 경외하는 자는 쓸모없는 말을 많이 하지 않는다는 뜻으로 하신 말씀입니다.

나대기를 좋아하는 사람이나 영웅심리가 있는 사람은 책임지지 못할 말을 하기 쉽습니다. 남을 속이려는 사람도 말을 많이 할 수 있습니다. 어떻게든지 자신을 믿을만한 사람으로 속이기 위해서 말을 많이 합니다. 자신은 옳고 다른 사람은 틀렸다는 생각이 많은 사람도 말을 많이 하기 쉽습니다. 억울한 일을 당했을 때도 말을 많이 하기 쉽고, 화가 날 때도 말을 많이 하기 쉽습니다. 우리가 다 그럴 수 있습니다.

그런 우리에게 이렇게 말씀합니다. 본문 2절을 다시 보십시오.

> 너는 하나님 앞에서 함부로 입을 열지 말며 급한 마음으로 말을 내지 말라 하나님은 하늘에 계시고 너는 땅에 있음이니라 그런즉 마땅히 말을 적게 할 것이라(5:2)

말을 함부로 하지 말라고 하면서 '하나님은 하늘에 계시고, 우리는 땅에 있다'고 했습니다. 이것은 너무나 지당한 말씀입니다. 지극히 당연해서 누구나 잘 아는 평범한 진리입니다. 그럼에도 이 말씀을 하신 이유는 무엇일까요? 인간의 교만을 지적한 것입니다. 마치 이렇게 말씀하는 것과 같습니다.

> '네가 세상의 모든 일을 다 아는 것처럼 말하는데 그렇다고 네가 하나님이냐? 너는 인간이다. 인간은 모든 것을 다 알 수 없다.'

또 이렇게 말씀하는 것과 같습니다.

'네가 다 옳은 것처럼 말하는데 그래 맞다. 너는 옳다. 그렇다고 네가 하나님인 줄 아느냐? 너는 하나님이 아니다. 그러므로 말을 적게 하라. 하나님을 하나님으로 존중하고, 하나님을 경외한다면 말을 적게 하라.'

본문 5절과 6절을 보면 서원에 대해서 말씀합니다. 맹세와 서원은 약속입니다. 맹세는 사람과 사람 사이의 약속으로 하나님의 이름으로 해야 합니다. 서원은 맹세와 달리 인간이 하나님께 드리는 약속입니다. 그러므로 반드시 지켜야 합니다. 그럼에도 하나님께 약속했지만 지키기에 어려운 경우가 있습니다. 서원할 때는 몰랐는데 지키려고 보니까 경제적으로 부담이 된다든지, 아까운 생각이 들 수 있습니다. 시간이나 신체적으로 힘들수도 있습니다. 그렇다고 실수였노라고 말해선 안 됩니다. 그래서 못 지킨다고 말해선 안 됩니다. 서원하고 지키지 않는 것은 죄입니다. 하나님께 직접적으로 죄를 범한 것입니다. 그런 자들에게는 하나님의 징계가 있을 것입니다.

그래서 본문 5절을 보면 이렇게 말합니다.

서원하고 갚지 아니하는 것보다 서원하지 아니하는 것이 더 나으니(5:5)

모든 말을 함부로 해선 안 되지만, 서원도 함부로 해선 안 됩니다. 우리가 우리 하나님께 존경심이 있고 겸손이 있다면 말의 절제를 배우기 바랍니다. 쓸모없는 말, 우매자의 소리가 나오지 않도록 절제를 배우기 바랍니다.

하나님께 나아갈 때 발을 조심하는 사람은 먼저 말을 함부로 해선 안 된다고 했습니다. 또 어떻게 해야 할까요? 두 번째로 말씀 듣기를 좋아하라고 했습니다.

본문 1절을 다시 봉독하겠습니다.

> 너는 하나님의 집에 들어갈 때에 네 발을 삼갈지어다 가까이하여 말씀을 듣는 것이 우매한 자들이 제물 드리는 것보다 나으니 그들은 악을 행하면서도 깨닫지 못함이니라(5:1)

하나님께 드리는 제사가 얼마나 신성합니까? 아무리 신성한 제사를 드릴지라도 자신의 말이 얼마나 악한 말인지 깨닫지 못한다면 제사로서 의미가 없습니다. 그런 예배는 예배가 될 수 없습니다. 그러면서 예배를 드리기보다는 하나님께 가까이 나아가 말씀을 들으라고 했습니다. 말을 많이 하는 것보다 하나님 말씀을 듣는 것이 더 낫다는 것입니다.

일반적으로 사람들은 말은 잘하는데 듣기를 잘 못 합니다. 하나님께서는 말하는 재능도 주셨고 듣는 재능도 주셨는데 말하는 재능만 발달했습니다. 뇌도 말하는 뇌만 발달하고 듣는 뇌가 거의 발달하지 못했다고 합니다. 이것은 인격적으로 건강하게 성장하지 못했다는 뜻입니다.

듣는다는 것은 다른 사람의 의견을 존중하는 것이고 경청하는 것입니다. 또 자신을 위해서 지식을 쌓는 것입니다. 분별력도 들음을 통해서 생깁니다. 올바른 말을 하려면 먼저 잘 들어야 합니다. 그런데 듣기를 좋아하지 않습니다. 거기에서 올바른 말이 나올까요? 그것은 신앙에서도 마찬가지입니다. 신앙이 있다면 말하기보다는 듣기를 더 잘해야 합니다. 믿음도 들음에서 나옵니다. 하나님의 말씀을 들을 때 믿음이 생깁니다. 우리에게 하나님께 존경심과 순종과 겸손한 마음이 있다면 말씀 듣는 것을 좋아해야 합니다. 그래야 신앙적인 분별력이 생깁니다. 말을 해도 믿음의 말을 할 수 있습니다. 하나님께서는 그런 사람을 받으시고 역사하십니다.

우리가 하나님의 성전에 나아갈 때 발을 조심하기를 바랍니다. 하나님께 존경심과 겸손한 마음이 있다면 말하기를 조심하고, 절제를 배우기를 바랍니다. 더 나아가 말씀 듣는 것을 좋아하기를 바랍니다. 그리하여 진심으로 하나님을 존경하고 사랑하는 성도가 되기를 주의 이름으로 기원합니다. 아멘.

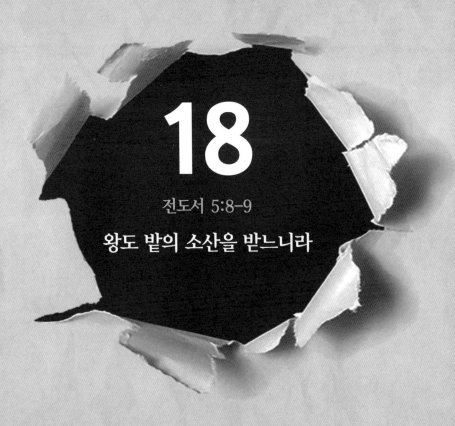

18

전도서 5:8-9

왕도 밭의 소산을 받느니라

전 5:8-9

[8]너는 어느 지방에서든지 빈민을 학대하는 것과 정의와 공의를 짓밟는 것을 볼지라도 그것을 이상히 여기지 말라 높은 자는 더 높은 자가 감찰하고 또 그들보다 더 높은 자들도 있음이니라 [9]땅의 소산물은 모든 사람을 위하여 있나니 왕도 밭의 소산을 받느니라

지난 몇 주일 동안 전도서를 설교하면서 학대에 대해 상고했습니다. 같은 해 아래에서 함께 살아가는 인간이 인간을 학대하는 일이 있습니다. 남보다 권력이 조금 더 있고 돈이 조금 더 있다고 그렇지 않은 사람을 학대하는 일이 있습니다. 세상에는 그런 일이 있습니다. 학대를 당하는 사람은 참 허망할 것입니다. 가난하지만 열심히 산 것이 허망하고, 남보다 많이 배우지 못했지만 정직하게 산 것이 허망할 것입니다.

또 사람이 살면서 무슨 일을 하든지 질투심으로 할 수 있다고 했습니다. 이 질투는 단순히 질투만 아니라, 잘못된 경쟁심도 포함합니다. 자신은 항상 다른 사람보다 더 잘 살아야 하고, 더 잘 돼야 하고, 더 출세해야 한다는 경쟁심도 오만에서 나옵니다.

하나님께서 세상을 지으실 때 모든 인생으로 더불어 살게 하셨습니다. 세상과 담쌓지 말고 어울려 살게 하셨고 다른 사람을 존중하므로 어울려 살게 하셨습니다. 그런데도 다른 사람의 약함이나 가난을 이해하지 않고 배려할 줄 모르는 사람이 있습니다.

지난 주일에는 말을 함부로 하는 것에 대해 상고했습니다. 세상에는 말을 함부로 하는 사람이 많습니다. 사람에게만 아니라 하나님 앞에서도 함부로 말하는 사람도 있습니다. 그것도 오만입니다.

전도서 5장 2절을 보면 전도자는 인간의 그런 오만함을 경계하여 이렇게 말씀합니다.

너는 하나님 앞에서 함부로 입을 열지 말며 급한 마음으로 말을 내지 말라 하나님은 하늘에 계시고 너는 땅에 있음이니라 그런즉 마땅히 말을 적게 할 것이라(5:2)

인간은 자신이 모든 것을 아는 것처럼 말하기도 하고, 다 옳은 것처럼 말하기도 합니다. 그렇다고 인간은 하나님이 아닙니다. 인간은 인간일 뿐입니다. 모든 것을 알 수 없고 다 옳을 수 없습니다. 그러므로 하나님 앞에서 말을 적게 해야 합니다.

전도서 5장 7절에서는 그런 사실을 한마디로 요약해서 이렇게 말씀합니다.

> 꿈이 많으면 헛된 일들이 많아지고 말이 많아도 그러하니 오직 너는 하나님을 경외할지니라(5:7)

꿈이 많으면 개꿈이 많은 것처럼 말이 많으면 쓸데없는 말이 많다는 것입니다. 그런데도 그렇게 말하는 것은 하나님을 경외하는 것이 아닙니다. 만일 하나님을 경외한다면 말을 적게 해야 합니다. 말을 함부로 하지 말아야 합니다. 하나님을 경외하는 사람은 그래야 합니다. 그렇게 하는 것이 하나님을 경외하는 믿음으로 사는 것입니다.

우리가 하나님 무서운 줄 안다면 어떻게 살아야 할까요? 겸손해야 합니다. 많은 것을 이루었어도 겸손해야 하고, 많은 것을 알고 많은 것을 가졌다 해도 겸손해야 합니다. 그보다 근본적으로 인간은 모든 것을 알 수 없고 다 옳을 수 없다는 것을 알고 겸손해야 합니다.

종종 노력만 하면 무엇이든지 이룰 수 있는 것처럼 말하는 분들이 있습니다. 그것도 오만한 마음입니다. 인간이 아무리 노력하고 애를 쓰고 살아도 하나님의 은혜가 있어야 뜻을 이룰 수 있습니다. 그러므로 노력하고 살아야 하지만, 하나님의 은혜를 구하고 살아야 합니다. 그렇게 사는 것이 겸손이요, 하나님을 경외하는 것입니다. 우리에게 하나님을 경외하는 마음이 있고 사랑하는 마음이 있다면 겸손하기를 바랍니다. 겸손한 마음으로 하나님을 섬기고 교회와 이웃을 섬기기를 바랍니다.

그런데 겸손했던 사람도 오만해지는 경우가 있습니다. 그 사람이 오만해지는 이유는 무엇 때문일까요? 다른 사람을 압도할 만큼 내세울 것이 없어도 오만해질까요? 그렇지 않습니다. 인간은 다른 사람보다 무엇을 더 가졌다든지, 더 안다든지 하는 경우에 오만해지기 쉽습니다. 그 대표적인 예가 아마 권력과 재물일 것입니다. 학벌이나 가문이나 재주도 인간을 오만하게 합니다만 보다 대표적인 것은 권력과 재물일 것입니다. 본문이 이 두 가지를 지적하여 말씀합니다.

먼저 본문 8절을 보면 이렇게 말씀합니다.

너는 어느 지방에서든지 빈민을 학대는 하는 것과 정의와 공의를 짓밟는 것을 볼지라도 그것을 이상히 여기지 말라 높은 자는 더 높은 자가 감찰하고 그들보다 더 높은 자들도 있음이니라(5:8)

인간이 사는 곳이라면 어디서나 권력이 있는 자가 가난한 자를 학대하는 일이 있다는 것입니다. 그것을 가리켜서 공의를 짓밟는 것이라고 했습니다. 빈민을 학대하는 것은 하나님의 공의를 짓밟는 것이라는 뜻입니다.

권력을 가진 자가 가난한 자를 무시하고 경멸하고 학대하는 일이 어디에서나 어렵지 않게 볼 수 있습니다. 그런 일을 볼지라도 이상히 여기지 말라고 한 것은 그런 일이 정당하다는 뜻이 아닙니다. 그것은 부당한 일이고 죄입니다. 하나님의 공의를 짓밟는 것입니다. 그럼에도 이상히 여기지 말라는 것은 충격을 받지 말라는 뜻도 있지만, 그보다는 세상에는 그런 일이 있다는 사실을 진술한 것입니다. 그런 짓을 해선 안 되는데 인간은 그런 짓을 하고 산다는 것입니다.

우리나라에서도 가진 자들의 갑질이 굉장히 심한 것을 볼 수 있습니다. 물론 다 그런 것은 아니지만 아파트 주민과 경비원이 무슨 주종관계라도 되듯이 갑질하는 사람들이 있습니다. 경비원을 하대하고, 이 더운 날 전기요금 아깝다고 에어컨도 못 켜게 하는 사람이 있습니다. 경제, 사회, 정치 모든 분야에서 가진 자들의 횡포를 볼 수 있습니다. 저는 우리나라에 유난히 성추행, 성폭행이 많은 것도 그런 이유라고 생각합니다.

몇 해 전(2017년)에 사우디아라비아의 한 왕자가 자기 나라 어떤 남성을 발로 차 쓰러뜨리고 얼굴에 마구 주먹질을 해서 공분을 산 일이 있습니다. 왕자가 그것을 동영상으로 찍어 올렸고, 사우디만이 아니라 온 세계에 뉴스거리가 됐습니다. 우리 방송에서도 여러 차례 방영했습니다. 결국 그 왕자는 국왕의 명령으로 구속됐습니다. 그런 나라가 사회적으로 안정되고, 살기 좋은 나라가 될까요? 그런 식으로 살면 사회적인 저항을 받게 돼 있습니다. 사회가 불안해지고 살기 힘든 나라가 됩니다. 그럼에도 인간은 세상 어디에서나 그런 짓을 하고 삽니다.

그와 같은 짓은 공의를 짓밟는 것이라고 했습니다. 공의는 하나님의 의를 말합니다. 율법의 정신이고 사랑입니다. 또 공의는 이 세상을 통치하시는 하나님의 뜻입니다. 공의를 짓밟는 것은 하나님의 통치를 거부하는 것이고, 하나님의 뜻을 거역하는 것입니다. 그러면 어떻게 해야 할까요? 권력이 있고 재물이 있는 자는 어떻게 하라는 것일까요?

이 문제를 생각할 때 항상 염두에 둘 것은 소명 의식입니다. 소명 의식은 권력이나 재물은 하나님께서 주셨다는 의식입니다. 하나님께서는 하나님의 뜻을 이루고 하나님의 사랑을 시행하라고 어떤 이에게는 권력을 주시고, 어떤 이에게는 재물을 주십니다. 성경은 그런 사람을 청지기라고 합니다. 그런 사람들은 자신이 하나님의 청지기라는 의식이 있어야 합니다. 따라서 권력과 재물이 있다면 그것을 자신을 위해서 사용해선 안 됩니다. 권력과 재물을 통해 많은 편리와 풍요와 안정을 다른 사람보다 더 누리겠지만, 자신만을 위해서 사용해서는 안 됩니다.

우리는 자본주의 세상에서 사유재산을 인정하고 살지만 그렇다고 해도 재물은 자신만의 것이 아닙니다. 권력과 재물은 하나님께서 맡겨주셨습니다. 하나님의 공의를 시행하라고 위임해 주셨습니다. 그것을 가진 자는 하나님의 대리인으로서 약한 자들과 가난한 자들을 돕고 보호해야 합니다. 그렇게 사는 것이 겸손이요, 하나님을 경외하는 것입니다. 하나님께서 우리에게 주신 일정한 권위를 따라 하나님의 공의를 시행해야 합니다. 따라서 우리는 그리스도인으로서 약한 자와 가난한 자를 돌보고, 그들을 지켜주는 청지기가 되어야 합니다.

제가 청지기에 관한 설교를 할 때 자주 인용하는 본문은 부자와 나사로의 비유입니다. 부자와 나사로의 이야기는 어떻게 구원을 받았느냐에 초점이 있지 않습니다. 나사로는 가난해서 예수님을 잘 믿었고, 그래서 구원을 받았다는 이야기가 아닙니다. 이 비유는 옳지 못한 청지기에 대한 교훈입니다. 그 부자는 늘 잔치를 벌이고 탐욕을 채우며 살았습니다. 그러면서도 자기 집 문 앞에서 빌어먹는 거지 하나 돌보지 않았습니다. 그는 하나님께서 주신 재물로 자기만 위해서 살았습니다. 그런 자는 하나님의 공의를 짓밟은 것이고, 그에 따라 하나님의 심판을 받았다는 것입니다. 이것이 이 비유의 교훈입니다.

그렇습니다. 하나님께서 권력과 재물을 주셨는데, 그것을 자신의 탐욕만을 위해 사용하는 사람이 있습니다. 약한 자들과 가난한 자들을 학대하면서 하나님의 공의를 짓밟고 사는 사람이 있습니다. 하나님을 공경할 줄도 모르고 자기중심적으로, 이기적으로, 세속적으로 사는 사람이 있습니다. 그러면서 잘 되기를 바라면 될까요? 그러면서 하나님의 심판을 피할 수 있기를 바라면 될까요? 그래선 안 됩니다. 그런 자는 하나님의 심판이 있을 것을 알아야 합니다. 하나님께서는 그에게 위임하셨던 것도 거둬들이실 것입니다.

본문 8절을 다시 보십시오. 하반절에 그런 자에 대한 심판을 말씀합니다.

> **높은 자는 더 높은 자가 감찰하고 또 그들보다 더 높은 자들도 있음이니라 (5:8)**

높은 자보다 더 높은 자가 감찰하고 그들보다 더 높은 자들이 있다는 것은 모든 권력을 한 사람에게 다 주지 않으셨다는 뜻입니다. 자신에게 많은 권력이 있다고 오만하지 말 것은 더 높은 권력자가 자신을 감찰하고 있기 때문입니다. 궁극적으로는 그 권력을 쥐고 있는 분은 누굴까요? 하나님이십니다. 권력을 남용하고 오용하는 자들에게는 하나님의 심판이 있습니다. 하나님이 주신 재물을 자신의 탐욕을 위해서만 사용한다면, 가난한 이웃을 돕고 사랑하지 않는다면, 하나님께서 심판하실 것입니다. 우리가 하나님을 경외한다면 그런 사실을 믿어야 합니다. 믿고 두려워해야 합니다.

여러분은 부자가 되기를 원하십니까? 그러실 것입니다. 다들 부자가 되기를 원하실 것입니다. 부자가 되시더라도 나사로의 아픔을 외면했던 그런 부자가 되지 말아야 합니다. 하나님의 공의를 시행할 줄 모르고 자신의 욕심만 채우는 부자가 되지 말아야 합니다. 그런 사람은 부자가 돼도 허망할 뿐입니다. 하나님의 심판을 당할 것이기 때문입니다.

우리가 부자가 되더라도 착한 부자가 되기를 바랍니다. 하나님의 공의를 시행하는 부자, 가난한 자들에게 하나님의 보호와 사랑을 대행하는 부자가 되기를 바랍니다. 사람들은 그런 부자를 존경합니다. 하나님께서도 그런 부자를 기뻐하시고 축복하십니다.

본문 9절은 재물과 관련하여 말씀합니다.

땅의 소산물은 모든 사람을 위하여 있나니 왕도 밭의 소산을 받느니라(5:9)

이 말씀에서 땅의 소산물과 밭의 소산은 동격으로 반복하고 있습니다. 이것은 농산물만이 아니라 누구나 얻기를 원하는 좋은 것들을 말합니다. 이 세상에서 얻을 수 있는 모든 좋은 것들을 말합니다. 그것을 재물이라고 해도 좋습니다. 그 좋은 것들은 하나님께서 주셨습니다. 어느 특정한 사람에게만 주신 것이 아니라 모든 사람을 위해 주셨습니다. 심지어 왕도 하나님께서 나눠주신 음식을 먹고 산다고 했습니다. 왕이라고 하늘에서 떨어진 음식을 먹고 사는 것이 아니라 가난한 자와 마찬가지로 땅에서 나는 음식을 먹고 산다는 것입니다. 결과적으로 어떻다는 것일까요? 사람은 다 똑같다는 것입니다. 왕이나 가난한 백성이나 다 똑같다는 것입니다. 하나님 앞에서 모든 사람은 평등하다는 것입니다.

그럼에도 사람들은 남보다 권력을 조금 더 가지고 돈을 조금 더 가지면 그것이 전부 자기 것인 줄로 생각합니다. 자기가 절대적인 존재나 되는 것처럼 행세합니다. 하나님께서 축복하셨다고 생각하지 않습니다. 왜 그럴까요? 죄와 허망한 욕망에 눈이 멀어서 그렇습니다. 눈을 뜨고 있지만,

신앙적으로는 눈을 감고 삽니다. 그래서 하나님께서 세우신 선한 질서를 무시하고 하나님의 공의를 짓밟고 삽니다.

우리도 그럴 수 있습니다. 권력가를 비난하고 부자를 미워하면서도 막상 권력을 쥐고 부자가 되면 그런 사람으로 돌변할 수 있습니다. 우리도 부자가 되면 다른 사람을 무시할 수 있고, 힘 좀 있다고 다른 사람을 학대할 수 있습니다. 그래서 우리에게 필요한 것이 있습니다. 그러지 말라고 하나님께서 성도들에게 주시는 은혜입니다. 그것은 무엇일까요? 육체의 가시입니다. 권력을 가졌지만 오만하지 못하게 하는 가시, 부자이지만 가난한 자를 학대하지 못하게 하는 가시입니다.

어떤 사람에게는 육체의 질병이 가시일 수 있습니다. 어떤 사람은 가족이 가시일 수 있습니다. 어떤 사람을 실패가 가시일 수 있고, 어떤 사람은 일이 잘 안 되는 것이 가시일 수 있습니다. 우리에게는 그런 가시가 꼭 필요합니다. 그 가시는 성도들로 오만하지 않게 합니다. 겸손하게 합니다. 하나님의 능력을 누리게 하고 축복을 누리게 합니다. 그런 점에서 가시는 하나님의 은혜입니다. 더 큰 복을 누리게 하는 은혜입니다.

바울 사도에게도 가시가 있었습니다. 그의 가시는 질병이었습니다. 정확하게 무슨 질병이었는지 알려지지 않았지만, 복음을 듣는 입장이나 교회의 입장에서 자칫 조롱거리가 될 수 있는 것이었습니다. 바울 자신도 그 질병으로 고통을 당했지만, 복음 전파에 방해될 수 있다는 생각에 고쳐 주시라고 기도했습니다. 세 번이나 기도했습니다. 그러나 하나님께서는 그 기도를 들어주지 않으셨습니다. 하나님께서 주신 은혜가 너무 커서 교만해질 수 있는 바울에게 교만해지지 않도록 가시를 가지고 살라고 하셨습니다.

고린도후서 12장 9절을 보면 바울에게 이렇게 말씀하셨습니다.

나에게 이르시기를 내 은혜가 네게 족하도다 이는 내 능력이 약한 데서 온 전하여 짐이라 하신지라(고후 12:9)

교만하면 하나님께서 역사하지 않으신다는 것입니다. 하나님의 능력이 나타나지 않는다는 것입니다. 그러므로 질병으로 고통을 당하고 조롱을 당하더라도 그냥 가지고 살라고 하셨습니다. 그 질병을 생각하면서 겸손하게 살라고 하셨습니다. 그리하면 하나님께서 역사하신다는 것입니다. 하나님의 능력이 나타난다는 것입니다.

우리가 겸손하기를 바랍니다. 하나님께서 주신 권력과 재물을 가지고 살면서 하나님의 공의를 나타내기를 바랍니다. 그런 것들이 우리를 교만하게 만들 수 있고 하나님 중심으로 살지 못하게 만들 수 있기에 은혜로 주신 가시를 생각하며 겸손하기를 바랍니다. 그리하여 하나님의 공의를 드러내는 성도가 되기를 바랍니다. 아멘.

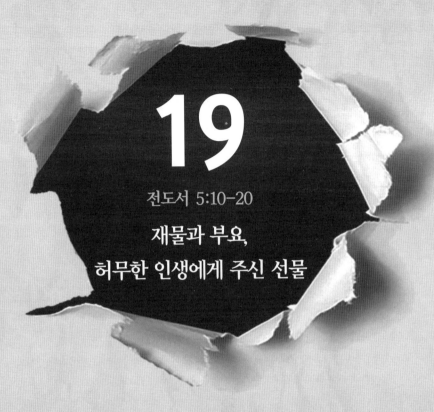

19

전도서 5:10-20

재물과 부요,
허무한 인생에게 주신 선물

전 5:10-20

¹⁰은을 사랑하는 자는 은으로 만족하지 못하고 풍요를 사랑하는 자는 소득으로 만족하지 아니하나니 이것도 헛되도다 ¹¹재산이 많아지면 먹는 자들도 많아지나니 그 소유주들은 눈으로 보는 것 외에 무엇이 유익하랴 ¹²노동자는 먹는 것이 많든지 적든지 잠을 달게 자거니와 부자는 그 부요함 때문에 자지 못하느니라 ¹³내가 해 아래에서 큰 폐단 되는 일이 있는 것을 보았나니 곧 소유주가 재물을 자기에게 해가 되도록 소유하는 것이라 ¹⁴그 재물이 재난을 당할 때 없어지나니 비록 아들은 낳았으나 그 손에 아무것도 없느니라 ¹⁵그가 모태에서 벌거벗고 나왔은즉 그가 나온 대로 돌아가고 수고하여 얻은 것을 아무것도 자기 손에 가지고 가지 못하리니 ¹⁶이것도 큰 불행이라 어떻게 왔든지 그대로 가리니 바람을 잡는 수고가 그에게 무엇이 유익하랴 ¹⁷일평생을 어두운 데에서 먹으며 많은 근심과 질병과 분노가 그에게 있느니라 ¹⁸사람이 하나님께서 그에게 주신 바 그 일평생에 먹고 마시며 해 아래에서 하는 모든 수고 중에서 낙을 보는 것이 선하고 아름다움을 내가 보았나니 그것이 그의 몫이로다 ¹⁹또한 어떤 사람에게든지 하나님이 재물과 부요를 그에게 주사 능히 누리게 하시며 제 몫을 받아 수고함으로 즐거워하게 하신 것은 하나님의 선물이라 ²⁰그는 자기의 생명의 날을 깊이 생각하지 아니하리니 이는 하나님이 그의 마음에 기뻐하는 것으로 응답하심이니라

하나님께서 인간을 창조하실 때 하나님의 형상을 따라 창조하셨습니다. 인간에게 하나님의 형상을 주신 것입니다. 그 형상이란 무엇일까요? 그것은 거룩과 의와 진실입니다. 하나님께서 거룩하시고 의로우시고 진실하신 것처럼 인간도 거룩하고 의롭고 진실하게 창조하셨습니다. 그러나 죄로 타락하면서 그런 성품들이 전적으로 부패해버렸습니다. 인간에게서는 더는 하나님의 형상을 찾아볼 수 없게 됐습니다.

겸손한 성품도 하나님의 형상 중에 포함된 것입니다. 그것도 의로운 성품이거든요. 그러나 죄로 타락하면서 겸손한 성품 대신 오만이 자리 잡았습니다. 물론 사람 중에는 겸손한 사람이 있습니다. 누구에게나 겸손하게 대하는 사람이 있습니다. 그러나 온도와 습도가 맞으면 곰팡이가 생기는 것처럼 기회가 주어지고 환경이 조성되면 오만이 피어납니다. 내재했던 오만이 피어오릅니다. 그 오만을 피어나게 하는 기회와 환경 중 대표적인 것이 권력과 재물입니다.

사람은 권력이 생기면 오만해질 수 있고 재물이 많아도 오만해질 수 있습니다. 그래서 인간이 사는 곳이라면 어디에나 가난하고 힘없는 자를 학대하는 일이 있습니다. 권력이 생기고 부가 생겼다면 그것은 하나님께서 그 사람에게 위임해 주신 것입니다. 하나님의 의를 시행하라고 맡겨주신 것입니다. 그럼에도 하나님께서 주신 것으로 하나님의 의를 짓밟고 가난한 자들을 학대하는 일이 있습니다.

전도서 5장 8절을 보면 그런 자들에 대해 이렇게 경고합니다.

높은 자는 더 높은 자가 감찰하고 또 그들보다 더 높은 자들도 있음이니라
(전 5:8b)

이 말씀은 하나님께서 인간에게 절대권력이나 절대부를 부여하지 않으셨다는 사실을 전제합니다. 어떤 권력자나 부자라도 자기보다 더 높은 자의 감독을 받게 하셨다는 뜻입니다. 그렇다면 최종적으로는 누구의 감독을 받을까요? 하나님이십니다. 하나님의 감독을 받으며, 그들의 행실에 따라 심판을 받습니다. 그러므로 하나님께서 권력을 주시고 재물을 주신 것을 안다면 겸손해야 합니다. 겸손한 마음으로 하나님의 의를 시행하고 사람들을 섬겨야 합니다. 우리가 하나님을 경외하는 성도라면 하나님께서 일정한 권력을 주시고 부를 주실 때 겸손해야 합니다. 그것으로 하나님의 의를 시행하고 교회와 이웃을 섬기는 청지기가 돼야 합니다. 그렇게 사는 것이 하나님의 영광을 위해 사는 것이요, 믿음으로 사는 것입니다.

오늘의 본문은 재물에 대한 교훈입니다. 사람들이 돈을 좋아하지만, 돈이라는 것이 항상 복으로 작용하지 않는다는 것을 교훈합니다. 오히려 재물이나 부요가 주는 폐허에 대해 가르치고 돈을 너무 좋아하지 말 것을 교훈합니다. 그러므로 우리도 돈을 너무 좋아하지 말아야 합니다. 부자가 되는 것도 너무 좋아하지 말아야 합니다. 이런 설교를 하면 '아멘' 소리가 작아집니다. 그만큼 부자가 되고 싶은 것이요. 돈 때문에 망하는 일이 있어도 부자가 되고 싶은 것이요. 제가 이렇게 권면했다고 해서 재물과 부요가 중요하지 않다는 것은 아닙니다. 성경은 부의 중요성을 가르치고, 재물을 주신 분은 하나님이시라고 가르칩니다.

잠언 14장 20절에는 부의 중요성을 이렇게 말씀합니다.

가난한 자는 이웃에게도 미움을 받게 되나 부요한 자는 친구가 많으니라(잠 14:20)

잠언 19장 7절도 부의 중요성을 교훈합니다.

> 가난한 자는 그의 형제들에게도 미움을 받거든 하물며 친구야 그를 멀리하
> 지 아니하겠느냐 따라가며 말하려 할지라도 그들이 없어졌으리라(잠 19:7)

가난하면 이웃에게도 미움을 받고 심지어 부모의 피를 물려받은 형제들에게도 미움을 받을 수 있다고 했습니다. 그럴까요? 그렇습니다. 정말 그렇습니다. 가난하면 형제들에게도 무시당할 수 있고 미움을 받을 수 있습니다. 그런 점을 보면 부가 중요합니다. 이처럼 성경은 재물이나 부 자체를 부정적으로 가르치지 않습니다. 오히려 중요성을 가르치면서 이와 더불어 부의 폐허성와 위험성을 가르치고 있습니다.

그러면 부에는 어떤 폐허성과 위험성이 있을까요? 사실 부의 위험성은 우리가 경험적으로 다 아는 바입니다. 오늘 본문은 그런 사실을 진술하고 있습니다.

첫째로 부가 행복을 주지 않는다고 합니다.

본문 10절을 보십시오.

> 은을 사랑하는 자는 은으로 만족하지 못하고 풍요를 사랑하는 자는 소득으
> 로 만족하지 아니하나니 이것도 헛되도다(5:10)

은과 풍요는 재물과 부자가 되는 것을 말합니다. 풍요를 사랑한다는 말에는 대식가의 식탐이라는 뜻이 있습니다. 단순히 돈을 좋아하는 것을 넘어

서 많은 돈을 집어삼키려는 욕심을 말합니다. 다시 말하면 인간은 많은 돈을 벌어도 만족할 줄 모르고 부자가 돼도 그것으로 만족하게 여기지 않는다는 것입니다. 이렇게 족한 줄 모르고 돈 욕심을 부리고 사는 것을 헛된 짓이라고 했습니다. 그렇습니다. 사람은 돈이 많아도 만족할 줄 모르고, 부자가 되어도 만족하게 여기지 않습니다. 그래서 허무합니다.

둘째로 돈을 많이 번다고 해도 그만큼 소비가 많다고 합니다.
본문 11절을 보겠습니다.

재산이 많아지면 먹는 자들도 많아지나니 그 소유주들은 눈으로 보는 외에 무엇이 유익하랴(5:11)

재산이 많아지면 식솔들도 많아집니다. 이 말은 제가 어렸을 때 어른들께 들었던 말씀이기도 합니다. 성경도 그렇다고 말씀합니다. 전도서도 그렇게 말씀하고 세상도 그렇게 말한다는 것은 그게 세상의 이치라는 뜻입니다. 그렇습니다. 세상에는 그런 일이 있습니다.

먹는 자가 더한다는 말은 식솔이 많아진다는 뜻이지만, 소비가 많아진다는 뜻도 됩니다. 현대인의 경우는 그런 경우가 더 많습니다. 식솔보다는 소비가 많아집니다. 그런데 정작 죽을 고생을 하면서 돈을 번 당사자는 쓰지 못하고 다른 사람들이 쓴다고 했습니다. 아내나 자식이나 누가 됐든 다른 사람들이 실컷 쓰는데, 정작 자신은 그것을 구경만 하고 산다고 했습니다. 그렇지 않습니까? 그렇습니다. 죽도록 고생한 아버지는 아까워서라도 쓰지 못하는데, 자식이나 다른 사람들은 잘 쓰고 삽니다. 그런 사실을 가리켜서 "그 소유주들은 눈으로 보는 것 외에 무엇이 유익하랴"고 했습니다.

그런 모습은 우리 어른들에게서 어렵지 않게 엿볼 수 있습니다. 온 나라가 가난하던 시절에 우리 어른들은 먹을 것 안 먹고 쓸 것 안 쓰고 사셨습니다. 그러면서도 자식들을 공부시키며 집 장만하고 사셨습니다. 아예 안 쓰고 사는 것이 몸에 뱄다고 하는 말이 옳을 것입니다. 우리 기성세대는 그렇게 사셨습니다. 애써 돈을 번 부모는 제대로 만져보지도 못하고 구경만 한 셈입니다. 그렇게 살 것 같으면 돈을 많이 벌어도 구경하는 것 외에 남는 것이 무엇일까요? 없습니다. 그것은 허망한 일입니다. 인생에게는 그런 일이 다반사입니다. 전도서는 그것을 독한 병에 걸린 것이라고 말씀합니다.

셋째로 돈 욕심이 많으면 단잠을 자지 못한다고 했습니다.
본문 12절을 보겠습니다.

노동자는 먹는 것이 많든지 적든지 잠을 달게 자거니와 부자는 그 부요함 때문에 자지 못하느니라(5:12)

노동자는 많이 먹든지 적게 먹든지 단잠을 잡니다. 피곤해서도 잘 자고 마음이 평안해서도 잘 잡니다. 그러나 부자는 단잠을 자지 못합니다. 왜 그럴까요? 무슨 생각 때문에 단잠을 못 잘까요? 돈 생각입니다. 어떻게 하면 더 큰 돈을 벌 수 있을까, 주식이 얼마나 오르려나, 그게 폭락하면 어쩌지? 이런저런 생각에 잠을 이루지 못할 수 있습니다.

잠을 잘 자지 못하는 것은 재앙입니다. 화를 당한 것입니다. 젊은 사람들은 하루 이틀 밤을 지새워도 큰 문제가 없습니다만 나이 들어보십시오. 밤잠을 자지 못하는 것이 얼마나 고통스러운 것인지 알게 될 것입니다. 단잠을 이루지 못하면 육체적으로나 정신적으로 건강을 크게 해칩니다. 그것은 화를 당한 것이지요. 그렇습니다. 돈 욕심이 많으면 여러 가지 방식으로 화를 당할 수 있습니다. 그런 사실은 재물의 위험성을 교훈합니다. 재물은 중요하지만, 화를 당할 위험도 따릅니다.

넷째로 돈 욕심이 많으면 해가 될 수 있다고 했습니다.
본문 13절에 그런 사실을 이렇게 말씀합니다.

내가 해 아래에서 큰 폐단 되는 일이 있는 것을 보았나니 곧 소유주가 재물을 자기에게 해가 되도록 소유하는 것이라(5:13)

"폐단"이라는 말은 '나쁜', '악'이라는 뜻입니다. 재물을 해가 되도록 소유한다고 한 말씀의 "해"라는 말도 '나쁜', '악'이라는 뜻입니다. "폐단"과 "해"라고 각기 달리 번역했지만 같은 단어입니다. 인간이 하는 일 중에 큰 악이 있는데 그것은 돈을 자기에게 악한 것이 되도록 소유하는 것입니다. 재물이 복이 되고 유익이 되어야 하는데, 유익이 되지 못하고 악이 된다는 것입니다. 그런 일이 있을까요? 있습니다. 많이 있습니다. 돈 때문에 이혼하는 부부도 많고 돈 때문에 부모와 자식 간에 원수가 된 사람도 많습니다. 부모가 남겨준 유산이 형제간에 유익이 되기보다는 분란을 일으키는 경우도 많습니다. 차라리 돈이 없었더라면 화목하고 우애 있게 잘 살았을 텐데 돈 때문에 망한 사람들입니다. 그런 것은 모두 돈 때문에 일어난 악입니다. 세상에는 그런 일이 많습니다.

그 외에도 돈 때문에 재난을 당하는 경우도 있습니다. 얼마나 혹독하게 당하던지 힘들게 낳은 아들 하나 키울 수 없을 만큼 망하는 경우도 있습니다. 그래서 자식을 제대로 키우지도 못하고 내다 버리는 사람도 있고 심지어 죽이는 사람도 있습니다. 요즈음 경제적인 이유로 자식을 죽이고 자기도 목숨을 끊는 일들이 종종 뉴스에 등장합니다. 그렇게 돈 때문에 재앙을 당하는 일들이 세상 곳곳에서 일어납니다.

본문 17절은 돈 때문에 당하는 재앙 가운데 이런 것도 있다고 합니다.

일평생을 어두운 데에서 먹으며 많은 근심과 질병과 분노가 그에게 있느니라(5:17)

돈 욕심이 많으면 일평생 어두운 마음으로 살 수 있고 근심과 질병과 분노에 사로잡혀 살 수 있다고 합니다. 죽을 때 한 푼도 못 가져가고 다 놓고 가야하는 것이 돈입니다. 그런데 돈 때문에 일평생 마음이 어둡고 근심과 질병과 분노 속에 살다가 죽습니다. 돈 욕심이 많은 사람치고 이런 것을 피해 갈 사람은 없습니다. 그래도 돈을 좋아하고 돈 욕심을 버리지 못하면 될까요? 그렇게 망해도 좋으니까 돈벼락이나 한번 맞아 봤으면 좋겠다는 생각을 한다면 정말 어리석은 사람입니다. 그런 사람은 결코 믿음이 있는 사람이라 할 수 없습니다. 왜 성경에 이런 말씀을 할까요? 그렇게 어리석은 자가 되지 말라는 것입니다. 믿음 없는 자가 되지 말라는 것입니다.

그렇다면 가난하게 살라는 것입니까? 아닙니다. 가난한 것이 좋다는 뜻이 아닙니다. 부자가 돼도 오만하지 말라는 것입니다. 돈을 가지고 과시하거나 유세 떨지 말고 살라는 것입니다. 우리가 거부가 되더라도 오만하지 않기를 바랍니다. 하나님의 의를 짓밟고 가난한 자를 무시하지 않기를 바랍니다. 그 재물도 하나님이 주신 것을 알고 재물로도 하나님을 공경하고 가난한 이웃들을 돕고 살기 바랍니다.

사람에게는 부자로 사는 것보다 더 중요한 것이 있습니다. 가난하더라도 이것은 꼭 있어야 합니다. 이것은 무엇일까요?

본문 18절을 보면 이것이 무엇인지 이렇게 말씀합니다.

사람이 하나님께서 그에게 주신 바 그 일평생에 먹고 마시며 해 아래에서 하는 모든 수고 중에서 낙을 보는 것이 선하고 아름다움을 내가 보았나니 그것이 그의 몫이로다(5:18)

부자라서 좋은 것을 먹고 살든지, 가난해서 근근이 먹고살든지 인생에서 가장 중요한 것이 있습니다. 그것은 누구나 해 아래서 고생하고 사는 중에도 꼭 있어야 하는 것입니다. 그것은 무엇이라고 했습니까? 낙을 누리고 사는 것이라고 했습니다. 기쁨을 누리고 사는 것이라고 했습니다. 자신이 어떤 처지에 있든지 삶을 기쁘게 사는 것만큼 선하고 아름다운 것이 없습니다. 우리는 가난하게 살 수 있습니다. 부자로 살 수도 있습니다. 우리가 어떤 삶을 살든지 기쁘게 살아야 합니다. 고생하며 살아도 하나님의 위로가 있습니다. 하나님의 은혜가 있습니다. 하나님을 바라보고 기쁘게 살기를 바랍니다.

지금까지 부의 폐허성와 위험성에 대해 상고했습니다. 우리에게 유익해야 할 재물이 해가 되는 경우가 참 많다고 했습니다. 그런데 세상에는 이런 사람도 있습니다. 재물과 부도 있고 그것을 적절하게 잘 누리고 사는 사람입니다. 게다가 그 돈을 버느라고 고생을 많이 하지만 기쁘게 살기도 합니다. 고민도 없고 염려도 없고 평안하며 밤잠도 잘 잡니다. 그런 분들은 어떻게 그렇게 살 수 있을까요?

본문 19절은 그 의문에 대한 답입니다.

또한 어떤 사람에게든지 하나님이 재물과 부요를 그에게 주사 능히 누리게
하시며 제 몫을 받아 수고함으로 즐거워하게 하신 것은 하나님의 선물이라
(5:19)

누가 됐든 재물과 부요가 있고 그것을 누리며 즐겁게 사는 사람이 있다면,
그것은 하나님의 선물이라고 했습니다. 본문 20절에서는 이 말씀을 반복
했습니다. 하나님이 그의 마음에 기뻐하는 것으로 응답하심이라고 했습니
다. 하나님께서 복을 주셔서 재물과 부요가 있고 그것을 누리고 살 수 있
으며, 고생은 해도 기쁘게 살 수 있다고 했습니다.

그런 사실을 볼 때 하나님을 경외하고 사랑하는 것이 얼마나 중요
합니까? 우리가 하나님을 경외하기를 바랍니다. 사랑하기를 바랍니다.
하나님을 경외하기에 재물과 부를 가졌을 때도 오만하지 않고 겸손하기를
바랍니다. 겸손히 하나님께서 주신 것을 누리고 살며 기쁘게 살기를 바랍
니다. 그런 사람은 하나님께 복을 받은 사람입니다. 우리가 복 받은 사람이
라는 사실을 그와 같이 증거하며 살기를 주의 이름으로 기원합니다. 아멘.

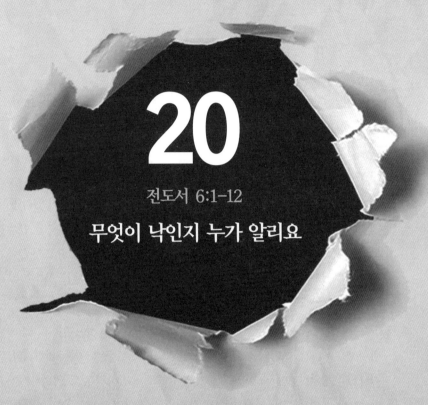

20

전도서 6:1-12

무엇이 낙인지 누가 알리요

전 6:1-12

¹내가 해 아래에서 한 가지 불행한 일이 있는 것을 보았나니 이는 사람의 마음을 무겁게 하는 것이라 ²어떤 사람은 그의 영혼이 바라는 모든 소원에 부족함이 없어 재물과 부요와 존귀를 하나님께 받았으나 하나님께서 그가 그것을 누리도록 허락하지 아니하셨으므로 다른 사람이 누리나니 이것도 헛되어 악한 병이로다 ³사람이 비록 백 명의 자녀를 낳고 또 장수하여 사는 날이 많을지라도 그의 영혼은 그러한 행복으로 만족하지 못하고 또 그가 안장되지 못하면 나는 이르기를 낙태된 자가 그보다는 낫다 하나니 ⁴낙태된 자는 헛되이 왔다가 어두운 중에 가매 그의 이름이 어둠에 덮이니 ⁵햇빛도 보지 못하고 또 그것을 알지도 못하나 이가 그보다 더 평안함이라 ⁶그가 비록 천 년의 갑절을 산다 할지라도 행복을 보지 못하면 마침내 다 한 곳으로 돌아가는 것뿐이 아니냐 ⁷사람의 수고는 다 자기의 입을 위함이나 그 식욕은 채울 수 없느니라 ⁸지혜자가 우매자보다 나은 것이 무엇이냐 살아 있는 자들 앞에서 행할 줄을 아는 가난한 자에게는 무슨 유익이 있는가 ⁹눈으로 보는 것이 마음으로 공상하는 것보다 나으나 이것도 헛되어 바람을 잡는 것이로다 ¹⁰이미 있는 것은 무엇이든지 오래 전부터 그의 이름이 이미 불린 바 되었으며 사람이 무엇인지도 이미 안 바 되었나니 자기보다 강한 자와는 능히 다툴 수 없느니라 ¹¹헛된 것을 더하게 하는 많은 일들이 있나니 그것들이 사람에게 무슨 유익이 있으랴 ¹²헛된 생명의 모든 날을 그림자 같이 보내는 일평생에 사람에게 무엇이 낙인지를 누가 알며 그 후에 해 아래에서 무슨 일이 있을 것을 누가 능히 그에게 고하리요

몇 년 전 육군 대장 가족의 공관병 갑질 사건이 사회적으로 쟁점이 됐었습니다. 그런 일이 어제오늘 있었던 것은 아닙니다만 우리 사회에 큰 충격을 주었던 사건입니다. 그 일로 그 장군은 국방부 검찰단과 민간 법원의 재판을 받았고 마침내 불명예 전역을 하였습니다. 별 하나만 달아도 가문의 영광이고 출세했다는 말을 듣는데 별을 네 개나 달았으니 대단한 영광을 얻은 셈입니다. 사병들만이 아니라 장교들도 함부로 올려 볼 수 없을 정도로 그 기세와 권력이 대단한 자리입니다. 그런 위치에 오르면 조금 겸손하면 안 될까요? 자식 같은 사병에게 조금 친절하고 자상하면 안 될까요? 그 장군은 그렇게 하지 못했습니다. 오만하게 굴다가 온갖 불명예를 뒤집어쓰고 예편했습니다. 그리고 갑질 장군이라는 오명이 뒤를 따라다녔습니다.

저는 그리스도인으로서 그 사건을 굉장히 안타깝게 생각합니다. 그 부부가 그리스도인이기 때문입니다. 그리스도인이 별을 하나도 아니고 네 개나 달았으면 하나님의 은혜인 줄 알고 겸손했어야지요. 우리가 그리스도인으로서 그렇게밖에 살지 못한다는 생각에 무력감을 느낍니다. 그렇지 않아도 교회를 우습게 알고 하나님을 대적하는 자들이 많은데, 그들에게 하나님과 교회를 욕하기에 딱 좋은 빌미를 제공했습니다. 그들은 물을 만난 물고기처럼 믿는 자들을 공격했습니다. 우리도 기회가 주어지고 환경이 조성되면 그들 부부처럼 오만할 수 있습니다. 자그만 권력이라도 생기고 남보다 재물이 조금만 많아도 그렇게 되기 쉽습니다. 굉장히 편리하고 위력적인 권력과 재물이 우리를 악한 자로 만들 수 있고 괴물로 만들 수 있습니다. 권력과 재물은 그렇게 병폐가 심하고 위험합니다.

전도서 5장은 그와 같은 재물의 병폐와 위험성을 지적합니다. 그렇지만 부의 병폐와 위험성에도 불구하고 거기에 빠지지 않는 사람들이 있습니다. 그 병폐와 위험성을 전적으로 피하고 사는 것은 아니겠지만, 재물과 부를 적절하게 누리며 사는 분들이 있습니다. 그것을 얻기 위해 고생은 하지만 기쁘게 살기도 합니다. 고민도 없고 염려도 없고 평안하고 기쁘게 삽니다. 그분들은 어떻게 그렇게 살 수 있을까요?

전도서 5장 19절을 보면 그 의문에 대해 이렇게 답합니다.

또한 어떤 사람에게든지 하나님이 재물과 부요를 그에게 주사 능히 누리게 하시며 제 몫을 받아 수고함으로 즐거워하게 하신 것은 하나님의 선물이라 (5:19)

누가 됐든 재물과 부요를 소유하여 누리고 살면서 고생할지라도 즐겁게 사는 사람이 있다면, 그것은 하나님의 선물이라고 말씀합니다. 보십시오! 그런 사람이 있잖아요? 그런 사람은 하나님의 선물을 잘 누리고 사는 사람입니다. 그렇다면 우리가 어떻게 살아야 할까요? 하나님을 경외하는 믿음으로 살아야 합니다. 열심히 살고 부지런하게 살아야 하지만, 하나님을 경외하고 사랑하는 믿음으로 살아야 합니다. 우리가 그렇게 살기를 바랍니다. 하나님을 경외하고 사랑하는 믿음으로 살기를 바랍니다. 그리하여 하나님께서 우리에게도 재물과 부요를 주시되 능히 누리게 하시고 즐겁게 살게 하시기를 주의 이름으로 기원합니다.

그런데 오늘 본문 2절을 보면 그와 반대되는 양상을 보이는 사람이 있다고 합니다. 하나님께서 재물과 부요를 주셨는데 누릴 줄도 모르고 기쁘게 살 줄도 모르는 사람이 있다고 합니다. 자신은 벌기만 하고, 다른 사람이 누리고 사는 사람이 있다고 합니다. 함께 보겠습니다.

> 어떤 사람은 그의 영혼이 바라는 모든 소원에 부족함이 없어 재물과 부요와 존귀를 하나님께 받았으나 그가 그것을 누리도록 허락하지 아니하셨으므로 다른 사람이 누리나니 이것도 헛되어 악한 병이로다(6:2)

하나님께서 어떤 사람에게는 재물과 부요만 아니라 존귀까지 주셨는데 그것을 누리지를 못한다고 했습니다. 부족함이 없도록 주셨는데 본인은 못 누리고 다른 사람이 누리더라고 했습니다. 그것은 허망한 것이고 악한 병이라고 했습니다. 재물과 부요와 존귀를 줘도 누릴 줄 모르는 사람은 중한 병에 걸린 사람이라는 것입니다. 그런 사실을 보아도 하나님께서 주신 것을 누리며 기쁘게 사는 것이 얼마나 중요한지 알 수 있습니다. 그렇지 않습니까? 하나님께서 주신 것을 누리며 기쁘게 사는 것은 그렇게 중요합니다.

본문은 여기에 멈추지 않고 그 중요성을 이렇게까지 말씀합니다. 3절을 보십시오.

> 사람이 비록 백 명의 자녀를 낳고 또 장수하여 사는 날이 많을지라도 그의 영혼은 그러한 행복으로 만족하지 못하고 또 그가 안장되지 못하면 나는 이르기를 낙태된 자가 그보다는 낫다 하나니(6:3)

제가 어렸을 때도 그랬습니다만, 고대에서는 자식을 많이 낳는 것만큼이나 중요한 일이 없었습니다. 그것은 생존의 문제였고 번영의 문제였습니다. 자식을 많이 낳는 것은 그렇게 중요했습니다. 죽느냐 사느냐의 문제였습니다. 그렇게 귀중한 자식을 백 명이나 낳고 게다가 장수를 누린다면 얼마나 좋은 일입니까? 그것은 정말 좋은 일이고 중요한 일입니다. 그럼에도 마음이 기쁨으로 만족하지 못하면 태어나지 못한 자만 못하다고 했습니다. 엄마 배에서 잉태됐지만 태어나지 못하고 유산된 아기들이 있습니다. 그것은 가슴 아픈 일이고 슬픈 일입니다. 그래도 그런 아기들이 기쁨을 모르고 사는 사람보다는 더 낫다고 했습니다. 그러니 하나님께서 주신 복을 누리며 기쁘게 사는 것이 얼마나 중요합니까?

본문 6절은 낙을 누리는 것의 중요성을 또 이렇게 말씀합니다.

> **그가 비록 천 년의 갑절을 산다 할지라도 행복을 보지 못하면 마침내 다 한 곳으로 돌아가는 것뿐이 아니냐(6:6)**

재물과 부요와 존귀를 가지고도 낙을 누리지 못하고 산다면, 천년의 갑절을 사는 것도 의미가 없다고 했습니다. 요즈음 백세시대, 백세시대 하는데 백 년을 산다고 해도 기쁘게 살지 못한다면 아무런 의미가 없다고 했습니다. 재물과 부와 존귀를 받는 복도 중요하지만, 그보다도 그것을 누리고 살고 기쁘게 사는 것은 더 중요하다는 것입니다. 기쁘게 사는 것은 그만큼 중요합니다.

여러분은 어느 편이십니까? 하나님께서 주신 재물과 부와 존귀를 누리고 사십니까? 큰 재물은 안 주셨어도 주신 것으로 적절하게 누리며 기쁘게 사십니까? 그러시기를 바랍니다. 하나님께서 주신 것을 누리고 사는 기쁨이 있기를 바랍니다. 적은 것을 주셨을지라도 적절하게 누리고 사는 기쁨이 있기를 바랍니다.

재물과 부요를 누리기보다는 아끼고 모으는 것을 낙으로 삼는 분들이 있습니다. 그것은 행복이 아닙니다. 악한 병이라고 했습니다. 그런가 하면 분수를 모르고 돈을 쓰는 사람도 있습니다. 자신의 처지와 형편을 생각하지 않고 남들이 집 짓는다고 자기도 짓고, 남들이 좋은 차 산다고 자기도 사는 사람들이 있습니다. 그런 사람을 가리켜서 분수를 모른다고 합니다. 그렇게 사는 것은 누리는 것이 아니라 재앙의 씨앗을 뿌리는 것입니다.

담장을 두고 나란히 단독주택에 사는 분들이 있었습니다. 그 중 한 분이 주택을 헐고 5층 연립주택을 지었습니다. 그러자 나란히 살던 분도 5층 연립주택을 지었습니다. 대개 연립주택을 지으면 맨 위층은 집주인이 살기 위해 한 세대로 짓습니다. 나머지는 한 층에 두 집, 또는 세 집이 살도록 짓습니다. 옆집을 보고 덩달아 집을 지었던 분은 건축한 후에 5층에 입주하지 못했습니다. 전세 입주자들의 보증금을 모두 모아도 건축비를 감당할 수 없었습니다. 결국 5층까지 세입자에게 내주고 지하층에서 살다가 그것도 여의치 않게 되자 집을 건설회사에 넘기고 이사 가고 말았습니다. 건축하지 않았더라면 자기 집에서 잘 살았을 것인데 분수를 모르고 욕심을 부리다가 집을 날렸습니다. 그처럼 하나님이 주신 복을 누린다고 해서 분수를 모르고 사는 것은 재앙을 뿌리는 것과 같습니다. 허영이고 또 다른 오만입니다. 그래서 분수에 맞게 적절하게 누리고 사는 것이 중요합니다.

그러면 세상에 살면서 행복을 충분히 누리고 사는 사람이 있을까요? 마음에 만족할 만큼 누리고 사는 사람이 있을까요?

본문 7절은 이에 대해 답합니다.

사람의 수고는 다 자기의 입을 위함이나 그 식욕은 채울 수 없느니라(6:7)

사람이 아침 일찍부터 밤늦게까지 고생하며 열심히 사는 것은 잘먹고 잘 살기 위해서라고 했습니다. 그러나 그 욕망은 다 채울 수는 없습니다. 누구든지 인간은 자신이 원하는 만큼 즐길 수도 없고 만족을 얻을 수도 없습니다. 이 말씀에서 식욕은 인간의 탐욕을 말하기도 하고, 근본적으로 채울 수 없는 가난을 말하기도 합니다. 인간은 아무리 애를 쓰고 살아도 다 채울 수 없을 만큼 궁핍한 존재이고 허망한 존재라는 것입니다.

8절은 또 인간이 어떤 존재인지 이렇게 말씀합니다.

지혜자가 우매자보다 나은 것이 무엇이냐 살아있는 자들 앞에서 행할 줄을 아는 가난한 자에게는 무슨 유익이 있는가(6:8)

이 말씀에서 지혜자와 살아있는 자들 앞에서 행할 줄을 아는 가난한 자는 동격입니다. 어떤 사람은 어떻게 살아야 하는지를 아는 지혜자였는데 가난했습니다. 지혜가 있고 세상의 이치를 잘 아는데 재물이 없었습니다. 그런 사람이 우매자보다 나은 것이 무엇이냐고 물은 것입니다. 무엇이 더 나을까요? 더 나은 것이 없다고 했습니다. 세상을 잘 사는 법을 아는 지혜자라도 그 꿈과 이상을 이룰 수 있는 수단과 방법이 없으면 우매자와 다를 바 없다는 것입니다. 이렇게 말씀한 것도 인간이 어떤 존재인가를 설명한 것입니다. 인간은 아무리 애를 쓰고 살아도 다 채울 수 없을 만큼 궁핍한 존재이고 허망한 존재라는 것입니다. 다시 말해서 인간에게는 한계가 있다는 것입니다. 아무리 애를 쓰고 살아도 넘어설 수 없는 한계를 안고 사는 존재라는 것입니다.

그럼에도 인간은 그런 현실을 받아들이지 않으려고 합니다. 꿈은 다 이루어진다고 믿고 살려고 합니다. 노력만 하면 무엇이든지 다 이룰 수 있다고 믿고 살려고 합니다. 그렇습니까? 꿈은 다 이루어집니까? 노력하면 무엇이든지 다 이룰 수 있습니까? 그렇지 않습니다. 세상에는 이루어지지 않는 꿈도 있고, 노력해도 안 되는 일도 있습니다. 애쓰고 노력한다고 다 되는 것이 아닙니다. 그러면 포기하고 살라는 것일까요? 노력하고 사는 것도 필요 없다는 것일까요? 그렇지 않습니다. 노력하고 열심히 살아야 하지만 인간이 어떤 존재인가를 알고 살라는 것입니다. 인간이 무한한 존재가 아니고 유한한 존재라는 것을 알고 살라는 것입니다. 그런 사실을 받아들이지 못하는 사람은 자신과 다투고 살기 쉽습니다. 세상과도 다투고 살기 쉽습니다. 심지어 하나님과도 다투고 살 수 있습니다. 그런 사람은 자기에게도 불만이고, 세상에게도 불만이고, 하나님께도 불만이 많습니다. 그래서 하나님의 존재를 부정하거나 하나님을 원망하고 삽니다. 하나님의 은혜도 모르고 경외하지도 않습니다. 그런 사람이 사는 것이 평안하고, 사는 재미가 있을까요? 그렇지 않습니다.

본문 10절은 그런 사람에게 이렇게 말씀합니다.

> 이미 있는 것은 무엇이든지 오래 전부터 그의 이름이 이미 불린 바 되었으며 사람이 무엇인지도 이미 안 바 되었나니 자기보다 강한 자와는 능히 다툴 수 없느니라(6:10)

이름이 불린 바 되었다는 것은 만물의 본질이 규정되어 있다는 뜻입니다. 인간이 어떤 존재인지 안 바 되었다는 것도 인간이 어떤 존재인지 다 규정되어 있다는 뜻입니다. 자기보다 강한 자는 하나님을 의미하는데, 왜 인생을 그토록 유한하게 지었느냐고 하나님과 다투는 것은 불가능하다는 것입니다. 왜 나에게 누리는 복을 안 주셨느냐고 항변하는 것은 온당치 않다는 것입니다. 왜 내 재산을 다른 사람이 누리게 하느냐고 항변하는 것은 온당치 않다는 것입니다. 그렇지 않습니까? 그게 하나님을 원망하고 하나님과 다툴 일입니까?

일반적으로 부모가 뼈 빠지게 고생하고 재산을 모으면 누가 사용합니까? 자식들이 사용합니다. 부모는 먹는 것도 아끼고, 입는 것도 아끼고, 쓰는 것도 아끼며 모으고 삽니다. 그러나 자식들은 조금도 아낄 줄을 모릅니다. 돈이고 물이고 전기고 펑펑 쓰고 삽니다. 그런 자식들을 보며 답답할 때는 있겠지만, 그렇다고 해서 아까워합니까? 자식들 공부시키고 시집보내고 장가보내면서 들어간 돈을 아까워합니까? 그렇지 않습니다. 부모가 못 누린 것을 자식이 누리더라도 그들이 잘 살기만 하면, 그것을 보람으로 생각합니다. 그런데 그것이 부조리하다고 하나님께 항변하겠습니까? 그런 것이 온당치 않다는 것입니다.

인간은 유한한 존재입니다. 하나님께서 그 한계를 정해 두셨고, 그 한계 안에서 겸손하게 살게 하셨습니다. 권세와 재물을 누리더라도 하나님께서 계신 것을 알고 겸손하게 살게 하셨습니다. 그러므로 자신은 죽어라 일했는데 누리지 못하고 다른 사람이 누리더라도 그런 세상을 만드신 하나님을 원망해선 안 됩니다. 자신도 누리며 살라고 권면해도 안 하거든요. 아까워서 못하거든요. 그러므로 하나님을 원망할 게 아니라 오히려 인생이 그런 존재라는 것을 잘 받아들이고 살아야 합니다. 그리고 하나님의 존재를 인정하며 살아야 합니다.

믿는 사람 중에도 누릴 줄 모르는 사람이 있습니다. 대개 그런 사람은 목사가 전도서의 말씀으로 권면해도 누리지 못합니다. 만일 우리가 그런 사람이라면 하나님을 원망해선 안 됩니다. 인간이 그런 존재이고 자신이 그런 사람이라는 것을 인정하고 살아야 합니다. 그런 자세가 믿음의 자세입니다. 그러나 하나님께서 이렇게 말씀하신 것은 각성하고 하나님께서 선물로 주신 것을 누리며 살라는 것임을 기억하기를 바랍니다. 그것은 더 좋은 자세입니다. 우리에게 그런 자세, 그런 은혜가 있기를 기원합니다. 아멘.

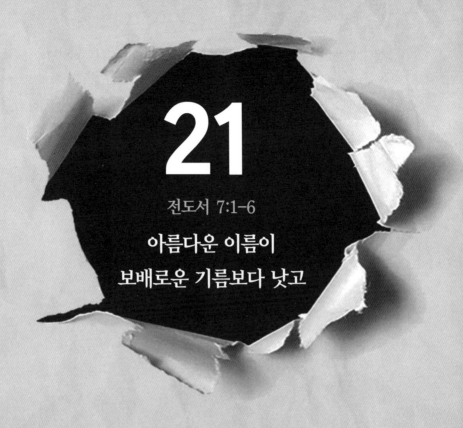

21

전도서 7:1-6

아름다운 이름이
보배로운 기름보다 낫고

전 7:1-6

¹좋은 이름이 좋은 기름보다 낫고 죽는 날이 출생하는 날보다 나으며 ²초상집에 가는 것이 잔칫
집에 가는 것보다 나으니 모든 사람의 끝이 이와 같이 됨이라 산 자는 이것을 그의 마음에 둘지
어다 ³슬픔이 웃음보다 나음은 얼굴에 근심하는 것이 마음에 유익하기 때문이니라 ⁴지혜자의 마
음은 초상집에 있으되 우매한 자의 마음은 혼인집에 있느니라 ⁵지혜로운 사람의 책망을 듣는 것
이 우매한 자들의 노래를 듣는 것보다 나으니라 ⁶우매한 자들의 웃음 소리는 솥 밑에서 가시나
무가 타는 소리 같으니 이것도 헛되니라

어떤 사람에게는 재물과 부가 있습니다. 고생이 없는 것은 아니지만 그것을 적절하게 잘 누리며 재미있게 삽니다. 전도자는 그렇게 살 수 있다면 그것이 하나님의 선물이라고 했습니다. 하나님께서 복을 주셔서 재물과 부가 있고 누리기도 하며 재미있게 산다고 했습니다. 그런가 하면 어떤 사람은 재물과 부와 존귀가 있는데 누릴 줄 모릅니다. 자신은 죽도록 고생하고 끼니를 거르면서 쓰지 않고 모았지만 그것을 다른 사람이 누립니다. 전도자는 그것을 독한 병에 걸린 것이라고 했습니다. 그런 사람은 하나님께서 누리는 복을 주시지 않았다고 했습니다.

세상에 그런 일들이 있는 것은 하나님께서 만드신 이치이기 때문입니다. 하나님께서 세상에 그런 일이 있도록 만드셨습니다. 이렇게 말씀드리면 하나님께서 너무하신 것이 아니냐며 항변하는 분들이 있을 것입니다. 하나님이 정의롭지 않다며, 왜 나에게는 누리는 복을 안 주셨느냐고 따져 묻고 싶을 것입니다. 그렇다고 하나님께 따져 물을 수 있을까요? 그렇다고 하나님을 원망하며 불신해도 될까요? 그것은 어리석은 짓입니다. 하나님 앞에서 온당치 않은 일입니다.

그런 일에 대해 전도서 6장 10절에는 이렇게 말씀합니다.

> 이미 있는 것은 무엇이든지 오래 전부터 그의 이름이 이미 불린 바 되었으며 사람이 무엇인지도 이미 안 바 되었나니 자기보다 강한 자와는 능히 다툴 수 없느니라(6:10)

그런 일이 오래전부터 있었다고 했습니다. 하나님께서 세상을 그렇게 만드셨고, 사람도 그런 존재로 지음을 받았다고 했습니다. 그렇다고 하나님과 다툴 수 없다고 했습니다. 그럼에도 하나님과 다투는 것은 온당치 않다는 것입니다. 아마 이 말씀을 수긍하기가 쉽지 않을 것입니다. 재물과 부를 소유하고 누릴 줄 모르는 것은 독한 병이라고 했습니다. 그들이 전도서 설교를 듣는다면 그 독한 병을 고치고, 재물과 부를 누리며 기쁘게 살까요? 그렇지 않습니다. 아무리 가르쳐도 변하지 않는 사람들이 있습니다. 그것은 그 사람이 그렇게 생긴 것입니다. 그러니 누구를 탓하겠습니까? 가르쳐줘도 못하면서 하나님을 탓할 수 있겠습니까?

부모는 누리지 못해도 그의 자식들이 누리는 경우도 있습니다. 그런 경우에도 억울하다고 하나님을 원망하겠습니까? 비록 부모는 고생하지만, 자식들이 잘 자라서 누린다면 그것은 허무한 것만은 아닙니다. 그 나름대로 보람이 있습니다. 자신은 누리고 살지 못했지만 나름대로 보람 있게 산 것입니다. 그러므로 하나님을 탓할 것도 없습니다.

인간은 유한한 존재입니다. 하나님께서 정해 놓으신 한계 안에서 더불어 사는 법을 배워야 합니다. 비록 나는 누리지 못하고 다른 사람이 누리고 산다고 해도 더불어 사는 법을 배워야 합니다. 그것이 인생입니다. 하나님을 경외하는 믿음이 있다면 그렇게 살아야 합니다. 우리가 인생은 유한한 존재라는 것을 받아들이고 믿음으로 살기를 바랍니다. 부조리하고 허무하지만 우리의 삶에 대한 하나님의 섭리가 있음을 믿고, 하나님을 경외하는 믿음으로 살기를 바랍니다.

오늘부터 전도서 7장을 강론하겠습니다. 6장까지는 해 아래에서 일어나는 일들을 살펴보았다면, 7장부터는 죽은 후의 일들에 대해서 논합니다. 죽은 후의 일이라고 해서 천국에서 일어날 일을 논하는 것은 아닙니다. 여전히 해 아래에서 일어날 일에 대해 말씀합니다. 누구나 죽을 날이 있다는 것을 안다면 어떻게 살아야 하는가를 논합니다.

그래서 전도서 6장 12절을 보면 이렇게 말씀합니다.

헛된 생명의 모든 날을 그림자 같이 보내는 일평생에 사람에게 무엇이 낙인
지를 누가 알며 그 후에 해 아래에서 무슨 일이 있을 것을 누가 능히 그에게
고하리요(전 6:12)

인생은 어떤 존재라고 합니까? 인생은 허무한 존재이고, 그림자 같은 존
재라고 합니다. 그림자는 해가 떠 있는 동안에는 존재하지만 해가 지면 곧
사라집니다. 그것은 실체가 아니고 곧 사라질 존재입니다. 인생이 그런 존
재라는 것입니다. 인생은 언제까지나 존재할 것 같아도 그림자처럼 곧 사
라집니다. 그런 인생에게 무엇이 낙인지 누가 알겠느냐고 했습니다. 진정
한 낙이 무엇인지 제대로 아는 사람이 없다는 것입니다.

　인생에서 재물과 부를 누리고 살아야 한다고 할 때, 가장 먼저 떠오
르는 것은 무엇일까요? 돈 쓰는 재미가 아닐까요? 좋은 옷도 사고, 명품
가방도 사고, 좋은 차도 사는 것이 아닐까요? 대개는 그럴 것입니다. 재물
과 부를 누린다고 할 때 소비를 먼저 생각할 것입니다. 소비에도 기쁨이
있습니다. 그러면 하나님께서 재물과 부를 누리라고 하실 때의 그 누리는
기쁨이 돈 쓰는 재미일까요? 그게 다일까요? 그렇지 않습니다. 남보다 편
리하게 살고 더 좋은 것을 먹고 사는 것도 누리는 것이지만, 그것만이 누
리는 복은 아닙니다. 만일 그것이 누리는 복의 전부인 것으로 알고 돈 쓰
는 재미로 세상을 산다면, 무엇이 낙인지 모르는 사람입니다. 그런 사람의
인생은 여전히 허무할 것이고, 죽음도 허망할 것입니다.
　보십시오. 그래서 이 말씀에 이어 6장 12절 하반절을 보면 이렇게 말
씀합니다.

그 후에 해 아래서 무슨 일이 있을 것을 누가 능히 그에게 고하리요(전 6:12b)

"그 후에"(개역한글본에서는 "그 신후에")라는 말은 '그 몸이 죽은 후에' 라는 뜻입니다. 우리가 죽은 후에 우리에게 무슨 일이 일어날지 아느냐는 것입니다. 우리가 진정으로 예수 그리스도를 구세주로 영접하고 죄 사함을 받았다면 우리는 죽은 후에 하나님의 나라에서 영광을 누릴 것입니다. 그러나 그것 말고 우리가 죽은 후에 이 세상에서는 무슨 일이 있을지 아느냐는 것입니다.

무슨 일이 있을까요? 우리가 죽었다고 가정해 보십시오. 가족들과 성도들과 지인들이 모여서 우리의 장례식을 치를 것입니다. 많은 조문객이 찾아올 것이고, 조문을 마친 분들은 식사 대접을 받을 것입니다. 그들 중에 어떤 사람은 우리의 죽음을 슬퍼하고 아까워할 것입니다. 조금 더 가까이에서 위로하고 도와주지 못해서 미안해하는 사람도 있을 것입니다. 어쩌면 그들은 우리가 죽은 지 오래되어도 우리를 잊지 않고 기억할 것입니다. 그리워하고 고마워할 것입니다. 반면에 어떤 사람들은 조문을 왔지만, 우리의 죽음을 애석하게 여기지 않을 것입니다. 슬퍼하지 않고 추모하는 마음도 없을 것입니다. 어쩌면 잘 죽었다고 할지도 모르겠습니다. 더 일찍 죽지 왜 이제 죽었느냐고 할지도 모르겠습니다. 그런 사람 중에는 우리를 욕하고 비난하는 사람도 있을 것입니다. 우리를 조금도 기억해 주지 않을 것입니다.

우리가 죽었을 때 사람들은 이 둘 중에서 어떤 반응을 보일까요? 우리의 죽음을 아까워하고 애석하게 여길까요? 아니면 우리의 죽음을 보고 잘 죽었다며 비난할까요? 어떤 반응을 보일까요? 어떤 반응을 보일지는 우리가 하기 나름입니다. 우리가 살아 숨 쉬는 동안에 어떻게 살았느냐에 따라 결정됩니다. 우리가 명예를 지키며 살았다면, 사람들은 우리의 죽음을 애석해하고 우리가 살아온 삶을 좋은 기억으로 추모할 것입니다. 오래오래 기억할 것입니다. 그러나 명예롭게 살지 못했다면 우리의 죽음을 애석해하지 않을 것입니다.

그래서 본문 1절을 보면 이렇게 말씀합니다.

좋은 이름이 좋은 기름보다 낫고 죽는 날이 출생하는 날보다 나으며(7:1)

"좋은 이름"은 명예를 지키며 산 사람을 말합니다. "좋은 기름"은 향기가 좋은 기름인데 고대에서는 귀중품으로 여겼습니다. 여기서는 풍족한 삶을 살다가 죽은 사람을 비유합니다. 정리하면 명예를 지키고 산 사람이 풍요롭게 살다가 죽은 사람보다 낫다는 것입니다. 부를 누리는 것보다 명예를 지키며 사는 것이 더 중요하다는 말씀입니다. 그것을 언제 알 수 있을까요? 죽을 때 알 수 있습니다. 우리가 죽은 후에 사람들이 하는 말을 들어보면 알 수 있습니다. 우리가 명예를 지키며 살았는지, 그렇지 않았는지 알 수 있습니다.

생각해 보세요. 부자로서 풍요롭게 살다가 죽은 사람과 명예롭게 살다 죽은 사람 중에 누구의 죽음이 더 애석할까요? 사람들은 누구를 더 아까워하고 추모할까요? 누구를 더 오래오래 기억할까요? 명예를 지킨 사람입니다. 부자의 장례식에는 조문객이 많을지 모르지만, 그것은 겉치레 인사입니다. 진심으로 애석해하고 좋은 기억으로 추모하는 것은 명예를 지킨 사람입니다. 그런 의미로 "죽는 날이 출생하는 날보다 낫다"고 했습니다.

여러분께서도 그렇게 생각하십니까? 늙어 죽는 날이 이 세상에 태어난 날보다 더 낫다고 생각하십니까? 아마 그렇게 생각하지 않을 것입니다.

그럼에도 죽는 날이 더 낫다고 한 것은 명예를 지킨 사람의 죽음을 두고 한 말씀입니다. 명예롭게 살다가 죽는 사람은 이 세상에 태어난 날보다 죽는 날이 더 아름답고 영광스럽다는 것입니다. 삶도 영광스럽지만, 죽음도 영광스럽다는 것입니다.

우리 하나님은 명예를 중요하게 여기십니다. 그리고 그 명예를 지키십니다. 시편 23편 3절을 보십시오.

> 내 영혼을 소생시키시고 자기 이름을 위하여 의의 길로 인도하시는도다(시 23:3)

"자기 이름을 위하여"라는 말씀은 '하나님의 이름을 걸고' 라는 뜻입니다. 하나님의 명예를 걸고 자기 백성을 소생시키시고, 의의 길로 인도하신다는 것입니다.

잠언 22장 1절을 보면 재물과 관련하여 이렇게 말씀합니다.

> 많은 재물보다 명예를 택할 것이요 은이나 금보다 은총을 더욱 택할 것이니라(잠 22:1)

이 말씀에서 명예와 은총은 동격인데, 은총을 명예보다 더 큰 의미로 사용했습니다. 말 그대로 은혜와 은총을 말하기도 하고, 호의와 아름다움을 말하기도 합니다. 많은 재물보다 명예를 택하라고 해서 재물을 부정적으로 말씀한 것은 아닙니다. 사람들은 돈이라면 체면이고 신앙이고 양심이고 헌신처럼 팽개쳐버리는데 그러지 말라는 것입니다. 많은 돈을 벌지 못한다고 해도 명예롭게 돈을 벌라는 것입니다. 그것이 하나님의 은총을 입는 길이고, 호의를 받는 길이라는 것입니다.

보십시오. 우리 하나님은 이렇게 명예를 중요하게 여기십니다. 그리고 하나님의 자녀들에게 명예를 지키며 살라고 하십니다. 돈보다 명예를 지키라고 하십니다. 그것은 의롭게 사는 것이고, 믿음으로 사는 것입니다. 우리가 명예를 소중하게 여기기를 바랍니다. 하나님의 자녀로서 명예를 지키며 살기를 바랍니다.

재물과 부를 누리는 것이 그렇습니다. 하나님께서 주신 재물과 부를 자신의 안위와 쾌락만을 위해 사용하는 것은 명예를 지키는 것이 아닙니다. 가난한 자들과 어려운 이웃들을 도울 줄 모르는 것은 명예롭지 못한 것입니다. 그런 사람은 죽을 때 허망할 것입니다. 그의 죽음을 슬퍼하고 진정으로 추모하는 분들도 없을 것입니다. 조문하러 와서 험담을 늘어놓고 욕을 할 것입니다.

죽음은 모든 것을 끝장내버립니다. 모든 것을 허무하게 만들어버립니다. 그 죽음이 달려오고 있습니다. 무엇처럼 달려온다고 할까요? 비행기가 기차보다 더 빠릅니다만 저는 기차가 더 실감이 납니다. 그래서 저는 죽음이 KTX처럼 달려온다고 생각합니다. 연세가 많은 어른이나 아직은 젊다는 말을 듣는 분이나 어리다는 말을 듣는 사람이나 누구에게나, 죽음이 고속열차처럼 마주 달려오고 있습니다. 우리가 그것을 안다면 "좋은 이름이 좋은 기름보다 낫다"는 것을 믿기를 바랍니다. 부자로 풍요롭게 살다가 죽는 것보다 명예를 지키며 살다가 죽는 자가 되기를 바랍니다.

이런 사실을 강조하기 위해서 본문은 일관되게 장례식과 관련하여 말씀합니다.

2절에서는 "초상집에 가는 것이 잔칫집에 가는 것보다 낫다(7:2)"고 하고, 3절에서는 "슬픔이 웃음보다 낫다(7:3)"고 했습니다. 이 슬픔은 장례식의 슬픔입니다. 웃음은 잔칫집의 웃음소리입니다. 6절을 보면 이 웃음에 대해 "우매한 자들의 웃음소리는 솥 밑에서 가시나무가 타는 소리 같으니 이것도 헛되니라 (7:6)"고 했습니다. 죽음이 다가오는 것도 모르고 명예를 지킬 줄도 모르는 사람은 솥 밑에서 가시나무가 타는 소리 같다는 것입니다. 소리만 요란하지 솥을 데우지 못한다는 것입니다. 즉 헛일을 한다는 뜻입니다. 명예를 지킬 줄 모르는 사람의 생애가 그렇다는 것입니다.

본문 4절을 보면 또 이렇게 말씀합니다.

지혜자의 마음은 초상집에 있으되 우매한 자의 마음은 혼인집에 있느니라 (7:4)

이 말씀의 요지는 죽음을 묵상하라는 것입니다. 우리에게 죽음이 고속열차처럼 달려오고 있다는 것을 알라는 것입니다. 그것을 알고 명예롭게 살라는 것입니다. 하나님의 자녀답게 명예를 지키며 살라는 것입니다.

우리는 죽을 때 심판을 받습니다. 하나님 앞에서 영원한 심판을 받지만, 사람들도 죽은 우리를 조문하면서 우리의 삶에 대해 심판합니다. 한심하게 여기며 잘 죽었다고 하든지, 우리의 죽음을 애도하며 명예롭게 살았다고 칭송할 것입니다. 우리가 하나님의 자녀로서 명예를 지키기를 바랍니다. 하나님의 자녀답게 믿음으로 살기를 바랍니다. 그리하여 우리가 죽는 날에도 하나님의 위로를 받고 사람들의 칭송을 듣기를 주의 이름으로 기원합니다. 아멘.

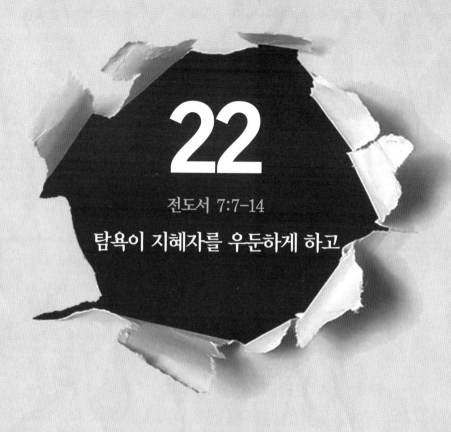

22

전도서 7:7-14

탐욕이 지혜자를 우둔하게 하고

전 7:7-14

⁷탐욕이 지혜자를 우매하게 하고 뇌물이 사람의 명철을 망하게 하느니라 ⁸일의 끝이 시작보다
낫고 참는 마음이 교만한 마음보다 나으니 ⁹급한 마음으로 노를 발하지 말라 노는 우매한 자들
의 품에 머무름이니라 ¹⁰옛날이 오늘보다 나은 것이 어찜이냐 하지 말라 이렇게 묻는 것은 지혜
가 아니니라 ¹¹지혜는 유산 같이 아름답고 햇빛을 보는 자에게 유익이 되도다 ¹²지혜의 그늘 아
래에 있음은 돈의 그늘 아래에 있음과 같으나, 지혜에 관한 지식이 더 유익함은 지혜가 그 지혜
있는 자를 살리기 때문이니라 ¹³하나님께서 행하시는 일을 보라 하나님께서 굽게 하신 것을 누
가 능히 곧게 하겠느냐 ¹⁴형통한 날에는 기뻐하고 곤고한 날에는 되돌아 보아라 이 두 가지를
하나님이 병행하게 하사 사람이 그의 장래 일을 능히 헤아려 알지 못하게 하셨느니라

하나님께서는 자기 백성들에게 "초상집에 가는 것이 잔칫집에 가는 것보다 낫다"고 하십니다. 통상적으로 고대에서 잔칫집은 결혼식 잔치를 의미하므로 결혼식에 가는 것보다 초상집에 가는 것이 낫다는 뜻입니다. 여러분도 그렇게 생각하십니까? 초상집에 가는 것이 잔칫집에 가는 것보다 나을까요? 저는 어려서부터 그렇게 듣고 배워서 그런지 당연히 그렇다고 생각합니다만 그리스도인이라면 당연히 그렇게 믿어야 합니다.

그러면 왜 잔칫집보다 초상집에 가라고 하실까요? 그 이유는 먼저 돌아가신 분을 추모하고 유족을 위로하기 위해서입니다. 이 세상에 와서 한평생을 살다가 하나님의 품으로 돌아가시는 분을 추모하기 위해서 초상집에 가야 합니다. 그리고 장례를 돕기 위해 가야 합니다. 요즈음엔 그럴 일이 거의 없습니다만 예전에는 그것이 성도에게 굉장히 중요한 일이었습니다. 지금도 도울 일이 있다면 기꺼이 도와야 하고, 하나님의 품으로 돌아가신 고인을 추모해야 합니다.

그렇다면 "초상집에 가는 것이 잔칫집에 가는 것보다 낫다"고 하신 것은 전적으로 그런 의미일까요? 그렇지 않습니다. 이 말씀은 죽음을 생각하라는 의미입니다. 죽음이 우리를 향해 질주해 오는데, 장례식에 가서 우리에게도 죽을 날이 있다는 것을 생각하라는 말씀입니다. 죽을 날이 있다는 것을 생각하고 오늘의 삶을 어떻게 살아야 하는지 깨달으라는 말씀입니다. 실제로 우리는 누군가의 죽음을 접하거나 장례식에 참여하기 전에는 자신의 죽음에 대해 거의 생각하지 않습니다. 가족이나 가까운 관계의 누군가가 죽거나 그들의 장례식에 참여할 때 인생이 어떤 존재인지를 잠시나마 생각합니다. 또 어떻게 살아야 할지를 생각합니다.

그런 사람에 대해 전도서 7장 1절은 이렇게 말씀합니다.

좋은 이름이 좋은 기름보다 낫고 죽는 날이 출생하는 날보다 나으며(7:1)

좋은 이름을 얻은 사람과 죽는 날이 출생하는 날보다 나은 사람은 동격입니다. 다시 말해서 명예를 지키고 살다가 죽은 사람은 부와 풍요를 누리고 살다가 죽은 사람보다 낫다는 것입니다. 또 그런 사람은 죽는 날이 출생하는 날보다 낫다는 것입니다. 그런 사실은 경험을 통해서도 알 수 있지만 하나님께서 자기 백성에게 주신 말씀입니다. 그러므로 우리는 하나님의 자녀로서 명예를 지키고 살아야 하고, 우리의 죽는 날이 이 세상에 태어난 날보다 더 영광스러운 날이 되어야 합니다.

그러면 지혜자라고 다 명예롭게 살까요? 명예를 지키고 사는 것이 부와 풍요를 누리고 사는 것보다 더 중요하다는 것을 깨달았다고 다 지혜롭게 살까요? 그렇지 않습니다. 지혜의 중요성을 알고 지혜롭게 살고자 노력하는 사람이라고 해서 다 지혜롭게 사는 것은 아닙니다. 오랫동안 지혜롭게 살던 사람들도 한순간 우매자로 전락할 수 있습니다.

그 이유는 무엇일까요? 먼저 본문 7절을 보면 이렇게 말씀합니다.

탐욕이 지혜자를 우매하게 하고 뇌물이 사람의 명철을 망하게 하느니라 (7:7)

이 말씀에서 지혜자는 죽음이 자신을 향해 질주해 오는 것을 아는 자입니다. 죽는 날에는 명예를 지키고 산 것이 얼마나 중요한지 깨닫게 된다는 것을 아는 지혜자입니다. 그래서 명예를 지키려고 애를 쓰며 사는 지혜자입니다. 그런 지혜자일지라도 하루아침에 우매자로 전락할 수 있다는 것입니다. 우매라는 말에는 찬양하다는 뜻과 미치다는 뜻이 있지만, 여기서는 미치다는 뜻이 적절합니다. 무엇이 지혜자를 미치게 만든다고 했습니까? 탐욕입니다. 탐욕이 지혜자를 미친 사람으로 만들 수 있다고 했습니다.

"탐욕"은 개역성경에서 "탐학"(貪虐)으로 번역했는데 탐할 탐, 사나울 학입니다. 이 단어의 히브리어는 크게 두 가지 뜻이 있습니다. 하나는 억압이나 강탈이라는 뜻이고, 다른 하나는 욕심과 사나운 마음이라는 뜻입니다. 먼저 이 단어를 억압이나 강탈의 의미로 볼 때 그것은 앞에서 언급한 악한 권력과 부를 연상시킵니다. 그 점을 고려하면 아무리 지혜로운 사람일지라도 악한 자들에게 부당한 억압을 당하고 강탈당하면 뜻을 이루지 못할 수 있다는 뜻이 됩니다. 지혜자가 지혜를 버리고 미친 사람처럼 될 수 있다는 것입니다. 또한 이 단어를 욕심의 의미로 볼 때는 지혜자도 욕심에 사로잡히면 미친 사람처럼 될 수 있다는 뜻이 됩니다. 즉 욕심이 사람을 미치게 한다는 것입니다.

여러분도 그렇다고 생각하십니까? 욕심이 사람을 미치게 할 수 있다고 생각하십니까? 그렇습니다. 사람이 욕심에 사로잡히면 미쳐버릴 수 있습니다. 판단력이 흐려지고 도덕성이 죽을 수 있습니다. 해서는 안 될 짓을 하고, 마땅히 해야 할 일을 포기할 수 있습니다. 돈 욕심만 채울 수 있다면 도덕성과 법은 아무것도 아닌 것으로 무시해버릴 수 있습니다. 양심도 신앙도 하나님도 팔아먹을 수 있습니다. 그렇게 욕심이 사람을 미치게 할 수 있습니다. 이것은 도덕성의 한계를 의미합니다. 인간이 아무리 지혜롭다고 해도 지혜자가 되지 못하는 것은 도덕성에 한계가 있기 때문이라는 것입니다. 죽음이 다가오고 있다는 현실을 알고 죽을 때 좋은 명성을 듣도록 살아야 한다는 것을 알아도 도덕성의 한계 때문에 지혜자가 되지 못한다는 것입니다.

그렇다면 어떻게 해야 할까요? 어떻게 해야 미치지 않고 끝까지 지혜자로 살 수 있을까요? 악한 자들에게 당하는 억압이나 강탈은 어쩔 수 없다고 하지만 그래도 시험에 들지 않도록 기도해야 합니다. 하나님께 피할 길을 열어달라고 기도해야 합니다. 하나님은 그 기도를 들으십니다. 자기 백성에게 피할 길을 열어주십니다. 그리고 욕심은 버리고 살아야 합니다. 버려도 찾아오고, 버리면 또 찾아오는 것이 욕심입니다. 그래도 또 버리고 또 버리며 살아야 합니다. 그것을 우리는 십자가에 못 박았다고 합니다. 또 절제한다고 합니다. 그래서 예수님께서는 우리에게 날마다 십자가를 지라고 하셨습니다. 절제의 열매를 맺으라고 하셨습니다. 그렇게 사는 분들은 탐욕의 위험에도 불구하고 지혜자로 살 수 있습니다. 도덕성의 한계에도 불구하고 아름다운 명성을 얻을 수 있습니다.

우리가 하나님의 자녀로서 십자가를 지기 바랍니다. 날마다 십자가를 지고 예수님을 따르기를 바랍니다. 그리하여 욕심을 이기고 살기를 바랍니다. 하나님의 사람으로서 아름다운 명성을 얻기를 바랍니다.

어떻게 사는 것이 지혜인지, 어떻게 사는 것이 명예를 지키는 것인지 알아도 그렇게 살지 못하는 것은 탐욕(貪慾) 때문이라고 했습니다.

본문 8절을 보면 지혜자를 우매자로 전락시키는 것에 대해 이어서 말씀합니다.

일의 끝이 시작보다 낫고 참는 마음이 교만한 마음보다 나으니(7:8)

일은 시작이 중요합니까, 끝이 중요합니까? 시작도 중요하고 끝도 중요합니다. 그러나 시작했어도 마무리를 잘하지 못한다면 그런 시작은 좋은 시작이 아닙니다. 좋은 시작이 결실을 보려면 결말이 좋아야 합니다. 끝이 좋아야 시작도 좋은 평을 받습니다.

전도서 5장 5절을 보면 "서원하고 갚지 아니하는 것보다 서원하지 아니하는 것이 낫다"고 했습니다. 서원하는 것이 시작이라면 갚는 것은 끝입니다. 갚지 못할 서원이라면 서원하지 않는 것이 더 낫습니다. 그것은 하나님을 기만한 것이고 우롱한 죄입니다. 그것은 여호와의 이름을 망령되이 일컫지 말라고 하신 제3계명을 범한 것입니다. 이런 예를 보아도 알수 있듯이 일은 끝이 시작보다 중요합니다.

또한 일의 마무리만큼 중요한 것은 교만에 빠지지 않는 것입니다. 출세를 했든지, 부자가 됐든지, 지혜자가 됐든지 교만하지 않은 것이 일의 끝만큼이나 중요합니다. 그렇지 않고 교만에 빠지면 지혜자라도 한순간에 미친놈으로 전락할 수 있습니다.

지혜자의 지혜가 빛을 보려면 참는 마음이 중요합니다. 여기서 참는 마음은 인내심이라기보다는 겸손한 마음을 의미합니다. 겸손해야 지혜자의 지혜가 빛을 볼 수 있습니다. 하나님께서 우리에게 재물과 부와 존귀를 주셔도 끝까지 겸손하기를 바랍니다. 아는 것이 많고 지혜가 쌓여가도 겸손하기를 바랍니다.

본문 9절은 분노를 잘하는 것도 지혜자를 미친 자로 만든다고 합니다.

급한 마음으로 노를 발하지 말라 노는 우매한 자들의 품에 머무름이니라 (7:9)

급한 마음으로 노를 발하는 것은 화를 잘 내는 것을 말합니다. 화를 잘 내는 사람은 미련한 사람입니다. 화를 잘 내는 사람은 일을 그르치기가 쉽습니다. 손해 볼 일이 많습니다. 그것은 육신대로 사는 것이고, 자기 성질대로 사는 것입니다. 그런 사람은 절대로 좋은 명성을 얻지 못합니다. 성령의 열매도 맺지 못합니다. 궁극적으로 화를 잘 내는 것은 지혜자를 미친 사람으로 만들어버립니다.

본문 10절은 옛날이 오늘보다 나았다는 말도 하지 말라고 합니다.

옛날이 오늘보다 나은 것이 어찜이냐 하지 말라 이렇게 묻는 것은 지혜가 아니니라(7:10)

믿음으로 산다고 해서 모든 일이 잘되지 않습니다. 지혜롭게 산다고 해서 고난이 없는 것도 아니고, 의롭게 산다고 해서 재앙을 당하지 않는 것도 아닙니다. 그런 일을 당할 수 있습니다. 그런데도 사람들은 일이 뜻대로 풀리지 않거나 고난과 재앙을 당하면 옛날이 더 좋았다는 말을 합니다. 믿음으로 살 필요도 없고, 지혜롭게 살 필요도 없고, 의롭게 살 필요도 없다고 합니다.

그렇습니까? 고난을 겪고 재앙을 당하면 믿음으로 살아야 할 필요가 없을까요? 의롭게 살 필요도 없을까요? 그렇지 않습니다. 그런 일을 당할지라도 인생은 믿음으로 살만한 가치가 있고, 의롭게 살 가치가 있습니다. 정작 믿음은 그런 날에 그 가치를 잘 드러냅니다. 그러기에 믿음으로 살면 그런 날에도 하나님 앞에서 의인으로 하나님의 영광을 나타낼 수 있습니다. 하나님께서 주신 영원한 생명과 평안을 누릴 수 있고, 하나님의 나라가 얼마나 영광스러운 나라인가를 보여줄 수 있습니다. 믿는다고 했을 때 정작 중요한 것은 이것입니다. 고난과 재앙을 당할지라도 그런 삶 가운데서 하나님께서 주신 평안을 누리고, 하나님 나라의 영광을 나타내고 사는 것입니다. 이것이 전도서의 중요한 교훈입니다. 그럼에도 옛날이 좋다고 말하는 것은 지혜가 아닙니다. 그것은 우둔한 말이요, 미친 사람의 말입니다.

비록 하는 일이 잘 안 되고, 열심히 살다가 실패하고 좌절을 경험하더라도 미래지향적으로 사는 것은 인생을 잘 사는 것입니다. 더 나아가 하나님께 믿음을 가지고 의롭게 사는 것은 정말 잘하는 것입니다.

그래서 본문 11, 12절을 보면 지혜의 중요성에 대해 이렇게 말씀합니다.

> 지혜는 유산같이 아름답고 햇빛을 보는 자에게 유익이 되도다 지혜의 그
> 늘 아래에 있음은 돈의 그늘 아래에 있음과 같으나, 지혜에 관한 지식이
> 더 유익함은 지혜가 그 지혜 있는 자를 살리기 때문이니라(7:11, 12)

이 말씀은 잠언의 지혜 숙녀 찬양을 읽는 듯합니다. 지혜의 중요성을 말씀하는데 지혜는 유산과 같이 아름답고, 해 아래 사는 자에게 유익하다고 했습니다. 지혜도 사람을 보호하고 돈도 보호하는 역할을 하지만, 지혜가 더 중요하다고 했습니다. 특히 "지혜의 그늘 아래에 있음은 돈의 그늘 아래에 있음과 같으니"라는 표현이 재밌습니다. 재물의 보호를 받는다는 것인데 그것은 마치 돈의 그늘 아래 있는 것과 같다고 했습니다.

여러분께서는 지혜와 돈 가운데 무엇이 더 자신을 잘 지켜준다고 생각하십니까? 아마도 돈이라고 생각하는 분들이 계실 것입니다. 돈도 중요합니다. 재물은 재물대로 중요하고, 지혜는 지혜대로 중요합니다. 그러나

정작 중요한 것은 지혜입니다. 돈도 자신을 지키는 능력이 있지만, 목숨을 지키는 능력은 지혜에 있습니다.

그런데 옛날이 더 나았다고 말하면 될까요? 믿음으로 살다가 고난을 당하고 실패의 좌절을 겪는다고 해서 믿음도 필요 없고 지혜도 필요 없다고 하면 될까요? 그렇게 말하는 사람은 우매자입니다. 미친 사람입니다. 믿음으로 살다가 고난을 당한다고 해도 믿음이 있기에 하나님의 은혜를 누리며 살 수 있습니다. 인간은 도덕성의 한계 때문에 우매자가 될 때가 있지만, 그럼에도 지혜는 중요합니다. 그러므로 우리가 고난을 겪고 일이 뜻대로 되지 않더라도 믿음으로 사는 것을 포기하지 않기를 바랍니다. 우매자가 될 때도 있겠지만 다시 지혜자의 삶을 도전하기를 바랍니다.

인생은 형통한 날도 있고 곤고한 날도 있습니다. 형통한 날만 있는 인생도 없고, 곤고한 날만 있는 인생도 없습니다. 모든 인간은 이 두 가지를 다 경험하며 살게 되어 있습니다. 하나님께서 그렇게 만드셨습니다. 인간을 그런 존재로 만드셨습니다.

그래서 본문 14절에 이렇게 말씀합니다.

형통한 날에는 기뻐하고 곤고한 날에는 되돌아보아라 이 두 가지를 하나님이 병행하게 하사 사람이 그의 장래 일을 능히 헤아려 알지 못하게 하셨느니라(7:14)

형통한 날에는 기뻐하고 즐거워하라고 했습니다. 그러나 곤고한 날에는 되돌아보라고 했습니다. 왜 그런 실패를 했는지, 무엇이 문제인지 생각해 보라는 것입니다. 그리고 하나님을 경외하며 살라는 것입니다.

인간은 죽음이 다가오는 것을 알고 아름다운 명성을 얻도록 살아야
한다는 것을 알아도 그렇게 살지 못하는 수가 많습니다. 그러기에 실패도
하고 좌절을 경험하고 삽니다. 우리는 그런 인생을 살아야 하지만, 그런
우리에게 하나님이 함께 하시는 것을 믿기를 바랍니다. 고난당한 욥이 깨
달은 것처럼 하나님께서 아침마다 찾아오시고 분초마다 돌아보시는 것을
기억하기를 바랍니다. 침 한 모금을 삼키는 순간에도 우리를 붙들고 계시
는 것을 믿기를 바랍니다. 그리하여 우리의 삶 속에 하나님을 경외하며 살
기를 주의 이름으로 기원합니다. 아멘

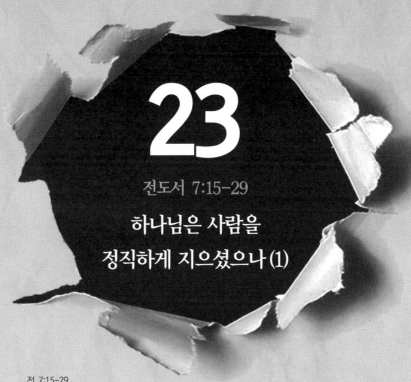

23

전도서 7:15-29

하나님은 사람을
정직하게 지으셨으나(1)

전 7:15-29

[15]내 허무한 날을 사는 동안 내가 그 모든 일을 살펴 보았더니 자기의 의로움에도 불구하고 멸망하는 의인이 있고 자기의 악행에도 불구하고 장수하는 악인이 있으니 [16]지나치게 의인이 되지도 말며 지나치게 지혜자도 되지 말라 어찌하여 스스로 패망하게 하겠느냐 [17]지나치게 악인이 되지도 말며 지나치게 우매한 자도 되지 말라 어찌하여 기한 전에 죽으려고 하느냐 [18]너는 이것도 잡으며 저것에서도 네 손을 놓지 아니하는 것이 좋으니 하나님을 경외하는 자는 이 모든 일에서 벗어날 것임이니라 [19]지혜가 지혜자를 성읍 가운데에 있는 열 명의 권력자들보다 더 능력이 있게 하느니라 [20]선을 행하고 전혀 죄를 범하지 아니하는 의인은 세상에 없기 때문이로다 [21]또한 사람들이 하는 모든 말에 네 마음을 두지 말라 그리하면 네 종이 너를 저주하는 것을 듣지 아니하리라 [22]너도 가끔 사람을 저주하였다는 것을 네 마음도 알고 있느니라 [23]내가 이 모든 것을 지혜로 시험하며 스스로 이르기를 내가 지혜자가 되리라 하였으나 지혜가 나를 멀리 하였도다 [24]이미 있는 것은 멀고 또 깊고 깊도다 누가 능히 통달하랴 [25]내가 돌이켜 전심으로 지혜와 명철을 살피고 연구하여 악한 것이 얼마나 어리석은 것이요 어리석은 것이 얼마나 미친 것인 줄을 알고자 하였더니 [26]마음은 올무와 그물 같고 손은 포승 같은 여인은 사망보다 더 쓰다는 사실을 내가 알아내었도다 그러므로 하나님을 기쁘게 하는 자는 그 여인을 피하려니와 죄인은 그 여인에게 붙잡히리로다 [27]전도자가 이르되 보라 내가 낱낱이 살펴 그 이치를 연구하여 이것을 깨달았노라 [28]내 마음이 계속 찾아 보았으나 아직도 찾지 못한 것이 이것이라 천 사람 가운데서 한 사람을 내가 찾았으나 이 모든 사람들 중에서 여자는 한 사람도 찾지 못하였느니라 [29]내가 깨달은 것은 오직 이것이라 곧 하나님은 사람을 정직하게 지으셨으나 사람이 많은 꾀들을 낸 것이니라

전도서 7장 1절을 보면 "좋은 이름이 좋은 기름보다 낫고 죽는 날이 출생하는 날보다 낫다"고 했습니다. 명예를 지키고 사는 것이 부와 풍요를 누리고 사는 것보다 더 중요하다는 뜻입니다. 그런 사람은 출생한 날만 아니라 죽는 날도 영광스럽습니다. 그래서 전도자는 성도들에게 "초상집에 가는 것이 잔칫집에 가는 것보다 낫다"고 했습니다. 초상집에 가면 우리에게도 죽음이 다가오고 있다는 사실을 각성할 수 있습니다. 죽음이 다가오고 있는 사실을 인식하면 명예를 지키는 것이 중요하다는 것도 깨달을 수 있습니다. 그런 의미에서 초상에 집에 가는 것이 잔칫집에 가는 것보다 낫습니다.

죽음은 누구에게나 쏜살같이 날아오고 있습니다. 우리를 향해 전속력으로 날아오고 있습니다. 여러분께서도 그렇게 느끼십니까? 그렇다면 하나님의 말씀에 주목하기를 바랍니다. 부와 풍요를 누리고 사는 것도 중요하지만, 명예를 지키고 사는 것이 더 중요하다는 말씀을 믿기를 바랍니다. 그리고 명예를 지키며 살기를 바랍니다. 그리하여 출생한 날보다 죽는 날이 더 영광스러운 성도가 되기를 바랍니다.

하지만 인간은 그런 사실을 안다고 해도 그렇게 살지 못할 수 있습니다. 알면서도 명예를 지키지 못할 수 있고, 죽을 때만 아니라 죽은 후에도 두고두고 욕을 먹는 삶을 살 수 있습니다. 그 이유는 무엇일까요? 그것은 도덕적 한계 때문입니다. 명예를 지키며 살다가도 도덕적 부패성 때문에 끝까지 그렇게 살지 못할 수 있습니다. 그래서 7장 7절에서는 "탐욕이 지혜자를 우매하게 한다"고 했고, 8절에서는 "참는 마음이 교만한 마음보다 낫다"고 했습니다. 탐욕이란 욕심을 의미하지만, 개역성경의 번역인 '탐학'과 같이 악한 자들의 부당한 억압과 강탈을 의미할 수도 있습니다. 그와 같은 것들은 지혜자를 우매하게 하고, 미치게 할 수 있습니다. 교만도 그렇습니다. 사람을 우매하게 하고, 미치게 할 수 있습니다. 9절에서는 분노도 그렇다고 말씀합니다. 화를 잘 내는 마음도 지혜자를 미친 사람으로 만들 수 있습니다.

그리스도인은 그런 사실을 인식하고 살아야 합니다. 인간이 그런 존재라는 것을 알고, 육체와 함께 정과 욕심을 십자가에 못 박아야 합니다. 날마다 못 박아 죽이며 살아야 합니다. 그렇게 사는 것이 믿음입니다. 그것이 하나님을 경외하고 사랑하는 것이며, 예수님을 따르는 것입니다.

그렇다면 그리스도인은 그런 인간의 한계를 전적으로 극복할 수 있을까요? 도덕적 한계를 극복하고 항상 명예를 지키며 살 수 있을까요? 그렇지 않습니다. 그런 사람은 없습니다. 그리스도인으로서 날마다 십자가를 지고 살아야 하지만 항상 십자가를 지지는 못합니다. 그리스도인도 자주 죄를 짓고 삽니다. 도덕적인 한계를 극복하고 실천할 수 있는 능력을 갖췄다고 해도 인간이기에 원천적인 한계가 있습니다. 그것을 넘어서 전적으로 지혜롭게 살 수도 없고, 의롭게 살 수도 없습니다.

그래서 7장 13절에 이렇게 말씀합니다.

하나님께서 행하시는 일을 보라 하나님께서 굽게 하신 것을 누가 능히 곧게 하겠느냐(7:13)

하나님께서 정해 놓으신 한계가 있는데 누가 그것을 넘어설 수 있겠느냐는 말씀입니다. 그럴 수 있는 사람은 아무도 없다는 것입니다.

이어서 14절에서는 이렇게 말씀합니다.

> 형통한 날에는 기뻐하고 곤고한 날에는 되돌아 보아라 이 두 가지를 하나님이 병행하게 하사 사람이 그의 장래 일을 능히 헤아려 알지 못하게 하셨느니라(7:14)

하나님께서는 세상일이 형통한 날도 있고 곤고한 날도 있게 하셨습니다. 그중에 어떤 일을 당할지 알 수 없다는 것입니다. 인간은 그런 굴레 안에서 살 수밖에 없습니다. 여러분께서도 인생은 형통한 날이 있는가 하면 곤고한 날이 있다는 사실을 이미 경험하셨을 겁니다. 그중에 어떤 일을 겪고 살지 아무도 예측할 수 없다는 것을 인정하실 것입니다. 그렇습니다. 미래의 일은 어느 정도 추측한 할 수 있지만 어떻게 될지 단정할 수는 없습니다.

본문 15절은 그 예를 제시하여 이렇게 말씀합니다.

> 내 허무한 날을 사는 동안 내가 그 모든 일을 살펴보았더니 자기의 의로움에도 불구하고 멸망하는 의인이 있고 자기의 악행에도 불구하고 장수하는 악인이 있으니(7:15)

의롭게 산 사람은 다 잘 되어 형통하고, 악하게 사는 사람은 다 천벌을 받고 망해야 할 것입니다. 그러나 그 일이 그렇지만은 않습니다. 의롭게 살았기 때문에 망하는 사람도 있고, 악을 행하고 살아서 목숨을 부지하며 장수하는 사람도 있습니다. 세상에는 그런 일들이 있습니다. 그래서 앞으로 어떤 삶을 살지 예측할 수 없고, 종잡을 수 없습니다.

의인이 형통하고 악인이 천벌을 받는 것을 보응의 원리라고 합니다. 만일 보응의 원리만 지켜진다면 세상일을 어느 정도 예측하고 대비하며 살 수 있을 것입니다. 그러나 세상에는 보응의 원리만 있지 않습니다. 그래서 의롭게 살았는데 멸망하는 의인이 있고, 악하게 살았는데 장수하는 악인도 있습니다. 이것이 우리의 현실입니다. 우리가 겪고 살아야 할 삶이고, 인생입니다.

그렇다면 어떻게 살아야 할까요? 이런 세상을 어떻게 사는 것이 하나님을 경외하며 사는 것일까요? 일반적으로 그런 경험을 하게 되면 사람들이 보이는 반응은 두 가지입니다. 하나는 그럼에도 의롭게 살아야 한다는 반응이고, 다른 하나는 의롭게 살 필요가 없다는 반응입니다. 그럼에도 의롭게 살아야 한다는 것은 믿음의 반응이고, 하나님을 경외하는 사람의 모습입니다.

그러나 여기에서 더 나아가 도덕적 완벽주의를 추구하는 사람도 있습니다. 그들은 도덕적으로 완벽하게 살지 않고 하나님의 말씀대로 살지 않았기 때문에 그런 일을 당했다고 주장합니다. 하나님의 말씀대로 살았다면 그런 일을 안 당했을 것이라고 합니다. 그렇게 주장하는 것은 굉장히 믿음이 좋고, 하나님의 말씀대로 사는 사람처럼 보일 수 있습니다. 그러나 사실은 그렇지 않습니다. 그런 주장은 인간의 한계를 인정하지 않는 것이고, 하나님의 섭리를 인정하지 않는 것입니다. 믿음이 강하고 하나님의 말씀대로 사는 사람 같으나 실은 그렇지 않습니다. 하나님보다 자기 생각이 더 옳다고 믿는 사람입니다. 그런가 하면 정직하게 살 필요도 없고 의롭게 살 필요도 없다는 사람도 있습니다. 그런 사람은 욕심대로 살겠다는 사람입니다. 자신에게 이득이 되고 유리하기만 하면 명예를 지키지 못하더라도 그렇게 살겠다는 뜻입니다. 돈만 벌 수 있다면 죄를 지어도 괜찮고, 부자만 될 수 있다면 다른 사람에게 해를 끼쳐도 괜찮다는 뜻입니다.

본문 16절과 17절은 그런 생각들을 포괄해서 이렇게 말씀합니다.

지나치게 의인이 되지도 말며 지나치게 지혜자도 되지 말라 어찌하여 스스
로 패망하게 하겠느냐 지나치게 악인이 되지도 말며 지나치게 우매한 자도
되지 말라 어찌하여 기한 전에 죽으려고 하느냐(7:16, 17)

이 말씀을 문자적으로 이해하면, 너무 의롭게 살지도 말고 너무 악하게 살
지도 말라는 뜻이 됩니다. 적당히 의롭게 살고 적당히 죄도 짓고 살라는
뜻으로 보입니다. 세상사람 중에는 그런 생각을 하는 분들이 많습니다만,
믿는 자들 중에도 그렇게 생각하는 사람들이 있습니다. 그러나 전도자는
그런 뜻으로 말씀하지 않았습니다. 먼저 이 말씀은 도덕적 이상주의를 경
계합니다. 도덕적으로 완벽하게 살 수 있는 것처럼 생각하는 사람들에게
도덕적 이상주의, 도덕적 완벽주의를 추구하지 말라는 뜻으로 한 말씀입
니다. 인간은 그렇게 살 수 있는 존재가 아닙니다.

본문 20절을 보십시오.

**선을 행하고 전혀 죄를 범하지 아니하는 의인은 세상에 없기 때문이로다
(7:20)**

정말 그렇습니다. 의롭게 산다고 해서 죄를 짓지 않고 사는 사람은 없습니
다. 한 명도 없습니다. 그런데 의롭게 살아야 한다고 해서 도덕적으로 완
벽하게 살 수 있는 것으로 주장하면 될까요? 우리가 그리스도인이지만 그
렇다고 하나님의 말씀을 완벽하게 지킬 수 있는 것처럼 말하면 될까요?
그렇게 주장하면 안 됩니다. 인간은 오늘 의롭게 살아도, 내일 죄를 지으
며 살 수 있는 존재입니다. 아침에 한 약속을 저녁에 깨뜨리고, 아침에 정
직하게 살겠다고 다짐을 해도 헤지기 전에 악을 행할 수 있는 존재입니다.

우리는 어떻습니까? 우리가 도덕적 이상주의, 완벽주의를 추구하지는 않습니까? 일반적으로 완벽주의에 빠진 사람은 다른 사람에 대해 날선 비판을 합니다. 자신은 문제가 없고, 항상 다른 사람이 문제라고 생각합니다. 어떤 일이 안 되는 것도 자신 때문이 아니라 다른 사람 때문이라고 생각합니다. 그것은 도덕적 완벽주의자들의 대표적인 특성입니다. 그러면서 어쩌다 자기 잘못을 깨달으면 자신의 실수나 잘못을 용납하지 못합니다. 그래서 잘하는 것이 있습니다. 무엇일까요? 변명입니다. 완벽주의자들은 변명을 잘합니다. 자신은 그런 실수를 하는 사람이 아니라고 생각하기 때문에 변명을 해야 삽니다. 변명해야 자기는 완벽한 사람으로 인정할 수 있거든요. 다른 사람을 탓하는 것이나 변명하는 것은 도덕적 완벽주의자들의 대표적인 특성입니다.

그런 사람의 마음에 평안과 기쁨이 있을까요? 없습니다. 있더라도 그 평안이나 기쁨이 그렇습니다. 항상 누군가를 탓하며 살기 때문에 오래가지 못합니다. 그 대상이 다른 사람이 되든지, 자기 자신이 되든지 하기 때문에 감정과 이성의 기복이 심합니다. 다른 사람과의 관계도 원만하지 않습니다.

의롭게만 살고 죄를 짓지 않는 의인은 없습니다. 우리가 하나님의 자녀로서 의롭게 살아야 하지만 죄를 짓고 살 수밖에 없는 인간입니다. 우리가 그런 존재라는 것을 인정하고 인식하고 살아야 합니다. 신앙은 여기에서 출발합니다. 자신은 죄인이라는 사실을 각성하고 인정하는 데서 하나님을 경외하는 믿음이 시작합니다.

다시 한번 본문 16절과 17절을 보겠습니다.

지나치게 의인이 되지도 말며 지나치게 지혜자도 되지 말라 어찌하여 스스
로 패망하게 하겠느냐 지나치게 악인이 되지도 말며 지나치게 우매한 자도
되지 말라 어찌하여 기한 전에 죽으려고 하느냐(7:16, 17)

이 말씀은 먼저 도덕적 이상주의를 경계하는 뜻이라고 했습니다. 이외에
도 악하게 사는 것을 경계하는 뜻도 있습니다. 본문 15절에 말씀한 것처럼
세상에는 자기의 악행 중에 장수하는 악인이 있습니다. 악하게 살아도 잘
살고, 악하게 살아도 돈을 잘 버는 사람이 있습니다. 그런 사람을 보면 악
하게 살아도 되는 것처럼 유혹을 받을 수 있습니다. 그러나 그렇게 살지
말라는 것입니다. 죄를 짓지 않고 살 수는 없지만 그렇다고 악하게 살아도
괜찮은 것으로 생각하지 말라는 것입니다.

　악하게 살다가 기한 전에 죽을 수 있다는 말씀은 악인에 대한 하나님
의 심판의 있다는 뜻입니다. 이 말씀대로 악인에 대한 심판은 반드시 있습
니다. 어떤 식으로 심판하시든지 반드시 심판하십니다. 하나님께서 죄를
지을 때마다 심판하지 않으시는 것은 오래 참아주시는 것이고, 많이 봐주
시기 때문입니다. 회개할 기회를 주시고, 기다려 주시기 때문입니다. 그런
데도 회개치 않을 때는 가차 없습니다. 사정없이 심판하십니다.

　우리는 하나님의 자녀로서 지혜를 배워야 하고 의롭게 살아야 합니
다. 그러나 도덕적 이상주의에 빠지지 않도록 주의해야 합니다. 그것은 신
앙을 빙자한 오만이고, 인간의 한계를 넘어설 수 있다는 착각입니다. 하나
님께서는 그런 자들을 교만하게 보십니다. 그들도 하나님의 심판을 면치
못할 것입니다. 그와 함께 악에 빠지지 않도록 주의해야 합니다. 악한 자
들이 형통한 것을 볼 때 유혹이 되기도 하고, 눈 한 번 찔끔 감고 죄를 짓

는 시험에 빠질 수도 있습니다. 그러나 거듭해서 악을 행하지 않도록 주의해야 합니다. 하나님께서 회개할 기회를 주실 때 회개하고 돌이켜야 합니다. 믿음으로 산다는 것은 이 두 가지를 경계하며 사는 것입니다. 이 둘 중에 어느 것 하나라도 놓쳐선 안 됩니다.

그래서 본문 18절을 보면 이렇게 말씀합니다.

너는 이것도 잡으며 저것에서도 네 손을 놓지 아니하는 것이 좋으니 하나님을 경외하는 자는 이 모든 일에서 벗어날 것임이니라(7:18)

도덕적 이상주의에 빠지지 않으면서 악에도 빠지지 않는 것이 좋다는 뜻입니다. 하나님을 경외하는 사람은 이 모든 일에서 벗어날 수 있다는 것은 이 모든 일을 함께 간다는 뜻입니다. 다시 말해서 하나님을 경외하는 사람은 이 두 가지를 놓치지 않고 산다는 것입니다.

우리가 의롭게 살아야 하지만 그렇다고 오만에 빠지지 않기를 바랍니다. 악한 자의 형통을 보더라도 악에 빠지지 않기를 바랍니다. 그리하여 허망한 삶을 믿음으로 살아내고, 하나님의 위로 가운데 살기를 바랍니다. 그 삶을 통해서 하나님을 경외하고, 하나님의 은총을 누리고 살기를 주의 이름으로 기원합니다. 아멘.

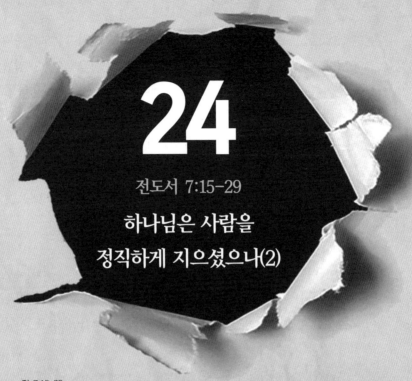

24

전도서 7:15-29

하나님은 사람을
정직하게 지으셨으나(2)

전 7:15-29

¹⁵내 허무한 날을 사는 동안 내가 그 모든 일을 살펴 보았더니 자기의 의로움에도 불구하고 멸망하는 의인이 있고 자기의 악행에도 불구하고 장수하는 악인이 있으니 ¹⁶지나치게 의인이 되지도 말며 지나치게 지혜자도 되지 말라 어찌하여 스스로 패망하게 하겠느냐 ¹⁷지나치게 악인이 되지도 말며 지나치게 우매한 자도 되지 말라 어찌하여 기한 전에 죽으려고 하느냐 ¹⁸너는 이것도 잡으며 저것에서도 네 손을 놓지 아니하는 것이 좋으니 하나님을 경외하는 자는 이 모든 일에서 벗어날 것임이니라 ¹⁹지혜가 지혜자를 성읍 가운데에 있는 열 명의 권력자들보다 더 능력이 있게 하느니라 ²⁰선을 행하고 전혀 죄를 범하지 아니하는 의인은 세상에 없기 때문이로다 ²¹또한 사람들이 하는 모든 말에 네 마음을 두지 말라 그리하면 네 종이 너를 저주하는 것을 듣지 아니하리라 ²²너도 가끔 사람을 저주하였다는 것을 네 마음도 알고 있느니라 ²³내가 이 모든 것을 지혜로 시험하며 스스로 이르기를 내가 지혜자가 되리라 하였으나 지혜가 나를 멀리 하였도다 ²⁴이미 있는 것은 멀고 또 깊고 깊도다 누가 능히 통달하랴 ²⁵내가 돌이켜 전심으로 지혜와 명철을 살피고 연구하여 악한 것이 얼마나 어리석은 것이요 어리석은 것이 얼마나 미친 것인 줄을 알고자 하였더니 ²⁶마음은 올무와 그물 같고 손은 포승 같은 여인은 사망보다 더 쓰다는 사실을 내가 알아내었도다 그러므로 하나님을 기쁘게 하는 자는 그 여인을 피하려니와 죄인은 그 여인에게 붙잡히리로다 ²⁷전도자가 이르되 보라 내가 낱낱이 살펴 그 이치를 연구하여 이것을 깨달았노라 ²⁸내 마음이 계속 찾아 보았으나 아직도 찾지 못한 것이 이것이라 천 사람 가운데서 한 사람을 내가 찾았으나 이 모든 사람들 중에서 여자는 한 사람도 찾지 못하였느니라 ²⁹내가 깨달은 것은 오직 이것이라 곧 하나님은 사람을 정직하게 지으셨으나 사람이 많은 꾀들을 낸 것이니라

사람이 자신의 죽는 날을 생각한다는 것은 미래를 생각하며 사는 것을 의미합니다. 자신에게도 죽는 날이 있다는 것을 알고 명예를 지키며 사는 것은 삶의 미래만이 아니라 죽음 후까지 생각하며 사는 것을 의미합니다. 죽은 후에도 자신의 명성을 아름답도록 지키는 것을 의미합니다. 그래서 지난 설교 때 사람은 부와 풍요를 누리고 사는 것보다 명예를 지키고 사는 것이 더 중요하다고 했습니다. 하지만 사람은 미래에 어떤 일을 당할지 예측하지 못합니다. 나름 미래에 대한 계획을 세우고 대비한다고 해도 그 예측은 빗나갈 수 있습니다. 의롭게 살면 잘 될 것이라고 믿고 살지만, 항상 그런 것도 아닙니다. 인간은 종잡을 수 없는 인생을 삽니다.

본문 15절을 보면 전도자는 세상에서 일어나는 일을 자세히 살펴본 후에 이렇게 말씀합니다.

> 내 허무한 날을 사는 동안 내가 그 모든 일을 살펴보았더니 자기의 의로움에도 불구하고 멸망하는 의인이 있고 자기의 악행에도 불구하고 장수하는 악인이 있으니(7:15)

의롭게 산 사람은 다 잘 되어 형통하고, 악하게 산 사람은 다 천벌을 받아 망해야 하는데 그렇지만은 않더라는 뜻입니다. 의롭게 살았기 때문에 망하는 사람도 있고 악을 행하고 살아서 목숨을 부지하며 장수하는 사람도 있다는 뜻입니다. 그처럼 인생은 미래를 예측할 수 없고 종잡을 수 없습니다. 그러면 어떻게 살아야 할까요? 그런 세상에서 하나님을 경외하는 사람은 어떻게 살아야 할까요?

본문 16, 17절을 보면 이렇게 대답합니다.

지나치게 의인이 되지도 말며 지나치게 지혜자도 되지 말라 어찌하여 스스로 패망하게 하겠느냐 지나치게 악인이 되지도 말며 지나치게 우매한 자도 되지 말라 어찌하여 기한 전에 죽으려고 하느냐 (7:16, 17)

이 말씀을 오해한 사람들은 적당히 의롭게 살고, 적당히 죄도 짓고 살라는 뜻으로 이해합니다. 너무 믿음으로 살지 말고, 죄를 지어도 괜찮은데 너무 많이 짓지만 않으면 된다는 뜻으로 이해합니다. 하지만 이 말씀을 그런 뜻이 아닙니다. 이 말씀은 도덕적 이상주의를 경계하고, 악하게 살아도 괜찮다는 생각을 경계합니다. 도덕적으로 완벽하게 살 수 있는 것처럼 생각하는 사람들에게 도덕적 이상주의, 도덕적 완벽주의를 추구하지 말라는 것입니다. 우리가 하나님의 백성으로서 의롭게 살아야 하지만, 그렇다고 완벽하게 의롭게 살 수 있는 존재가 아니라는 것을 알라는 것입니다. 또 너무 악하게 살지만 않으면 되고 적당히 죄를 짓고 사는 것도 좋다는 사람에게 그렇게 생각하지 말라는 것입니다. 그런 자들에게는 하나님의 심판이 있다는 것을 경고합니다.

그러면서 그 대안으로 이렇게 말씀합니다. 본문 18절을 보십시오.

너는 이것도 잡으며 저것에서도 네 손을 놓지 아니하는 것이 좋으니 하나님을 경외하는 자는 이 모든 일에서 벗어날 것임이니라 (7:18)

도덕적 이상주의에 빠지지 않으면서 악에도 빠지지 않는 것이 좋다는 뜻입니다. 하나님의 백성이 의롭게 살아야 하지만 그렇다고 도덕적 이상주의에 빠지지 말고, 죄를 짓지 않을 수 없지만 그렇다고 악하게 살지 말라는 뜻입니다. 하나님을 경외하는 사람은 이 두 가지를 놓치지 말아야 합니다. "이 모든 일에서 벗어날 것이라"는 것은 이 모든 일과 함께 간다는 뜻입니다. 다시 말해서 하나님을 경외하는 사람은 이 두 가지를 놓치지 않고 붙잡고 산다는 것입니다.

우리가 의롭게 살아야 하지만 그렇다고 완벽주의에 빠지지 않기를 바랍니다. 또 악한 자의 형통을 보더라도 부러워하거나 시험에 들지 않기를 바랍니다. 이 두 가지를 잘 지켜서 하나님을 경외하는 믿음으로 살기를 바랍니다.

여러분께서는 인생을 잘 살기 위해서는 무엇이 가장 중요하다고 생각하십니까? 하나님의 백성답게 잘 살기 위해서는 무엇이 가장 중요할까요? 저는 우리 숭신교회에서 목회하면서 목사로서 교회를 잘 섬기기 위해서는 무엇이 가장 중요한가를 고민한 적이 있습니다. 그때 내린 결론은 지혜였습니다. 지혜가 가장 필요하다고 생각했습니다. 인생을 잘 살기 위해서도 지혜가 가장 중요하다고 생각합니다. 성경도 그렇게 말씀합니다. 하나님의 백성으로서 인생을 잘 살기 위해서는 지혜가 중요하다고 가르칩니다. 그래서 하나님께서는 자기 백성들에게 지혜서를 주셨습니다. 욥기와 잠언과 전도서가 그것입니다.

그중에서 욥기는 사색적 지혜라 하고, 잠언과 전도서는 실천적 지혜라고 합니다. 욥기는 우리가 하나님을 믿고 살면서 품을 수 있는 의문을 다루고, 잠언과 전도서는 우리가 삶에서 겪는 문제들을 다룹니다. 그런 문제에 봉착했을 때 어떻게 살아야 하는지, 어떻게 사는 것이 잘하는 것인지, 어떻게 사는 것이 믿음으로 사는 것인지를 가르칩니다. 그런 의미에서 목사는 지혜서를 자주 설교해야 하고, 성도들도 지혜서를 배워야 합니다.

얼마 전 구약신학 교수들의 논문을 엮은 구약 논문집을 읽었습니다. 지혜서를 전공한 어떤 구약 교수가 한국교회에서는 지혜서를 자주 설교해야 하는데 거의 설교하지 않는다는 점을 지적했습니다. 지혜서를 전공한 교수 자신도 지혜서를 설교하지 않았는데 그 점을 회개한다고 했습니다. 정말 그렇습니다. 지혜서를 자주 설교하고 배워야 합니다.

많은 저서를 남긴 유진 피터슨 목사는 그의 30년 사역의 결정판으로 남기고 싶은 설교를 모아서 "물총새에 불이 붙듯"이라는 설교집을 냈습니다. 그 책에는 전도서 5장과 9장에 대한 설교 두 편이 포함되어 있습니다. 그는 그 설교에서 거짓된 신앙을 씻어내고 참된 신앙을 갖기 위해서 전도서를 매일 묵상할 것을 권고했습니다. 지혜서의 중요성을 인지한 것입니다. 그러므로 우리는 지혜서를 배우고 자주 묵상해야 합니다. 시간을 정해서 읽고 묵상할 때, 하나님께서 주신 인생을 잘 살아낼 수 있습니다.

그렇게 중요한 지혜에 대해 본문 19절을 보면 이렇게 말씀합니다.

지혜가 지혜자를 성읍 가운데에 있는 열 명의 권력자들보다 더 능력이 있게 하느니라 (7:19)

지혜가 얼마나 중요한지요! 지혜가 성에서 가장 유력한 권력자 열 명을 합한 것보다 더 능력이 있다고 했습니다. 지혜가 얼마나 힘이 있는지요! 지혜가 열 명의 권력자를 이길 수 있는 능력자로 만들어 준다는 것입니다. 그렇게 중요한 지혜를 온전히 소유한 사람이 있을까요? 하나님께서 자기 백성들에게 지혜서를 주시고 지혜를 가르치게 하셨는데, 그 지혜를 온전히 배우고 그대로 사는 사람이 있을까요?

본문 20절이 그 대답입니다.

> 선을 행하고 전혀 죄를 범하지 아니하는 의인은 세상에 없기 때문이로다
> (7:20)

아무리 지혜를 배우고 익혀도 선만 행하는 의인은 없다고 했습니다. 아무리 의인이라도 죄를 짓지 않는 의인은 없다고 했습니다. 배우고 익혀도 지혜롭게 살지 못한다는 것입니다. 정말 그렇습니다.

본문 21절을 보십시오. 정말 그렇다는 증거를 이렇게 말씀합니다.

> 또한 사람들이 하는 모든 말에 네 마음을 두지 말라 그리하면 네 종이 너를
> 저주하는 것을 듣지 아니하리라(7:21)

다른 사람이 자신에 대해 무어라고 말하는지 굳이 들으려고 하지 말라고 했습니다. 그러다가 자기 종이 자신을 저주하는 말을 들을 수 있다고 했습니다.

주인을 가장 잘 아는 사람은 누구일까요? 가까이서 섬기는 종들입니다. 종들은 주인의 가족 못지않게 주인을 많이 겪고 삽니다. 자기 주인이 자기들처럼 천박한 종들을 어떻게 대하는지 잘 압니다. 사랑과 친절로 대하는지, 난폭하게 억압하는지를 경험하였기 때문입니다. 자기 주인이 하나님을 진짜로 믿는 사람인지, 말로만 믿는 사람인지 잘 압니다. 그런 종들이 자신에 대해 무어라고 말하는지 들어보려고 하지 말라고 했습니다. 그러다가 저주하는 말을 들을 수 있는데, 그런 말을 들으면 기분이 어떨까요? 분노가 치밀어 오르지 않을까요? 괘씸하지 않을까요? 그럴 수 있습니다. 괘씸도 하고 화가 나서 더 학대할 수 있습니다. 그것은 죄입니다.

그것은 우리도 마찬가지입니다. 다른 사람이 우리가 어떤 그리스도인인지 말하는 것을 들어보면 좋은 평도 받을 수 있고, 나쁜 평도 받을 수

있습니다. 물론 어떤 사람은 좋은 평을 더 많이 받고, 어떤 사람은 나쁜 평을 더 많이 받을 수 있습니다. 좋은 평만 듣는 사람은 없습니다. 분명히 나쁜 평도 듣게 돼 있습니다. 문제는 나쁜 평을 들었을 때입니다. 그때 우리 기분은 어떨까요? 내가 잘못해서 나쁜 평을 듣지만, 기분이 좋지 않을 것입니다. 화가 나서 재차 죄를 지을 수 있습니다. 그래서 남이 무어라고 하는지 너무 들으려 하지 말라고 했습니다. 그런 사실을 보면 선만 행하고 악을 행하지 않는 의인은 없다는 것을 알 수 있습니다. 믿음으로 산다고 해서 죄를 짓지 않는 의인은 없습니다. 지혜도 한계가 있고, 지혜가 있다고 해도 온전히 지혜롭게 살지 못합니다.

그러면 지혜는 어디서 올까요? 어떻게 해야 지혜자가 될 수 있을까요? 읽고 배우고 익히고 훈련하면 지혜자가 될까요? 물론 그렇습니다. 읽고 배우고 훈련한 사람은 그렇게 하지 않는 사람보다 지혜를 더 얻을 수 있습니다. 적어도 지식적으로는 훨씬 지혜롭습니다. 사실 지혜서도 그렇게 하라고 주신 성경입니다. 그러므로 지혜서를 읽고 배우고 익히고 훈련해야 합니다. 그런 분들은 지혜를 얻을 수 있습니다. 그러면 읽고 배우고 훈련만 하면 다 지혜자가 될까요? 지혜롭게 살까요?

본문 23절은 지혜의 중요성을 깨닫고, 지혜를 탐구했던 전도자의 경험입니다.

내가 이 모든 것을 지혜로 시험하며 스스로 이르기를 내가 지혜자가 되리라 하였으나 지혜가 나를 멀리 하였도다(7:23)

전도자가 어떤 것이 지혜인지 시험하며 배워서 지혜자가 되려고 애를 썼

는데, 지혜가 자신을 멀리하더라고 했습니다. 배운다고 다 지혜자가 되지
못한다는 뜻입니다.

그러면서 내린 결론이 본문 24절인데 이렇게 말했습니다.

이미 있는 것은 멀고 또 깊고 깊도다 누가 능히 통달하랴(7:24)

지혜가 너무 멀리 있고 너무 깊어서 통달할 수가 없다는 뜻입니다. 정리하
면 지혜는 자신에게서 나오는 것도 아니고, 탐구하고 배웠다고 해서 다 지
혜자가 되지 않는다는 것입니다. 지혜는 자기 밖에 있다는 것입니다. 다
통달할 수 없을 만큼 깊고 멀리 있다는 것입니다.

여러분께서도 그렇게 생각하십니까? 지혜는 우리 안에 있는 것도 아
니고 탐구하고 배웠다고 해서 다 지혜자가 되는 것도 아니라고 생각하십
니까? 지혜를 얻어도 지혜롭게 살지 못하는 경우가 많다고 생각하십니까?
그렇습니다. 지혜를 배워서 지식을 가지고 있다고 해서 지혜롭게 살 수 있
는 것은 아닙니다.

본문 26, 27절은 그런 예를 보여줍니다. 어떤 지혜자가 있었습니
다. 한 여인이 접근해서 그를 유혹했습니다. 갖은 수단과 방법으로 유혹했
습니다. 말이면 말, 돈이면 돈, 술이면 술, 음란이면 음란, 온갖 수단을 동
원해서 유혹했습니다. 거기에 걸려들지 않을 사람이 있을까요? 그런 여자
가 작심하고 덤비면 걸려들지 않을 남자가 있을까요? 아마 없을 것입니다.
열이면 열, 백이면 백 다 걸려들 것입니다.

왜 걸려들까요? 탐욕 때문입니다. 여자에 대한 탐욕, 이성에 대한
욕정 때문에 걸려듭니다. 그렇게 되면 지혜가 무슨 필요가 있겠습니까?

지혜를 배우고 터득한 것이 무슨 도움이 되겠습니까? 도움이 되지 않습니다. 그래서 지혜는 인간에게서 나오지 않고 멀리 있다고 한 것입니다. 그런 사람은 우매자입니다. 지혜를 배웠다는 점에서는 지혜자라 할 수 있겠지만, 삶에 있어서는 지혜자가 아닙니다. 우매자입니다.

그러면 그런 유혹이 올 때 모든 남자가 다 걸려들까요? 음란한 여자가 작심하고 덤빈다고 해서 다 걸려드나요? 그렇지 않습니다. 걸려드는 사람이 많겠지만, 절대로 걸리지 않는 사람이 있습니다.

본문 26절은 그 사람에 대해 이렇게 말씀합니다.

> 마음은 올무와 그물 같고 손은 포승 같은 여인은 사망보다 더 쓰다는 사실을 내가 알아내었도다 그러므로 하나님을 기쁘게 하는 자는 그 여인을 피하려니와 죄인은 그 여인에게 붙잡히리로다(7:26)

마음이 올무와 그물 같은 여인은 죽음보다 독한 여자라고 했습니다. 손이 포승줄 같은 여인은 죽음보다 더 쓴 자라고 했습니다. 온갖 수단과 방법을 가리지 않고 덤비는 그런 여인에게 붙잡히면 죽을 수 있다는 뜻입니다. 그러나 그런 여자가 아무리 올무를 만들고 그물을 쳐놔도 걸려들지 않는 사람이 있다고 했습니다. 그 사람이 누구라고 합니까? 하나님을 기뻐하는 자라고 했습니다. 다시 말해서 하나님을 경외하는 마음이 있어서 하나님을 두려워하고 사랑하는 사람은 그런 올무와 그물에 걸리지 않는다는 것입니다. 그런 유혹을 이기고 산다는 것입니다. 그렇습니다. 정말 그렇습니다. 그런 사람은 올무와 그물에 걸리지 않습니다. 힘겨울지라도 그런 유혹을 잘 이기고 삽니다.

그렇다면 지혜는 어디에서 올까요? 지혜에 관한 지식을 배우고 터득할 뿐만 아니라 지혜자로 살 수 있게 하는 지혜, 실천적인 삶을 살게 하는 지혜는 어디에서 올까요? 하나님입니다. 하나님으로부터 옵니다. 지혜가 무엇인지 알아도 하나님을 경외하는 마음이 있어야 지혜자로 살 수 있습니다. 하나님에 대한 믿음이 있고 하나님이 주시는 은혜가 있어야 지혜자로 살 수 있습니다. 그래서 성경은 여호와를 경외하는 것이 지혜의 근본이라고 가르칩니다.

본문 29절을 보면 하나님은 인간을 만드실 때 정직하게 지으셨다고 했습니다. 그러나 사람들은 너무 많이 꾀를 부리며 산다고 했습니다. 여기서 꾀는 도덕적 부패성을 의미하고 잔머리 굴리는 것을 의미합니다. 인간이 너무 잔머리를 굴리고 살아서 지혜자가 될 수 없다는 것입니다. 그렇습니다. 하나님은 사람을 지으실 때 하나님의 형상을 따라 지으셨습니다. 정직하게 살도록 지으셨습니다. 그러나 사람은 꾀를 부리고 삽니다.

그러나 우리는 물과 성령으로 거듭난 성도입니다. 하나님께서 새롭게 하셨고, 새 영을 부어주셨습니다. 그러므로 잔머리를 굴리지 않아야 합니다. 온갖 탐욕과 음욕에 사로잡혀 욕심대로 살지 않아야 합니다. 여전히 그런 부패성이 꿈틀거리지만 날마다 십자가에 못 박아야 합니다. 그리함으로 온갖 탐욕을 이기고 지혜자로 살 수 있습니다.

우리는 연약하지만 하나님을 의지하는 믿음으로 살기 바랍니다. 하나님께서 주시는 은혜와 능력으로 살기를 바랍니다. 그리하여 우매자가 되지 말고 지혜자가 되기를 바랍니다. 말뿐인 그리스도인이 아니라 실천적인 지혜자, 실천적인 그리스도인이 되기를 주의 이름으로 기원합니다. 아멘.

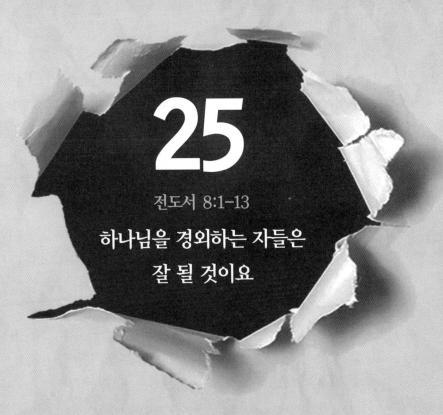

25

전도서 8:1-13

하나님을 경외하는 자들은
잘 될 것이요

전 8:1-13

¹누가 지혜자와 같으며 누가 사물의 이치를 아는 자이냐 사람의 지혜는 그의 얼굴에 광채가 나게 하나니 그의 얼굴의 사나운 것이 변하느니라 ²내가 권하노라 왕의 명령을 지키라 이미 하나님을 가리켜 맹세하였음이니라 ³왕 앞에서 물러가기를 급하게 하지 말며 악한 것을 일삼지 말라 왕은 자기가 하고자 하는 것을 다 행함이니라 ⁴왕의 말은 권능이 있나니 누가 그에게 이르기를 왕께서 무엇을 하시나이까 할 수 있으랴 ⁵명령을 지키는 자는 불행을 알지 못하리라 지혜자의 마음은 때와 판단을 분변하나니 ⁶무슨 일에든지 때와 판단이 있으므로 사람에게 임하는 화가 심함이니라 ⁷사람이 장래 일을 알지 못하나니 장래 일을 가르칠 자가 누구이랴 ⁸바람을 주장하여 바람을 움직이게 할 사람도 없고 죽는 날을 주장할 사람도 없으며 전쟁할 때를 모면할 사람도 없으니 악이 그의 주민들을 건져낼 수는 없느니라 ⁹내가 이 모든 것들을 보고 해 아래에서 행하는 모든 일을 마음에 두고 살핀즉 사람이 사람을 주장하여 해롭게 하는 때가 있도다 ¹⁰그런 후에 내가 본즉 악인들은 장사지낸 바 되어 거룩한 곳을 떠나 그들이 그렇게 행한 성읍 안에서 잊어버린 바 되었으니 이것도 헛되도다 ¹¹악한 일에 관한 징벌이 속히 실행되지 아니하므로 인생들이 악을 행하는 데에 마음이 담대하도다 ¹²죄인은 백 번이나 악을 행하고도 장수하거니와 또한 내가 아노니 하나님을 경외하여 그를 경외하는 자들은 잘 될 것이요 ¹³악인은 잘 되지 못하며 장수하지 못하고 그 날이 그림자와 같으리니 이는 하나님을 경외하지 아니함이니라

지혜가 얼마나 중요한지 하나님께서는 자기 백성에게 지혜를 가르치라고 지혜서를 주셨습니다. 예수님께서도 제자들이 이리의 밥이 되지 않으려면 뱀같이 지혜로워야 한다고 하셨습니다. 전도서 7장 19절을 보면 "지혜가 지혜자를 성읍 가운데에 있는 열 명의 권력자들보다 더 능력이 있게 하느니라"고 했습니다. 지혜가 이렇게 중요합니다. 지혜는 우리로 하나님의 백성답게 살게 하고, 이 세상을 잘 살게 합니다. 또 지혜는 죄와 악이 가득한 세상에서 자기를 지키게 하며, 능력 있게 살게 합니다.

그럼에도 우리가 지혜롭게 살지 못하는 이유는 무엇일까요? 지혜가 무엇인지 알아도 의롭게 살지 못하고 잘 살지 못하는 이유가 무엇일까요? 전도서는 그 이유를 두 가지로 말씀합니다. 하나는 우리의 부패성 때문이라고 합니다. 우리의 도덕적 부패성이 어떻게 살아야 하는지 알아도 그렇게 살지 못하게 한다고 했습니다. 다른 하나는 외적인 요인입니다. 악한 자에게 억압을 당하거나 유혹을 받기 때문이라고 합니다. 그런 경우에는 어떻게 살아야 하는지 알아도 지혜롭게 살지 못한다고 했습니다.

전도자는 그런 사실을 언급하면서 "마음은 올무와 그물 같고 손은 포승 같은 여인"을 예로 들었습니다. 그런 여자는 "사망보다 더 쓰다"고 했습니다. 그런 여자가 작심하고 덤벼들면 걸려들지 않을 남자가 없는데, 일단 걸려들면 그 사람은 죽음보다 더 쓴맛을 보게 됩니다.

왜 그런 올무에 걸려들지 않을 사람이 없을까요? 유혹 때문일까요? 그러면 유혹이 없으면 지혜롭게 살까요? 그렇지 않습니다. 우리 속에는 부패한 욕망이 있습니다. 음란한 욕망이나 돈 욕심이나 출세욕이 우리를 가만히 놔두지 않습니다. 근본적인 문제는 유혹보다 우리의 부패성입니다. 그렇다고 모든 사람들이 걸려들지는 않습니다. 어떤 사람이 걸려들지 않을까요? 돈 없는 사람일까요? 바보같이 생긴 사람일까요? 애초에 여자에게 관심이 없는 사람일까요? 그렇지 않습니다. 학식이나 재력이나 인물이 없다고 걸려들지 않는 것도 아닙니다.

전도서 7장 26절을 보면 "하나님을 기뻐하는 자는 그를 피하려니와 죄인은 그 여인에게 붙잡히리로다"라고 했습니다. 진심으로 하나님을 두려워하고 사랑하는 사람은 그런 유혹을 피해간다는 뜻입니다. 그런 사람은 이기고 삽니다. 그래서 성경은 여호와를 경외하는 것이 지혜의 근본이라고 합니다. 사람이 지혜를 알아도 하나님을 경외하는 믿음이 없다면 지혜롭게 살 수 없습니다. 그러므로 하나님을 경외하기를 바랍니다. 하나님께서 주시는 은혜와 능력으로 죄를 이기고, 유혹을 이기고, 지혜자로 살기를 바랍니다.

전도서 7장에 이어서 8장에서도 하나님을 경외할 것을 말씀합니다. 7장에서 전도자는 하나님을 경외하는 자가 올무와 그물과 포승줄과 같은 유혹을 이길 수 있다고 했습니다. 하나님을 경외하는 것이 이렇게 중요하다는 것입니다. 8장에서도 하나님 경외의 중요성을 말씀합니다.

본문 1절을 보실까요?

누가 지혜자와 같으며 누가 사물의 이치를 아는 자이냐 사람의 지혜는 그의 얼굴에 광채가 나게 하나니 그의 얼굴의 사나운 것이 변하느니라(8:1)

지혜자는 세상일에 대한 이치를 아는 사람입니다. 그런 사람은 얼굴에 광채가 난다고 했습니다. 설령 그 얼굴에 사나운 것이 있을지라도 지혜를 얻으면 그것이 변하여 광채가 난다고 했습니다.

어떤 사람이 얼굴이 사나울까요? 일반적으로 성질이 고약한 사람의 얼굴이 사납습니다. 또 거만한 사람의 얼굴이 사납습니다. 마음이 거만한 사람은 얼굴에도 거만한 기가 흐르는데 그것을 사납다고 했습니다. 사납다는 말은 히브리어로 "오즈(עז)"입니다. 그 뜻은 능력, 세력, 권력입니다. 일반적으로 이 말은 좋은 의미로 사용하지만, 가끔은 부정적인 의미로 사용합니다. 여기에서는 부정적인 의미로 사용했습니다. 권력이 있고 세력이 있는 사람은 얼굴이 사납다는 뜻으로 사용했습니다. 왜 그렇게 표현했을까요? 권력과 세력이 생기면 거만해질 수 있기 때문입니다. 그런 사람들은 얼굴이 거만하게, 사납게 보입니다. 그러나 지혜가 있는 사람은 그렇지 않습니다. 권력과 세력이 있어도 오히려 얼굴에 사나운 것이 없어지고 광채가 납니다.

한 예를 보실까요? 본문 2절부터 4절까지를 보면 어떤 신하에 대한 이야기가 나옵니다. 그 신하는 대단한 권력과 세력을 갖고 있었습니다. 그 기세가 얼마나 등등했던지 왕에게 견줄 정도였습니다. 그런 신하가 왕의 명령을 잘 들을까요? 전혀 안 듣지는 않겠지만, 다른 신하들에 비해 왕의 말을 우습게 여기는 경향이 있을 것입니다. 듣는다 해도 거만하게 행동할 수 있습니다.

어느 날 어전회의를 하는데 왕과 의견이 맞지 않았습니다. 토론이 길어지고 날 선 공방이 오가다가 신하가 그만 화가 나서 나가버렸습니다. 회의가 끝나지 않았는데 왕 앞에서 문을 박차고 나갔습니다. 그런 사람은 지혜가 없는 사람입니다. 자신의 세력을 믿고 왕 앞에서 그렇게 행동하는 것은 거만한 짓이고 미친 짓입니다.

그래서 본문 2절을 보면 이렇게 권면합니다.

내가 권하노라 왕의 명령을 지키라(8:2)

또 본문 3절에는 이렇게 권면합니다.

왕 앞에서 물러가기를 급하게 하지 말며 악한 것을 일삼지 말라 왕은 자기
가 하고자 하는 것을 다 행함이니라(8:3)

아무리 힘이 있고 세력이 등등해도 왕 앞에서 함부로 행동하지 말라고 했
습니다. 그뿐 아니라 오히려 왕의 명령을 추상같이 받들고 왕 앞에서 겸손
하게 예의를 지키라고 했습니다. 그런 사람은 힘이 있고 세력이 있어도 온
화하고 겸손합니다. 얼굴에서 광채가 납니다. 그런 사람이 지혜로운 사람
입니다. 아무리 뜻이 맞지 않고 화가 나더라도 그렇게 행동하면 안 됩니
다. 그것은 어리석은 짓입니다. 지혜자는 그렇게 행동하지 않습니다.

그러면 전도자가 이 말씀을 한 것은 오로지 신하들에게 겸손할 것을
가르친 것일까요? 왕 앞에서 건방지게 행동하지 말고, 왕의 명령에 순종
을 잘하라는 뜻으로 했을까요? 그런 의미에서도 이 교훈을 받아야 하겠지
만, 전도자가 의도하는 것은 그게 아니었습니다. 하나님의 말씀에 순종하
라는 데 있습니다. 세상에는 유혹도 많고 우리 마음에는 부패한 욕망이 가
득하지만, 그럴지라도 하나님의 말씀에 순종하라는 것입니다. 하나님을
두려워하고 사랑하는 마음으로 순종하라는 것입니다. 그런 사람이 지혜자

요, 그런 사람의 얼굴에 광채가 납니다.

앞에서 거만한 신하에 관한 이야기를 했습니다. 그 신하는 어전회의를 하다가 화가 난다고 왕 앞에서 문을 박차고 나가버렸다고 했습니다. 그 뒤에 어떻게 됐을까요? 그의 세력은 왕에게 견줄 만큼 등등하다고 했습니다. 왕이 잡아들여 주리를 틀었을까요? 그 정도 세력이 있다면 왕이라도 함부로 하지 못할 것입니다. 그 신하도 그것을 알았기 때문에 왕의 면전에서 문을 박차고 나갔을 것입니다.

그러나 본문 5절과 6절을 보면 그런 사람에 대해 이렇게 말씀합니다.

명령을 지키는 자는 불행을 알지 못하리라 지혜자의 마음은 때와 판단을 분변하나니 무슨 일에든지 때와 판단이 있으므로 사람에게 임하는 화가 심함이니라(8:5, 6)

이 말씀은 전도서 3장에 언급한 세상만사가 때가 있다는 말씀과 같은 뜻입니다. 3장 17절을 보면 하나님이 의인과 악인을 심판하실 때가 있다고 했습니다. 그 말씀을 여기에 재차 말씀한 것입니다. 하나님께서 하시는 일을 살펴보고 세상에 돌아가는 일을 관찰해 보니 하나님께서 심판하실 때가 있더라고 했습니다. 그것을 알고 왕의 명령을 지키고 사는 자는 화를 당하지 않는다고 했습니다. 반대로 그런 사실을 무시하고 사는 자는 화를 자초합니다. 그 신하는 자신의 세력만 믿고 그런 사실을 무시했습니다. 자신의 세력이 언제까지나 등등할 것으로 생각하고 왕 앞에서 건방을 떨었습니다. 그런 자에게 임하는 화가 심하다고 했습니다. 하나님의 심판이 있다는 것입니다.

여러분께서도 모든 일에 때가 있으므로 그 신하도 심판당할 때가 있다고 생각하십니까? 그렇습니다. 세상에는 하나님의 심판이 있습니다. 하나님께서 의인과 악인을 심판하실 때가 있습니다. 우리는 그런 사실을 믿고 겸손해야 합니다. 날아가는 새도 떨어뜨리는 권세가 있다고 해도 겸손해야 합니다. 그렇게 할 줄 아는 사람이 지혜자입니다.

사울 왕이 죽고 다윗 왕이 이스라엘의 통일을 앞두고 있을 때였습니다. 사울 왕의 신하들은 아직 투항하지 않았고, 하나님의 백성 간에 내전이 계속되고 있었습니다. 그때 사울 왕의 신하였던 아브넬이라는 장군이 다윗 왕에게 투항했습니다. 다윗의 신하 중에는 요압이라는 장군이 있었는데 그의 동생 중 하나가 아브넬에게 죽었습니다. 요압은 그에 대한 앙심을 품고 아브넬을 죽였습니다. 그건 해서는 안 될 짓이었습니다.

다윗왕은 그 소식을 듣고 격노했습니다. 이제 내전을 끝내고 통일을 앞두고 있었는데 통일이 물 건너갈 위기를 당했기 때문이었습니다. 전쟁을 끝내고 평화의 시대가 오는 길목에서 요압이 사적인 원한을 풀려고 아브넬을 죽였기 때문이었습니다. 그러나 다윗 왕이라도 요압을 어떻게 할 수 없었습니다. 그의 세력이 얼마나 등등했던지 군법으로 다스리지 못했습니다. 요압은 그 뒤로 평안히 잘 먹고 잘 살았습니다. 다윗보다 더 오래 살았습니다. 그는 그렇게 잘 살다가 평안히 죽을 줄로 알았을 것입니다.

그러면 요압은 그렇게 잘 살다가 아무 일이 없다는 듯이 평안히 죽었을까요? 그렇지 않았습니다. 다윗 왕은 죽기 전에 자기 아들 솔로몬에게 유언을 남기면서 요압으로 평안히 죽지 못하게 하라고 했습니다. 다윗 자신은 요압의 세력이 너무 커서 벌하지 못했지만, 자기 아들 솔로몬에게 그를 벌할 것을 유언했습니다. 결국 요압은 솔로몬에게 처형당해 죽었습니다. 다윗이 죽은 후에 심판을 당한 것입니다. 생각해 보십시오. 요압이 의인과 악인에 대한 심판이 있다는 것을 믿었다면 아브넬에게 보복을 했을까요? 자신의 권력이나 세력도 끝날 때가 있다는 것을 생각했다면 왕 앞에서 그렇게 방자하게 굴었을까요? 그렇게 하지 않았을 것입니다.

세상만사가 때가 있습니다. 마찬가지로 의인과 악인에 대한 심판도 때가 있습니다. 그런 사실을 잘 알고 하나님을 경외하는 믿음으로 산다면 화를 면할 수 있습니다. 지혜자는 그런 사실을 분별하고 삽니다. 지혜자도 인간인지라 미래사를 다 예측할 수 없고 종잡을 수 없는 세상을 살아야 하지만, 그러나 세상만사의 때를 잘 살피고 산다면 화를 면할 수 있습니다. 하나님의 백성이요, 지혜를 배우는 우리는 세상만사가 때가 있는 것을 믿어야 합니다. 의인과 악인에 대한 심판도 때가 있다는 것을 알고 하나님의 말씀에 순종해야 합니다.

종종 하나님의 심판이 지연될 때가 있습니다. 하나님께서 우리가 죄를 짓는 순간 벌하지 않으시고 실행을 늦추시는 경우가 많이 있습니다. 저는 그것을 하나님께서 우리에게 베푸시는 은혜라고 생각하고 다행이라고 생각합니다. 그러나 그것을 잘못 판단하고 악용하는 사람들이 있습니다.

본문 11절을 보면 그런 사람들의 생각을 지적하여 이렇게 말씀합니다.

> 악한 일에 관한 징벌이 속히 실행되지 아니하므로 인생들이 악을 행하는 데
> 에 마음이 담대하도다(8:11)

우리가 죄를 지을 때마다 벌하지 않으시므로 겁 없이 대담해진다는 뜻입니다. '이번에도 벌하지 않으시겠지, 이런 죄를 지어도 벌하지 않으시겠지'라고 생각한다는 것입니다. 그런 일이 많이 있습니다.

실제로 세상에는 백번 악을 행하고 장수하는 악인이 있습니다. 요압처

럼 악을 행하고 잘 먹고 잘 사는 사람도 있습니다. 그러나 그것은 보편적인 현상이 아닙니다. 그런 일이 있다고 해서 그것이 흔히 있는 일은 아닙니다. 세상에는 보응의 원리가 있습니다. 그래서 죄 때문에 망하는 사람이 많고, 악하기 때문에 단명하는 사람도 많습니다. 그러므로 악한 일에 징벌이 즉각 실행되지 않는다고 해서 악을 행하기에 담대해선 안 됩니다. '이번에도 봐 주시겠지, 이번에도 벌하지 않으시겠지'라는 생각으로 간이 부어선 안 됩니다. 그 반대로 생각해야 합니다. '이러다가 내가 망하지, 이러다가 내가 천 벌을 받지, 이번에는 나를 끝장내버리시겠지'라고 생각해야 합니다.

지금까지 지혜자가 시기와 판단을 잘 분별해서 행동하면 화를 면할 수 있다는 것을 말씀드렸습니다. 악인에 대한 심판도 반드시 있다고 했습니다. 그러면 여러분의 생각에 악인이 잘 되는 것 같습니까, 하나님을 경외하는 자가 잘 되는 것 같습니까? 쉽게 한두 사람의 경우만 보고 결론 짓지 마시고, 여러 사람의 경우를 살펴보고 말씀해 보십시오. 어떤 사람이 더 잘 될까요? 아마 대답하기가 쉽지 않을 것입니다.

그러면 하나님은 뭐라고 하실까요? 본문 12절을 보면 이렇게 말씀하십니다.

> 죄인은 백 번이나 악을 행하고도 장수하거니와 또한 내가 아노니 하나님을 경외하여 그를 경외하는 자들은 잘 될 것이요(8:12)

백번 악을 행하고도 장수하는 사람이 있다고 해도 결코 악인이 잘되지 않는다고 했습니다. 그 반대입니다. 하나님을 경외하는 자가 잘 된다고 했습니다. 개역성경에서는 그런 사실을 강조해서 말씀하기를 "내가 정녕히 아노니"라고 했고 "하나님을 경외하여 그 앞에서 경외하는 자가 잘 된다"고 했습니다. 정녕코 하나님을 경외하는 자가 잘 된다고 했습니다.

그렇습니다. 하나님을 경외하는 자가 잘 됩니다. 정녕코 잘 됩니다. 하나님의 말씀입니다. 이 말씀을 믿고, 하나님을 경외하기를 바랍니다. 하나님을 두려워하고 사랑하는 마음으로 순종하며 살기를 바랍니다. 그리하여 우리가 종잡을 수 없는 세상을 살지만, 하나님께서 잘되게 하시기를 주의 이름으로 기원합니다. 아멘.

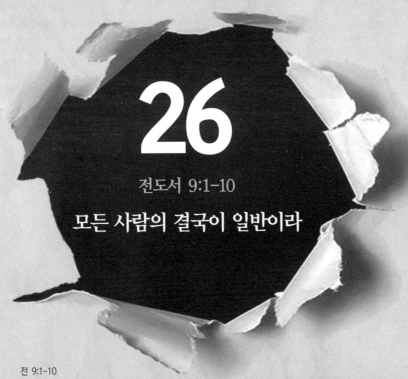

26

전도서 9:1-10

모든 사람의 결국이 일반이라

전 9:1-10

¹이 모든 것을 내가 마음에 두고 이 모든 것을 살펴 본즉 의인들이나 지혜자들이나 그들의 행위나 모두 다 하나님의 손 안에 있으니 사랑을 받는지 미움을 받는지 사람이 알지 못하는 것은 모두 그들의 미래의 일들임이니라 ²모든 사람에게 임하는 그 모든 것이 일반이라 의인과 악인, 선한 자와 깨끗한 자와 깨끗하지 아니한 자, 제사를 드리는 자와 제사를 드리지 아니하는 자에게 일어나는 일들이 모두 일반이니 선인과 죄인, 맹세하는 자와 맹세하기를 무서워하는 자가 일반이로다 ³모든 사람의 결국은 일반이라 이것은 해 아래에서 행해지는 모든 일 중의 악한 것이니 곧 인생의 마음에는 악이 가득하여 그들의 평생에 미친 마음을 품고 있다가 후에는 죽은 자들에게로 돌아가는 것이라 ⁴모든 산 자들 중에 들어 있는 자에게는 누구나 소망이 있음은 산 개가 죽은 사자보다 낫기 때문이니라 ⁵산 자들은 죽을 줄을 알되 죽은 자들은 아무것도 모르며 그들이 다시는 상을 받지 못하는 것은 그들의 이름이 잊어버린 바 됨이니라 ⁶그들의 사랑과 미움과 시기도 없어진 지 오래이니 해 아래에서 행하는 모든 일 중에서 그들에게 돌아갈 몫이 영원히 없느니라 ⁷너는 가서 기쁨으로 네 음식물을 먹고 즐거운 마음으로 네 포도주를 마실지어다 이는 하나님이 네가 하는 일들을 벌써 기쁘게 받으셨음이니라 ⁸네 의복을 항상 희게 하며 네 머리에 향 기름을 그치지 아니하도록 할지니라 ⁹네 헛된 평생의 모든 날 곧 하나님이 해 아래에서 네게 주신 모든 헛된 날에 네가 사랑하는 아내와 함께 즐겁게 살지어다 그것이 네가 평생에 해 아래에서 수고하고 얻은 네 몫이니라 ¹⁰네 손이 일을 얻는 대로 힘을 다하여 할지어다 네가 장차 들어갈 스올에는 일도 없고 계획도 없고 지식도 없고 지혜도 없음이니라

전도서 7장을 강론하면서 지혜자를 미치게 만드는 유혹에 대해 살펴보았습니다. 마음이 올무와 그물 같고 손이 포승줄 같은 여인이 작심하고 덤벼들면 걸려들지 않을 사람이 없다고 했습니다. 그런 여자는 죽음보다 독한 자이므로 걸려든 사람은 죽음보다 더 쓴맛을 볼 것입니다. 그렇다고 다 걸리지는 않는다고 했습니다. 하나님을 기뻐하는 사람, 다시 말해서 하나님을 경외하는 사람은 걸리지 않는다고 했습니다. 하나님을 경외하는 사람은 하나님을 두려워하고 사랑하기 때문에 그런 유혹을 물리치고 삽니다. 하나님께서 주시는 은혜와 능력으로 물리치고 삽니다. 하나님을 경외하고 사는 것이 그렇게 중요합니다.

전도서 8장에서는 자신의 권력과 세력을 믿고 왕 앞에서 오만방자하게 구는 신하에 대해 상고했습니다. 그 신하의 세력이 얼마나 강력한지 왕도 함부로 하지 못한다고 했습니다. 왕 앞에서 회의하던 중 분을 참지 못하고 문을 박차고 나갔다고 했습니다. 그런데도 왕은 교만하고 악한 그 신하를 잡아들여 벌하지 못했습니다. 그 신하는 그렇게 하고도 잘 먹고 잘살았습니다.

그렇다고 하나님의 심판이 없을까요? 악한 자에 대한 심판이 없을까요? 그렇지 않습니다. 아무리 권력이 하늘을 찌르고 기고만장해도 하나님의 심판을 피하지는 못합니다. 그러기에 하나님을 경외하는 사람은 권력과 부를 거머쥐었다고 해도 그렇게 방자하게 행동하지 않는다고 했습니다. 더딘 것 같아도 때가 되면 하나님이 심판하신다는 것을 알기에 권력이 있어도 왕 앞에서 겸손하게 행동한다고 했습니다. 그 결과 화를 당하지 않는다고 했습니다. 하나님을 경외하는 것이 그렇게 중요합니다.

세상에는 백번 악을 행하고도 장수하는 사람이 있습니다. 그렇다고 악하게 사는 사람이 잘 될까요? 아니면 하나님을 경외하는 믿음으로 사는 사람이 잘 될까요? 여러분의 생각에는 어떤 사람이 더 잘 된다고 생각하십니까? 하나님을 경외하는 사람이 잘 됩니다.

전도서 8장 12절을 보면 그런 사실에 대해 이렇게 말씀합니다.

> **죄인은 백 번이나 악을 행하고도 장수하거니와 또한 내가 아노니 하나님을 경외하여 그를 경외하는 자들은 잘 될 것이요(전 8:12)**

이 말씀은 전도자가 어떤 사람이 잘 되는가를 관찰하고 내린 결론입니다. 전도자가 자세히 관찰해보니 결국은 하나님을 경외하는 자가 잘 되는 것을 보았습니다. 하나님께서는 그 결론을 하나님의 말씀으로 전도서에 기록하게 하셨습니다. 세상에는 백번 악을 행하고도 장수하는 사람이 있지만, 그럼에도 하나님을 경외하는 사람이 잘 된다는 것을 알게 하셨습니다. 하나님의 말씀입니다. 우리가 이 말씀을 믿고 하나님을 두려워하고 사랑하는 마음으로 살기를 바랍니다. 그리하여 하나님께서 우리의 행사에 복을 주시고 잘 되게 하시기를 주의 이름으로 기원합니다.

사람을 보면 많은 사람에게 사랑받는 사람이 있는가 하면 미움을 받는 사람도 있습니다. 똑같이 의롭게 살고 똑같이 지혜롭게 살았는데, 어떤 사람은 사랑받고 어떤 사람은 미움을 받습니다. 의롭게 살고 지혜롭다고 해서 다 사랑받지 않는다는 것입니다. 그 이유는 무엇일까요?

본문 1절을 보면 전도자는 그런 사실을 연구하여 이렇게 결론을 내렸습니다.

이 모든 것을 내가 마음에 두고 이 모든 것을 살펴본즉 의인들이나 지혜자들이나 그들의 행위나 모두 다 하나님의 손안에 있으니 사랑을 받는지 미움을 받는지 사람이 알지 못하는 것은 모두 그들의 미래의 일들임이니라 (9:1)

전도자가 그 이유가 무엇인지 자세히 연구하며 살펴봤는데 사랑을 받거나 미움을 받는 것이 하나님의 손안에 있더라고 했습니다. 똑같이 의롭게 살고 지혜롭게 살아도 어떤 사람은 사랑받고 어떤 사람은 미움을 받는데, 그 주권이 하나님의 손아귀에 있더라고 했습니다. 아무리 의롭게 살고 지혜롭게 살아도 하나님께서 사랑받게 해주셔야 사랑을 받을 수 있다는 것입니다. 그러면서 이렇게 말씀합니다.

사랑을 받는지 미움을 받는지 사람이 알지 못하는 것은 모두 그들의 미래의 일들임이니라(9:1b)

왜 이렇게 말씀했을까요? '의롭게 살아라. 그리하면 다 사랑받을 것이다. 지혜롭게 살아라. 그리하면 다 사랑받을 것이다.' 이렇게 말씀하시면 좋을 것 같은데 왜 사랑을 받는지, 미움을 받는지 알 수 없다고 했을까요? 이 말씀은 의롭게 살았다고 해서 인간이 미래를 결정 짓거나 선택할 수 없다는 뜻입니다. 지혜롭게 살았다고 해서 하나님의 손을 벗어나 자기 뜻대로 살 수 없다는 것입니다.

그렇습니다. 우리가 의롭게 살고 지혜롭게 살아야 하지만, 그렇다고 해서 우리가 하나님의 손에서 벗어나서 자기 뜻대로 살 수 있는 것은 아닙니다. 의롭고 지혜롭게 행동해야 하지만, 그 의와 지혜가 빛을 보려면 하나님께서 은혜를 주셔야 합니다. 복을 주셔야 합니다. 그래야 사랑받고 살 수 있습니다. 그러므로 하나님을 경외하는 믿음으로 살아야 합니다. 하나님의 주권을 믿으며 살고, 하나님을 의지하고 살아야 합니다.

의롭게 살고 지혜롭게 살아도 미움을 받는다는 것은 상당히 곤혹스러운 일입니다. 이해하기 어렵고 받아들이기 어려운 일입니다. 만일 의롭게 살았는데 미움을 받는다면 굳이 의롭게 살 필요가 있을지 회의감이 들 것입니다. 그러나 그것은 사실입니다. 받아들이기에 곤혹스럽고 이해하기 힘들지만, 인간에게는 그런 일이 있습니다.

전도자는 거기에 그치지 않고 또 한 가지 곤혹스러운 일을 지적합니다. 그것은 모든 사람의 결국이 일반이라는 사실입니다. 의인이나 악인이나 당할 일은 다 당하고 산다는 사실입니다. 깨끗한 자나 더러운 자나, 제사를 드리는 자나 드리지 않는 자나 당할 일은 다 당하고 삽니다. 세상에는 그런 일이 있습니다.

몇 해 전(이 설교를 처음 했을 때) 버스 기사들의 졸음운전 때문에 대형교통사고가 여러 건 발생했습니다. 그 사고로 일시에 많은 사람이 죽었습니다. 그들이 죄가 커서 죽었을까요? 착하고 예수를 잘 믿는 사람들은 안 죽었을까요? 그렇지 않았을 것입니다. 사고로 목숨을 잃은 사람 중에는 착한 사람도 있었을 것이고, 신앙이 좋은 사람도 있었을 것입니다. 그와 같이 예수를 믿으나 안 믿으나 인간이 당하는 일은 다 당할 수 있습니다. 전쟁이 나면 의인이나 악인이나 당할 일은 다 당할 수 있습니다. 그 대표적인 것은 죽음입니다. 죽음은 의인이라고 해서 피해 가거나, 악인에게만 찾아가지 않습니다. 의인이나, 악인이나 다 당합니다. 그래서 본문 2절은 "모든 사람에게 임하는 그 모든 것이 일반이라"고 했습니다.

이어서 본문 3절을 보면 또 이렇게 말씀합니다.

> 모든 사람의 결국은 일반이라 이것은 해 아래에서 행해지는 모든 일 중의
> 악한 것이니 곧 인생의 마음에는 악이 가득하여 그들의 평생에 미친 마음을
> 품고 있다가 후에는 죽은 자들에게로 돌아가는 것이라(9:3)

모든 사람의 결국이 일반인데, 인간은 마음에 악이 가득하여 미친 듯이 살다가 다 죽는다는 것입니다. 악인은 말할 것도 없고, 의인도 의롭다고 해서 죄가 없는 사람이 없다는 것입니다. 다 죄 가운데서 살다가 죽는다는 것입니다.

죽음을 대표적인 예로 들어서 그렇지, 이런 사실은 심각한 의문을 줍니다. '의롭게 사나 악하게 사나 당할 일은 다 당한다면, 누가 의롭게 살려고 하겠는가? 굳이 하나님을 믿을 필요가 있는가? 불신자로 살고 악하게 사는 것도 나쁠 것이 없지 않은가?' 이런 의문은 인생에 대한 회의적이고 염세적인 태도입니다. 이것이 얼마나 심각한 문제인지 본문은 "해 아래 모든 일 중에 악한 일이라"고 했습니다. 이것은 보응의 원리가 철저하게 시행되지 않는다는 뜻입니다. 보응의 원리는 하나님께서 세상을 통치하시는 방식 중 하나입니다. 그래서 죄인에 대한 심판이 있습니다. 그러나 하나님은 모든 일을 보응의 원리에 따라 다스리지 않으십니다. 그래서 이런 일이 있습니다. 그러나 이것이 납득이 되지 않고 받아들이기 힘들지만, 모든 일을 보응의 원리로 다스리시지 않는 것은 다행입니다. 그것은 하나님의 선처이고, 죄인에게는 기회입니다. 인생을 다시 한 번 잘살아볼 기회입니다. 세상을 철저한 보응의 원리로만 다스리신다면 우리가 어떻게 살 수 있겠습니까? 어떻게 숨을 쉬고 살고, 무슨 희망을 품고 살겠습니까?

이것을 이해하지 못하고 하나님께서 세상을 제대로 통치하지 못하신

다고 말하면 안 됩니다. 이것을 이해하지 못한 사람은 삶을 부정적으로 생각하고 염세적 살거나 절망적으로 살 수 있습니다. 욥도 재앙을 당했을 때 그럴 수 있다고 생각했습니다. 그럴 것 같으면 너무 의롭게 살 필요도 없고, 너무 악하게 살지 않으면 된다고 생각할 수 있다고 했습니다. 그러나 하나님의 대답을 들은 후에는 자신이 무지한 말을 했다는 것을 알았습니다.

우리도 마찬가지입니다. 의롭게 사나 악하게 사나 당할 일은 똑같이 당한다고 해서 하나님께서 세상을 제대로 통치하지 못하시는 것으로 생각해선 안 됩니다. 정직하게 살 필요가 없고, 너무 악하게만 살지 않으면 된다고 생각해선 안 됩니다. 오히려 인생이 그런 존재임을 인정하고 잘 받아들여야 합니다. 삶이 힘겨워도 부정하거나 포기하지 말아야 합니다. 그런 삶도 귀하게 여기고 가치 있게 여겨야 합니다. 그렇게 살 줄 아는 것이 믿음입니다. 이것은 전도서의 중요한 교훈 중 하나입니다.

여러분의 생각에는 죽은 사자가 낫습니까, 살아있는 개가 낫습니까? 본문 4절은 이 질문에 대한 답을 이렇게 말씀합니다.

모든 산 자들 중에 들어 있는 자에게는 누구나 소망이 있음은 산 개가 죽은 사자보다 낫기 때문이니라(9:4)

갈기가 멋있고 체격이 좋은 수사자와 그보다는 작은 개가 있습니다. 그런데 사자는 죽었고 개는 살아있습니다. 그 둘 중에 누가 더 낫습니까? 살아있는 개가 낫지요. 아무리 갈기가 멋있는 수사자라도 죽은 것보다는 작더라도 산 것이 더 낫습니다.

죽은 자에게는 소망이 없습니다. 미래가 없습니다. 하나님을 찬양할수도 없고, 감사할 수도 없습니다. 소망은 산 자의 것입니다. 미래는 산 자에게 있습니다. 찬양도 감사도 산 자만 할 수 있습니다. 본문 5절을 보면죽은 자들은 아무것도 모르며 다시는 상을 받을 수도 없다고 했습니다.

이어서 본문 6절 하반절에서는 이렇게 말씀합니다.

해 아래에서 행하는 모든 일 중에서 그들에게 돌아갈 몫은 영원히 없느니라 (9:6b)

다시는 해 아래서 살 일도 없지만, 해 아래서 행하는 모든 일에 다시는 복받을 기회가 없다는 것입니다. 영원히 없다는 것입니다. 결과적으로 죽은사람보다 산 사람이 더 낫다는 것입니다. 인생이 부조리하고 허무하지만그렇다고 인생이 의미가 없는 것이 아니며, 삶이 가치가 없는 것이 아닙니다. 의롭게 사나 악하게 사나 당할 일은 다 같이 당하고 산다고 해도, 자신의 삶을 귀하게 여기고 사랑해야 합니다. 살아 있는 것을 큰 복으로 여기고 살아야 합니다.

그렇다면 그런 인생을 어떻게 사는 것이 잘사는 것일까요?
본문 7절이 그에 대해 이렇게 답해줍니다.

너는 가서 기쁨으로 네 음식물을 먹고 즐거운 마음으로 네 포도주를 마실지어다 이는 하나님이 네가 하는 일들을 벌써 기쁘게 받으셨음이니라(9:7)

그런 인생을 하나님이 잘 알고 계시고, 그런 우리를 기쁘게 받으셨다고 했습니다. 그러므로 음식도 잘 먹고 포도주도 마시며 기쁘게 살라고 했습니다. 그게 인생인 줄 알고 잘 받아들이며, 더 나아가 기쁘게 살라고 했습니다. 그렇게 사는 것이 하나님을 경외하는 믿음으로 사는 것입니다.

그러면서 본문 9절에는 특별히 아내와 함께 기쁘게 살 것을 말씀하십니다.

> 네 헛된 평생의 모든 날 곧 하나님이 해 아래에서 네게 주신 모든 헛된 날에 네가 사랑하는 아내와 함께 즐겁게 살지어다 그것이 네가 평생에 해 아래에서 수고하고 얻은 네 몫이니라(9:9)

인생이 허무하고 부조리하지만 사랑하는 아내와 함께 기쁘게 살라고 했습니다. 살다 보면 아픔도 있고 슬픔도 있고 이해가 안 되는 일도 있지만, 아내와 함께 재미있게 살라고 했습니다. 그렇게 사는 것이 하나님이 주신 복이라고 했습니다.

이어 10절에서는 허무하고 부조리한 인생을 어떻게 살아야 하는지 또 이렇게 말씀합니다.

> 네 손이 일을 얻는 대로 힘을 다하여 할지어다(9:10a)

열심히 살라는 것입니다. 자신에게 주어진 삶을 게으르지 말고 대충 살지 말라는 것입니다. 힘을 다해서 열심히 살라는 것입니다. 그런 사람이 인생을 잘 삽니다.

여러분은 하나님을 믿으십니까? 악인에 대한 심판이 있는 것도 믿으십니까? 우리가 악을 행할 때, 우리의 죄에 벌주시는 것을 믿으십니까? 우리가 그런 사실을 믿는다면 삶이 부조리하다고 해서 함부로 살지 않아야 합니다. 허망하게 살지 않아야 합니다. 음식도 잘 먹고, 옷도 깨끗하게 입고, 머리에 기름도 바르고 기쁘게 살아야 합니다. 특별히 아내와 함께 재미있게 살아야 합니다. 그리고 우리에게 주어진 삶을 열심히 살아야 합니다. 힘을 다해 살아야 합니다. 그렇게 사는 것이 하나님을 경외하는 것입니다. 우리가 이런 믿음으로 살아가기를 바랍니다. 하나님의 뜻을 따라 잘 살기를 주의 이름으로 기원합니다. 아멘.

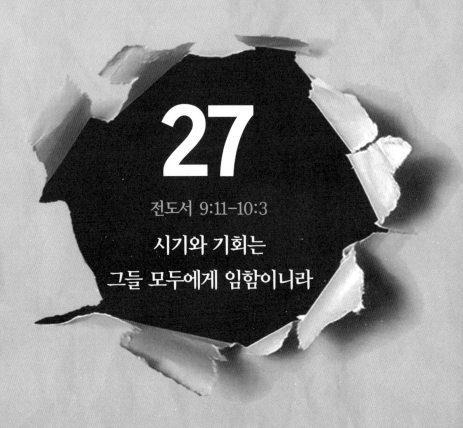

27

전도서 9:11-10:3

시기와 기회는
그들 모두에게 임함이니라

전 9:11-10:3

¹¹내가 다시 해 아래에서 보니 빠른 경주자들이라고 선착하는 것이 아니며 용사들이라고 전쟁에 승리하는 것이 아니며 지혜자들이라고 음식물을 얻는 것도 아니며 명철자들이라고 재물을 얻는 것도 아니며 지식인들이라고 은총을 입는 것이 아니니 이는 시기와 기회는 그들 모두에게 임함이니라 ¹²분명히 사람은 자기의 시기도 알지 못하나니 물고기들이 재난의 그물에 걸리고 새들이 올무에 걸림 같이 인생들도 재앙의 날이 그들에게 홀연히 임하면 거기에 걸리느니라 ¹³내가 또 해 아래에서 지혜를 보고 내가 크게 여긴 것이 이러하니 ¹⁴곧 작고 인구가 많지 아니한 어떤 성읍에 큰 왕이 와서 그것을 에워싸고 큰 흉벽을 쌓고 치고자 할 때에 ¹⁵그 성읍 가운데에 가난한 지혜자가 있어서 그의 지혜로 그 성읍을 건진 그것이라 그러나 그 가난한 자를 기억하는 사람이 없었도다 ¹⁶그러므로 내가 이르기를 지혜가 힘보다 나으나 가난한 자의 지혜가 멸시를 받고 그의 말들을 사람들이 듣지 아니한다 하였노라 ¹⁷조용히 들리는 지혜자들의 말들이 우매한 자들을 다스리는 자의 호령보다 나으니라 ¹⁸지혜가 무기보다 나으니라 그러나 죄인 한 사람이 많은 선을 무너지게 하느니라 ¹죽은 파리들이 향기름을 악취가 나게 만드는 것 같이 적은 우매가 지혜와 존귀를 난처하게 만드느니라 ²지혜자의 마음은 오른쪽에 있고 우매자의 마음은 왼쪽에 있느니라 ³우매한 자는 길을 갈 때에도 지혜가 부족하여 각 사람에게 자기가 우매함을 말하느니라

전도서 9장 1절을 보면 전도자가 인간에게 일어나는 일을 자세히 연구하고 살펴보았다고 했습니다. 그리고 결론 내리기를 의롭게 살고 지혜롭게 산다고 해서 다 사랑받는 것은 아니더라고 했습니다. 의롭게 살아도 미움을 받는 사람도 있더라고 했습니다. 그러면서 사랑을 받거나 미움을 받는 것이 하나님의 손에 있다고 했습니다. 이 말씀은 의롭게 산다고 해서 인간이 자기 미래를 결정 짓거나 선택할 수 없다는 뜻입니다. 지혜롭다고 해서 하나님의 손에서 벗어나 자기 뜻대로 살 수 없다는 것입니다. 그러므로 의롭게 살고 지혜롭게 살더라도 항상 하나님의 주권을 믿고 하나님의 은혜를 구하고 살아야 합니다. 우리가 열심히 사는 일에 은혜를 주시고, 정의롭게 사는 일에 은혜를 주시도록 구하며 살아야 합니다.

전도자가 내린 또 하나의 결론은 모든 사람의 결국이 일반이라는 사실입니다. 의롭게 사나 악하게 사나 당할 일은 다 당하고 산다고 했습니다. 그 대표적인 예가 죽음입니다. 의인도 죽고 악인도 죽습니다. 의인이라고 해서 항상 의롭게만 살 수 없고 죄를 짓고 살다가 죽는다고 했습니다. 그런 사실은 우리에게 심각한 의문을 던집니다. 의롭게 사나 악하게 사나 당할 일을 다 당한다면 의롭게 살 필요가 있는가? 굳이 하나님을 믿을 필요가 있는가? 불신자로 살고 악하게 사는 것도 나쁠 것이 없지 않은가? 이런 의문은 인생에 대해 부정적이고 회의적이며 염세적인 생각을 품게 합니다.

그렇습니다. 세상에는 그런 일이 있습니다. 그러나 하나님은 여전히 세상을 잘 다스리십니다. 인간들이 꾀를 부리며 악을 품고 미친 듯이 살지만, 그런 세상을 잘 통제하십니다. 그러므로 이해가 안 되는 일이 있고 허망한 일이 있다고 해서 삶이 가치가 없거나 의미가 없는 것으로 생각해선 안 됩니다. 우리는 부조리한 일을 겪으며 살아야 하지만, 그런 삶을 의미

있게 여기고 잘 살아야 합니다.

전도자는 이에 한 걸음 더 나아가 삶이 그럴지라도 기쁘게 살라고 했습니다. 음식도 맛있게 먹고, 옷도 깨끗이 입고, 기쁘게 살라고 했습니다. 자신에게 주어진 일도 열심히 하라고 했습니다. 특별히 누구와 기쁘게 살라고 했습니까? 아내와 함께 기쁘게 살라고 했습니다. 이것은 정말 중요합니다. 사랑하는 아내와 함께 기쁘게 사는 것은 해 아래 사는 인생에게 가장 가치 있는 일들 중의 하나입니다. 그렇게 사는 것이 복이라고 했습니다. 하나님께서 허무한 인생을 위로하기 위해서 주신 복이라고 했습니다.

여러분은 하나님을 믿으십니까? 하나님께서 살아계셔서 우리를 사랑하신 것을 믿으십니까? 하나님은 우리를 사랑하셔서 독생자 예수 그리스도까지 보내주셨습니다. 우리를 대신해서 죽기까지 사랑하셨습니다. 우리는 날마다 그런 사랑을 받고 삽니다. 그 하나님을 경외하는 믿음으로 살기를 바랍니다. 기쁘고 좋은 날에는 감사하며 살고, 힘겹고 괴로운 날에도 기쁨을 잊지 말고 살기를 바랍니다.

오늘의 본문은 시기와 기회에 대해 말씀합니다. 세상만사에는 때가 있고, 기회가 있다고 합니다.

11절을 함께 보겠습니다.

내가 다시 해 아래에서 보니 빠른 경주자들이라고 선착하는 것이 아니며 용사들이라고 전쟁에 승리하는 것이 아니며 지혜자들이라고 음식물을 얻는 것도 아니며 명철자들이라고 재물을 얻는 것도 아니며 지식인들이라고 은총을 입는 것이 아니니 이는 시기와 기회는 그들 모두에게 임함이니라(9:11)

육상대회에서 1등 하는 사람은 일반적으로 달리기를 잘하는 사람입니다. 가장 빠른 사람이 1등을 합니다. 그러나 항상 그런 것은 아니라는 것입니다. 가장 빠른 사람도 1등을 하려면 때가 맞아야 하고, 우연이라고 하는 행운도 따라야 한다는 것입니다. 그렇지 않으면 가장 빠른 사람도 1등을 하지 못할 수 있다는 것입니다.

전쟁도 그렇습니다. 전쟁에서 승리하려면 일반적으로 군대가 강해야 합니다. 무기도 좋아야 하고, 잘 훈련된 군사도 있어야 합니다. 그러나 군대가 강하다고 항상 승리하는 것은 아니라는 것입니다. 군대가 강해도 승리하려면 때가 맞아야 하고 행운도 따라야 한다는 것입니다. 여러분도 그렇다고 생각하십니까?

그동안 세계에서 가장 빠른 사람은 우사인 볼트였습니다. 그는 100m 세계기록을 보유하고 있고, 각종 세계 대회에서 1등을 도맡아 했습니다. 지난 2011년에 세계육상대회가 우리나라 대구에서 개최되었는데, 그때도 세계의 육상계와 언론은 우사인 볼트가 100m에서 1등을 하리라고 믿었습니다. 의심의 여지가 없었습니다. 그러나 그 대회에서 그는 실격패를 당했습니다. 세계에서 가장 빠른 사람이었지만 1등은커녕 실격패를 당하고 말았습니다. 베트남전쟁도 그렇습니다. 미국이 압도적인 군사력을 앞세워 개입했지만, 결국은 손들고 나왔습니다. 사실상 패배한 전쟁이었습니다.

세상에는 그런 일이 있습니다. 빠르다고 항상 일등을 하는 것도 아니고, 강력한 군사력을 가졌다고 항상 승리하는 것도 아닙니다. 지혜자가 됐든 의인이 됐든 어떤 일을 이루고자 할 때는 시기와 기회가 맞아야 합니다.

그렇다면 시기와 기회란 무엇일까요? 시기란 흔히 말하는 때를 말합니다. 전도서 3장에서 세상만사가 때가 있다고 했듯이 하나님께서 정하신 때가 있다는 것입니다. 이것은 필연적입니다. 반드시 성취되는 하나님의 뜻입니다. 그러나 기회는 필연이 아닙니다. 개역성경에서는 '기회'를 "우연"으로 번역했습니다. 필연은 미리 결정되고 그 결정에 따라 기계적으로 반드시 일어나는 것이라면, 기회와 우연은 이럴 수도 있고 저럴 수도 있는 개연성을 말합니다. 일어날 수도 있고 일어나지 않을 수도 있는 일을 말합니다.

일반적으로 우연이라고 하면 아무 이유나 원인이 없이 어쩌다가 생긴 일, 재수가 좋으면 생긴 일로 생각합니다. 그러나 여기에서는 그런 뜻이 아닙니다. 일어나봐야 아는 것을 말합니다. 그리고 기회라는 것은 예측할 수 없지만 어떤 일이 일어났을 때 그것을 놓치지 말고 잡아야 하는 것을 말합니다.

세상일에는 이렇게 필연과 우연의 두 가지가 있습니다. 세상만사가 때가 있고, 원인은 알 수 없지만 이럴 수도 있고 저럴 수도 있는 우연(개연성)도 있습니다. 그렇다고 이 두 가지가 전혀 별개의 것일까요? 또 우연은 하나님의 뜻과 상관이 없을까요? 그렇지 않습니다. 필연적으로 일어날 수밖에 없는 일도 사람의 보기에는 우연처럼 보일 수가 있고, 우연으로 보이는 일도 그 원인을 알고 나면 필연이라는 것을 인정하지 않을 수 없습니다. 사람의 보기에는 우연으로 보일지라도 하나님의 뜻과 무관하지 않습니다.

본문 12절을 보면 그 시기와 기회에 대해 이렇게 말씀합니다.

분명히 사람은 자기의 시기도 알지 못하나니 물고기들이 재난의 그물에 걸

리고 새들이 올무에 걸림 같이 인생들도 재앙의 날이 그들에게 홀연히 임하면 거기에 걸리느니라(9:12)

물고기를 보십시오. 물고기가 물속에서 이리저리 노니는 것은 당연한 일입니다. 깊은 데로 갈 수도 있고, 얕은 데로 갈 수도 있습니다. 어부가 쳐놓은 그물이 있는 곳으로 가까이 가는 것도 그의 자유입니다. 그러다가 홀연히 그물에 걸릴 수도 있습니다. 물고기가 그물에 걸리는 것은 우연한 일인 것처럼 보이지만, 실은 걸릴 수밖에 없었습니다. 그렇지 않습니까? 마찬가지로 누구나 자기의 뜻대로 자유를 따라 살 수 있습니다. 자신이 원하는 것을 할 수 있습니다. 그렇게 사는 것이 하나님의 그물에 걸리는 것인지 아닌지 모르고, 어쩌면 하나님의 뜻에는 관심도 없이 살 수 있습니다. 그러다가 하나님의 그물에 걸리면 그것은 필연적인데 우연처럼 보입니다. 필연적으로 심판을 당한 것을 모르고 재수가 없어서 당한 것으로 생각합니다. 이처럼 시기와 우연은 완전히 다른 것으로 생각할 수 없습니다. 우연이라고 해서 필연과 무관하지도 않고, 하나님과 무관하지도 않습니다. 세상만사가 때가 있고, 때가 되면 하나님께서 뜻을 이루십니다.

그렇다면 우리가 어떤 마음으로 살아야 할까요? 어떻게 사는 것이 잘사는 것일까요? 먼저 세상 모든 일에 대한 주권이 하나님께 있다는 것을 인정하고 살아야 합니다. 하나님의 하나님 되심을 인정하고, 겸손하게 은혜를 구하며 살아야 합니다. 한마디로 하나님을 경외하는 믿음으로 살아야 합니다.

하나님을 경외하는 믿음으로 산다는 것은 기쁨을 잃어버리고 사는 것이 아닙니다. 속박당하거나 고민하며 사는 것이 아닙니다. 오히려 그 반대입니다. 하나님을 경외하는 사람도 고민할 때가 있지만, 그것 때문에 근심하거나 낙심하지 않습니다. 오히려 평안과 자유를 누립니다. 하나님을 믿기에 감사하며 살고, 기쁘게 삽니다. 자신의 처지가 어떻든 그 모든 환경 가운데서 항상 예배자로 삽니다. 그러고 보면 하나님을 경외하는 믿음으로 산다는 것은 축복을 누리는 것입니다. 보호와 사랑을 받는 것입니다. 그런 사실을 생각하면 하나님을 경외하는 믿음으로 사는 것이 지혜입니다.

그러면 지혜를 싫어하고, 지혜자를 싫어하는 사람이 있을까요? 있습니다. 안타깝지만 그런 사람이 있습니다. 그런 사람은 우매자입니다. 우매자는 지혜와 지혜자를 좋아하지 않습니다.

그래서 본문 10장 1절에서는 이렇게 말씀합니다.

죽은 파리들이 향기름을 악취가 나게 만드는 것 같이 적은 우매가 지혜와 존귀를 난처하게 만드느니라(10:1)

죽은 파리들은 우매를 비유합니다. 우매는 죽은 파리와 같아서 향기름을 악취가 나게 만든다고 했습니다. 향기름은 요즈음 말로 하면 향수인데, 향수에서 기분 좋은 냄새가 나는 것이 아니라 더러운 냄새가 난다는 것입니다. 기분 나쁜 냄새, 악취가 난다는 말입니다. 우매자가 그렇다고 했습니다. 죽은 파리와 같다는 것입니다.

본문 2절에도 이와 유사한 말씀을 합니다.

지혜자의 마음은 오른쪽에 있고 우매자의 마음은 왼쪽에 있느니라(10:2)

오른쪽과 왼쪽이 서로 반대되는 것처럼 우매자와 지혜자가 그렇다는 것입니다. 다시 말해서 우매자는 지혜와 지혜자를 좋아하지 않는다는 것입니다. 이러한 사실을 본문에서는 한 예를 들어 설명하고 있습니다. 보실까요?

조그만 성이 있었습니다. 성경을 배경으로 하는 고대에서 이런 성은 작지만 국가였습니다. 이런 성을 폴리스(police), 우리말로는 도시국가라고 합니다. 보편적으로 이렇게 작은 성은 다른 성들과 상호방위조약을 맺었습니다. 한 성이 침략당하면 다른 성들이 공동으로 방어하기로 조약을 맺은 것입니다. 본문을 보면 어떤 큰 성의 임금이 쳐들어와서 그 작은 성을 포위했습니다. 성을 함락시키기 위해 흉벽을 쌓고 공격의 때를 기다렸습니다. 그때 그 작은 성에 사는 어떤 사람이 그 성을 구해냈습니다. 어떻게 꾀를 냈는지는 모르지만 지혜로운 말로 큰 성의 임금이 공격을 포기하고 돌아가게 했습니다. 그 결과 하마터면 망할 뻔했던 작은 성은 위기를 넘기고 나라를 지킬 수 있었습니다.

그 후에 그 성에서는 무슨 일이 있었을까요? 그 지혜로운 사람 덕분에 나라를 건졌습니다. 목숨을 지키고 가족과 생계를 이어갈 수 있게 되었습니다. 그렇다면 당연히 그 사람을 영웅으로 추대하고, 사례하며 축하하는 잔치가 열려야 했습니다. 그러나 사람들은 그렇게 하지 않았습니다. 왕도 신하들도 백성들도 그에게 사례하지 않았고, 영광을 돌리지 않았습니다. 그 뒤로 시간이 흘렀지만 그 누구도 그를 기억하지 않았습니다.

왜 그랬을까요? 그 사람을 그토록 무시한 이유는 무엇이었을까요? 이유는 간단했습니다. 그는 가난했거든요. 그는 지혜로 나라와 백성을 구해낸 지혜자였지만 가난하다는 이유로 무시당했습니다. 세상에는 그런 일이 있습니다. 지혜자일지라도 가난하면 무시당할 수 있습니다. 그런 사실은 부의 중요성을 일깨워줍니다. 잠언은 그와 유사한 방식으로 부의 중요성을 가르칩니다. 그러나 여기서는 그처럼 지혜자를 좋아하지 않는 사람이 있다는 것을 교훈합니다. 그런 이유로 지혜자를 좋아하지 않는 것은 우매요, 우매자라는 것입니다.

그래서 본문 9장 16절을 보면 전도자는 이렇게 말합니다.

> 그러므로 내가 이르기를 지혜가 힘보다 나으나 가난한 자의 지혜가 멸시를 받고 그의 말들을 사람들이 듣지 아니한다 하였노라(9:16)

망할 뻔한 나라를 구해냈는데 가난한 자라는 것이 문제입니까? 나라가 망하면 온 백성들이 노예로 끌려가서 고생을 할텐데, 그런 상황으로부터 나라와 백성을 구해냈습니다. 그런데도 가난하다고 해서 지혜를 싫어하고, 지혜자를 배척하는 것은 우매입니다. 그렇게 행동하는 것은 죽은 파리로 사는 것입니다. 죽은 파리가 향기름에서 악취가 나게 하는 것입니다. 인생을 그렇게 살아선 안 됩니다. 하나님을 경외하고 사랑한다면, 지혜를 좋아하고 지혜자를 좋아해야 합니다. 가난하다고 해서 지혜자를 무시하고, 그의 지혜를 무시해선 안 됩니다.

우리는 이러저러한 이유를 대며 지혜를 싫어하고, 지혜자를 배척하지 말아야 합니다. 죽은 파리가 되지 말아야 합니다. 하나님께서 왜 전도서를 성경으로 주셨겠습니까? 제가 왜 전도서를 강론하겠습니까? 지혜를 사랑하고, 지혜를 배우자는 것입니다. 그리하여 세상을 살 때 하나님의 백성답게 지혜롭게 살자는 것입니다. 하나님을 경외하는 사람은 그렇게 삽니다. 우리가 그런 믿음으로 살기를 바랍니다. 아멘.

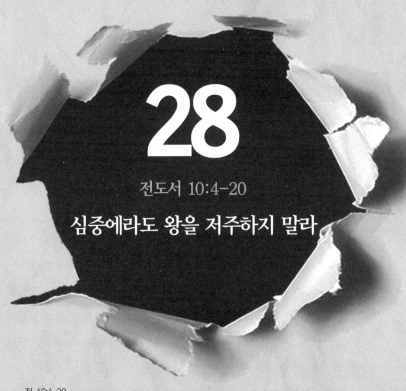

28

전도서 10:4-20

심중에라도 왕을 저주하지 말라

전 10:4-20

⁴주권자가 네게 분을 일으키거든 너는 네 자리를 떠나지 말라 공손함이 큰 허물을 용서 받게 하느니라 ⁵내가 해 아래에서 한 가지 재난을 보았노니 곧 주권자에게서 나오는 허물이라 ⁶우매한 자가 크게 높은 지위들을 얻고 부자들이 낮은 지위에 앉는도다 ⁷또 내가 보았노니 종들은 말을 타고 고관들은 종들처럼 땅에 걸어 다니는도다 ⁸함정을 파는 자는 거기에 빠질 것이요 담을 허는 자는 뱀에게 물리리라 ⁹돌들을 떠내는 자는 그로 말미암아 상할 것이요 나무들을 쪼개는 자는 그로 말미암아 위험을 당하리라 ¹⁰철 연장이 무디어졌는데도 날을 갈지 아니하면 힘이 더 드느니라 오직 지혜는 성공하기에 유익하니라 ¹¹주술을 베풀기 전에 뱀에게 물렸으면 술객은 소용이 없느니라 ¹²지혜자의 입의 말들은 은혜로우나 우매자의 입술들은 자기를 삼키나니 ¹³그의 입의 말들의 시작은 우매요 그의 입의 결말들은 심히 미친 것이니라 ¹⁴우매한 자는 말을 많이 하거니와 사람은 장래 일을 알지 못하나니 나중에 일어날 일을 누가 그에게 알리리요 ¹⁵우매한 자들의 수고는 자신을 피곤하게 할 뿐이라 그들은 성읍에 들어갈 줄도 알지 못함이니라 ¹⁶왕은 어리고 대신들은 아침부터 잔치하는 나라여 네게 화가 있도다 ¹⁷왕은 귀족들의 아들이요 대신들은 취하지 아니하고 기력을 보하려고 정한 때에 먹는 나라여 네게 복이 있도다 ¹⁸게으른즉 서까래가 내려앉고 손을 놓은즉 집이 새느니라 ¹⁹잔치는 희락을 위하여 베푸는 것이요 포도주는 생명을 기쁘게 하는 것이나 돈은 범사에 이용되느니라 ²⁰심중에라도 왕을 저주하지 말며 침실에서라도 부자를 저주하지 말라 공중의 새가 그 소리를 전하고 날짐승이 그 일을 전파할 것임이니라

세상만사에는 때가 있고, 우연이 있습니다. 우리는 우연을 흔히 운이라는 말과 같은 뜻으로 사용합니다. 어떤 일이 이루어지는 것은 하나님께서 정하신 때가 있어야 하고, 운도 따라야 합니다. 그래서 전도자는 달리기를 가장 잘하는 사람이라고 항상 1등 하는 것이 아니며, 군대가 강하다고 항상 전쟁에서 승리하는 것도 아니라고 했습니다. 달리기를 가장 잘하는 사람도 1등을 하려면 하나님의 뜻이 있어야 하고 운도 따라야 한다는 것입니다. 그렇지 않으면 가장 빠른 사람도 실패할 수 있고, 강한 군대도 패할 수 있습니다.

하나님의 뜻은 때가 되면 필연적으로 이루어집니다. 그러나 우연은 어떤 일인지 일어나봐야 알 수 있습니다. 그 일이 일어날 수도 있고 안 일어날 수도 있는데, 일어났을 때 그것을 우연이라고 합니다. 그런데 우연이라고 해서 필연과 무관하거나 하나님과 무관하지 않습니다. 우리 보기에는 운으로 보이지만 그것도 하나님의 뜻 가운데서 일어나고, 필연적으로 일어날 수밖에 없는 일도 운이 좋아서 된 것처럼 보일 수 있습니다.

이런 사실은 인간이 미래를 예측할 수 없다는 것을 의미합니다. 또 알려지지 않은 하나님의 뜻은 알 수 없다는 것을 의미합니다. 따라서 우리는 미래사를 알 수 있고 하나님의 뜻을 알 수 있는 것처럼 생각해선 안 됩니다. 오히려 어떤 환경에서 살든지 하나님의 주권을 인정하고 살아야 합니다. 하나님의 뜻이 있다는 것을 믿으며 살고, 겸손하게 은혜를 구하며 살아야 합니다. 그렇게 사는 것이 하나님을 경외하는 믿음이고 지혜입니다.

그럼에도 전도자는 지혜를 좋아하지 않는 사람이 있다고 했습니다. 지혜의 가치를 몰라보든지, 질투하든지, 무지하든지 어떤 이유에서든지 지혜와 지혜자를 좋아하지 않는 사람이 있습니다. 그런 사람은 우매자라고 했습니다.

전도서 10장 1절은 그런 사람에 대해 이렇게 말씀합니다.

죽은 파리들이 향기름을 악취가 나게 만드는 것 같이 적은 우매가 지혜와 존귀를 난처하게 만드느니라(전 10:1)

이 말씀은 하나님의 백성으로서 우매자가 되지 말라는 뜻입니다. 우매자로 사는 것은 죽은 파리가 향기름을 악취가 나게 하는 것인데, 죽은 파리와 같이 살지 말라는 뜻입니다. 반대로 지혜를 좋아하고 배우라는 것입니다. 그러므로 우리가 하나님을 사랑하고 경외한다면 지혜를 좋아해야 합니다. 지혜를 배워야 합니다. 그리하여 지혜자로 살아야 합니다.

그러면 전도서가 말하는 지혜는 무엇일까요? 지혜서가 말하는 지혜는 꼼수가 아닙니다. 얄팍한 속임수나 얌체같이 이득을 취하는 처세술이 아닙니다. 그것은 세상이 말하는 지혜이지 성경이 말하는 지혜가 아닙니다. 세상에는 그것을 지혜로 여기는 사람이 많습니다만, 그런 사람은 줄서기를 잘하거나 기회주의자입니다. 그런 사람은 어쩌다 기회를 잡아도 그렇게 오래가지 못합니다. 사람들에게도 존경과 신뢰를 받지 못합니다.

지혜서가 말하는 지혜를 몇 가지로 살펴보면 다음과 같습니다.

첫째로 지혜서가 말하는 지혜는 하나님을 아는 지식입니다.

세상에 대한 이치와 인간에 대한 섭리를 통해서 하나님이 어떤 분이신지 알게 하는 지식입니다. 그래서 지혜서를 잘 읽고 배우면 하나님이 어떤 분이신지, 우리를 어떻게 사랑하시는지, 어떻게 기르시는지를 알 수 있습니다. 지혜는 하나님을 아는 지식입니다.

둘째로 지혜서가 말하는 지혜는 인간이 어떤 존재인지를 알게 하는 지식입니다.

전도서는 인간이 허무한 존재라고 가르칩니다. 그러면서 어떻게 허무하고 얼마나 부조리한지 낱낱이 증명해 보입니다. 인간이 만물 중에서 가장 탁월한 존재이지만, 그렇다고 신적인 존재는 아니라고 가르칩니다. 미래를 예측하거나 자신의 미래를 결정지을 수 있는 존재가 아니라고 합니다. 인간은 인간일 뿐이며, 허무한 존재라는 것을 알게 합니다.

셋째로 지혜서가 말하는 지혜는 우리가 어떻게 살아야 하는지를 가르치는 지식입니다.

하나님은 살아계시고, 우리는 하나님의 백성입니다. 하나님의 백성으로서 허무한 인생을 어떻게 사는 것이 잘사는 것인지, 어떻게 사는 것이 지혜로운 것인지를 가르칩니다.

지혜서의 지혜는 인생이 허무하고 세상에는 말도 안 되는 일이 일어나지만, 그렇다고 의미가 없거나 가치가 없는 것처럼 생각하지 말라고 합니다. 하나님은 살아계시고 허무하고 부조리한 삶을 잘 통제하시므로 잘 받아들이고 살라고 합니다. 그리고 기쁘게 살고 하나님을 경외하는 믿음으로 살라고 합니다. 지혜서의 지혜는 삶을 잘 살게 하는 지식입니다.

하나님께서는 이런 사실을 알고 살라며 우리에게 지혜서를 주셨습니다. 그러니 우리가 하나님의 백성으로서 지혜서를 배워야 하지 않을까요? 그렇습니다. 배워야 합니다. 배워서 하나님의 백성으로서 의롭게 살아야 합니다.

우리가 지혜를 배우기 바랍니다. 지혜서를 읽고 배워서 하나님이 어떤 분이신지 잘 알기를 바랍니다. 인간이 허무한 존재이지만, 삶을 의미 있고 가치 있게 받아들이기를 바랍니다. 더 나아가 기쁘게 살고, 하나님을 경외하는 믿음으로 살기를 주의 이름으로 기원합니다.

앞에서 언급한 대로 세상만사가 필연적으로 정해진 때가 있고 우연도 있습니다. 우리는 그런 세상에서 하나님을 경외하는 자로 살아야 합니다. 그렇다면 그런 세상을 어떻게 살아야 할까요? 우리는 그때가 언제인지, 그때 무슨 일을 만날 것인지 알 수 없습니다. 의롭게 살았다고 다 사랑받는 것도 아니라고 했습니다. 열심히 살았다고 다 잘 사는 것도 아니라고 했습니다. 그런 우리로서는 오늘의 현실을 어떻게 사는 것이 하나님을 경외하는 믿음으로 사는 것일까요?

먼저 본문 4절을 보면 이렇게 말씀합니다.

> 주권자가 네게 분을 일으키거든 너는 네 자리를 떠나지 말라 공손함이 큰 허물을 용서 받게 하느니라(10:4)

주권자는 왕이나 권력자를 말할 수도 있고, 자기보다 위에 있는 상관을 말할 수도 있습니다. 이것을 권위, 권세라고 하는데 권위와 권세는 하나님께서 세우셨습니다. 세상을 질서 있게 하고 안정되게 하는 제도입니다. 그런 권력자들 앞에서 함부로 행동하지 말라는 것입니다. 그가 짜증나게 하고 분하게 할 수 있는데, 그렇다고 해서 자리를 박차고 나가지 말라는 것입니다. 그가 큰 허물 때문에 화를 낼 수 있지만 그럴지라도 공손하면 용서를 받을 수 있다고 했습니다. 이것은 너무나 평범한 진리입니다. 아무리 화가 난다고 부모 앞에서 자리를 박차고 나가면 될까요? 직장 상사가 화나게 한다고 회의하다가 문을 박차고 나가면 될까요? 그것은 예수를 믿지 않아도 해서는 안 될 짓입니다. 그것은 교양 없는 것이고 예의 없는 것입니다. 그럼에도 윗사람 앞에서 그런 행동을 하는 것은 우매한 짓입니다. 그런 사람은 잘 되기 힘듭니다. 하나님을 경외하고 사랑한다면 절대로 그렇게 하지 말라는 것입니다. 그런 경우라도 그의 권위를 존중하라는 것입니다. 그렇게 하는 것이 지혜요, 잘하는 것입니다.

그러면 윗사람이 실력도 없고 능력도 없고 허물도 많은 경우에는 어떻게 해야 할까요? 그래도 권위를 인정하고 참아야 할까요? 그런 사람이 짜증나게 하고 분통이 터지게 해도 함구하고 살아야 할까요?

본문 5절을 보면 전도자도 그런 사람이 있다고 인정합니다.

> 내가 해 아래에서 한 가지 재난을 보았노니 곧 주권자에게서 나오는 허물이라(10:5)

왕은 한 나라에 대한 주권을 갖고 있습니다. 그가 왕이지만 홀로 모든 일을 할 수는 없습니다. 왕은 인재를 발굴하여 적재적소에 안배하고, 그들을 통해서 적법한 통치를 해야 합니다. 만일 그렇게 하지 않는다면 그것은 주권자의 허물이고 폐단이라 할 수 있습니다.

그 예를 든 것이 본문 6절과 7절입니다.

> 우매한 자가 크게 높은 지위들을 얻고 부자들이 낮은 지위에 앉는도다 또 내가 보았노니 종들은 말을 타고 고관들은 종들처럼 땅에 걸어 다니는도다 (10:6, 7)

왕이 우매자를 높은 지위에 앉히고, 부자를 비천한 자리에 앉혔다고 했습니다. 부자를 비천한 자리에 앉힌다는 것은 부자를 나쁜 놈으로 매도하여 사람들로 그를 무시하게 만드는 것입니다. 우매자를 높은 자리에 앉히고, 마치 부자가 도둑질을 해서 부자가 된 것처럼 매도해도 될까요? 그런 나라의 사람이 평안할까요? 그런 나라의 백성이 열심히 일하려고 할까요? 그렇지 않을 것입니다. 그것은 권력을 가진 자가 하나님께서 세우신 질서를 파괴하는 것이고, 공의를 저버리는 것입니다. 그래서 전도자는 이것을 폐단이라고 했고, 주권자의 허물이라고 했습니다. 세상에는 그런 지도자가 있습니다.

그런 지도자가 있다면 어떻게 해야 할까요? 뜻이 맞는 사람끼리 역모를 도모해서 엎어버려야 할까요? 역사적으로 보면 그런 경우가 많았습니다. 왕이 어리석거나 폭정을 하면 신하들이 역모를 꾀하는 일이 있었습니다. 그러니까 그런 경우는 항상 엎어버려야 할까요? 아니면 그런 주권자 밑에서 비위를 맞춰가면서 참고 살아야 할까요? 왕이 그렇게 허물이 있다고 해서 항상 역모를 도모하여 갈아엎을 수는 없습니다. 허물이 있다고 매번 역모를 도모해도 세상을 새롭게 하지는 못합니다. 갈아엎었다고 살만해진다는 보장도 없습니다. 왕에게 허물이 있지만, 그래도 참고 살아야 할 때도 있습니다. 그렇게 하는 것이 지혜일 수 있습니다. 사노라면 그래야 할 경우도 많습니다. 허물이 있고 부족하지만, 그런 왕을 잘 보필하고 살아야 할 때가 있습니다. 그렇지 않고 함부로 역모를 도모하다가는 도리어 함정에 빠질 수 있습니다.

본문 8절부터 10절까지가 그런 사실을 말씀합니다. 특히 8절에서는 이렇게 말씀합니다.

> 함정을 파는 자는 거기에 빠질 것이요 담을 허는 자는 뱀에게 물리리라
> (10:8)

폐단이 있고 허물이 있다고 해서 함부로 갈아엎었다가는 도리어 함정에 걸릴 수 있다는 것입니다. 자기가 판 함정에 자기가 걸릴 수 있습니다. 또 뱀에게 물릴 수 있습니다. 여기에서 담은 돌담을 말합니다. 돌담을 헐다 보면 돌 틈에 숨어 있던 뱀에게 물릴 수 있는데, 그렇게 당할 수 있다는 것입니다. 이것은 경고입니다. 그러므로 지도자가 무능하고 문제가 있다고 해서 함부로 행동해선 안 됩니다.

10절은 그런 경우라도 참고 살 줄 알아야 한다는 뜻으로 이렇게 말씀합니다.

> 철 연장이 무디어졌는데도 날을 갈지 아니하면 힘이 더 드느니라 오직 지혜
> 는 성공하기에 유익하니라(10:10)

철 연장은 날을 갈지 아니하면 힘이 더 듭니다. 여기서 철 연장은 무엇을 비유할까요? 허물이 있는 왕을 말합니다. 그런 왕과 함께 사는 것은 무딘 연장으로 일하는 것처럼 힘이 들 수 있습니다. 그러나 그런 왕일지라도 지혜를 쓰면 어려움을 타개해 나갈 수 있다는 뜻입니다. 힘이 들지만 잘 보필하면서 지혜롭게 행동하면 잘 살 수 있다는 것입니다. 무조건 갈아엎고 배척하기보다는 어떻게 하면 잘 맞춰가며 살 수 있을지 지혜를 짜내야 한다는 것입니다.

회사에서 사장이나 부장에게 허물이 있다고 해서 그들을 몰아낼까요? 아니면 사표를 쓸까요? 사표를 쓰는 것이 능사가 아닙니다. 다른 회사에 가서 또 그런 사람을 만날 수 있습니다. 그러면 또 사표를 낼까요? 그런 사람은 절대로 평안하지 않습니다. 자기 인생도 안정되지 않고, 가정도 안정시키지 못합니다. 그것은 결코 잘하는 일이 아닙니다.

제가 청년들을 가르칠 때 사표를 잘 내는 사람과는 결혼하지 말라고 했습니다. 그런 사람은 자기가 옳다고 믿지만, 어떤 의미에서는 사회성이 부족한 결과일 수 있고 가정에 대한 책임감이 없을 수 있습니다. 오히려 허물이 있는 사람과도 함께 일하는 법을 배워야 합니다. 힘이 들겠지만 지혜롭게 일하다 보면 일을 잘 풀어갈 수 있습니다.

그렇다고 항상 그래야 하는 것은 아닙니다. 어떤 경우에는 우유부단하게 행동하거나 아무런 조치도 취하지 않아서 큰 곤경에 빠질 수도 있습니다. 결단력이 부족해서 큰 화를 입을 때가 있으므로 할 수 있는 한 최선의 조치를 해야합니다.

그런 의미로 본문 11절은 이렇게 말씀합니다.

주술을 베풀기 전에 뱀에게 물렸으면 술객은 소용이 없느니라(10:11)

이 주술사는 뱀을 통해서 점괘를 보거나 앞일은 예측했는데, 주술을 베풀기 전에 뱀에게 물렸습니다. 그렇게 되면 아무리 기술이 좋은 술객이라도 주술이 쓸데없습니다. 그와 같이 마냥 참거나 이런저런 이유로 결단하지 못하면, 도리어 화를 당하는 경우가 있습니다. 살다 보면 결단이 필요할 때가 있고, 그런 경우는 잘 판단해서 결단력 있게 행동해야 합니다. 그렇게 하는 것이 지혜입니다.

인간이 유한한 것처럼 인간의 지혜도 유한합니다. 지극히 제한적입니다. 사람의 지혜로 하나님의 때를 알 수 없고, 우연을 알 수 없습니다. 그렇다고 지혜와 노력이 무용지물은 아닙니다. 하나님이 하시는 일과 세상일의 시종을 알 수 없다고 해도 지혜와 노력은 매우 중요하고 유익합니다. 그것은 하나님의 선물이고, 인생을 잘 살게 하는 방편입니다.

그래서 본문 12절은 또다시 지혜의 중요성을 이렇게 말씀합니다.

지혜자의 입의 말들은 은혜로우나 우매자의 입술들은 자기를 삼키나니 (10:12)

지혜자도 우매한 권력자를 만날 수 있고, 우매자도 자기보다 더 우매한 권력자를 만날 수 있습니다. 그러나 지혜자의 지혜는 얼마나 아름다운지 그런 왕 밑에서도 시의적절하게 행동하게 합니다. 신앙과 품위를 지키면서도 은혜롭게 행동하게 합니다. 그러나 우매자는 자기 말로 자신을 삼킨다고 했습니다. 자신이 파 놓은 함정에 자신이 걸려드는 우스꽝스러운 일을 당한다는 것입니다. 그런 경우를 볼 때 지혜가 얼마나 중요한지 알 수 있습니다. 지혜는 그렇게도 중요합니다.

세상에는 우연으로 보이는 일들이 있습니다. 운이 좋으면 다행이고, 운이 없어서 불행한 것처럼 보이는 일들이 있습니다. 그러나 그 우연이라는 것도 하나님의 뜻 가운데 있습니다. 따라서 운이 좋아야 뜻을 이룰 수 있는 것으로 생각해선 안 됩니다. 우연처럼 보이지만 하나님께서 통치하고 계시는 것을 알아야 합니다. 하나님께서 지켜보고 계시고, 듣고 계시고, 제대로 통치하고 계십니다. 우리가 하나님을 경외한다면 이런 사실을 믿고 살아야 합니다.

그래서 전도자는 본문 20절에서 이렇게 말씀합니다.

> **심중에라도 왕을 저주하지 말며 침실에서라도 부자를 저주하지 말라 공중의 새가 그 소리를 전하고 날짐승이 그 일을 전파할 것임이니라(10:20)**

이 말씀은 세상에는 뜻밖의 일, 생각지도 못한 일이 있다는 뜻입니다. 심중에 한 말을 왕이 알아채고, 안방에서 한 말을 부자가 알아채는 일이 있다는 것입니다. 그 결과 곤란을 겪을 수 있는데, 그것 자체가 하나님께서 제대로 통치하고 계신다는 증거입니다. 그러므로 오늘도 하나님께서 우리를 지켜보고 계시는 것을 믿는다면 어리석게 행동하지 않도록 주의해야 합니다. 우리가 마음속으로 하는 말을 듣고 계시는 것을 믿고 지혜롭게 행동하도록 주의해야 합니다.

우리에게 그런 지혜가 있기를 바랍니다. 지혜를 배우고 익혀서 지혜자로 살기를 바랍니다. 그리하여 필연과 우연이 교차하는 세상에서 하나님을 믿는 믿음과 지혜로 우리의 삶을 잘 살아내기를 주의 이름으로 기원합니다. 아멘.

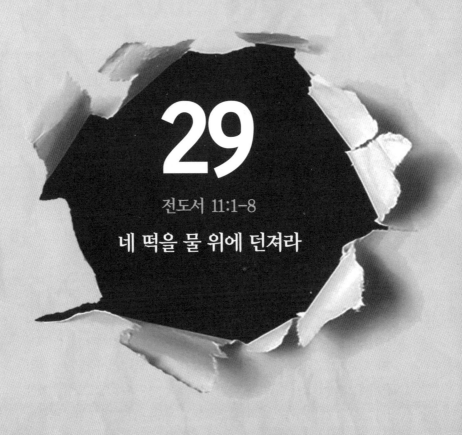

29

전도서 11:1-8

네 떡을 물 위에 던져라

전 11:1-8

¹너는 네 떡을 물 위에 던져라 여러 날 후에 도로 찾으리라 ²일곱에게나 여덟에게 나눠 줄지어다 무슨 재앙이 땅에 임할는지 네가 알지 못함이니라 ³구름에 비가 가득하면 땅에 쏟아지며 나무가 남으로나 북으로나 쓰러지면 그 쓰러진 곳에 그냥 있으리라 ⁴풍세를 살펴보는 자는 파종하지 못할 것이요 구름만 바라보는 자는 거두지 못하리라 ⁵바람의 길이 어떠함과 아이 밴 자의 태에서 뼈가 어떻게 자라는지를 네가 알지 못함 같이 만사를 성취하시는 하나님의 일을 네가 알지 못하느니라 ⁶너는 아침에 씨를 뿌리고 저녁에도 손을 놓지 말라 이것이 잘 될는지, 저것이 잘 될는지, 혹 둘이 다 잘 될는지 알지 못함이니라 ⁷빛은 실로 아름다운 것이라 눈으로 해를 보는 것이 즐거운 일이로다 ⁸사람이 여러 해를 살면 항상 즐거워할지로다 그러나 캄캄한 날들이 많으리니 그 날들을 생각할지로다 다가올 일은 다 헛되도다

왕정시대의 왕들 가운데는 우둔한 왕이 있었는가 하면 지혜로운 왕이 있었습니다. 권력을 쥐고 한 나라를 통치하는 주권자가 우매할 수도 있고 지혜로울 수도 있습니다. 만일 우매한 자가 왕이 된다면, 그것은 국가적으로나 백성의 입장에서 불행한 일입니다. 그런 나라에 대해 전도서 10장 16절에서는 "네게 화가 있도다" 했습니다. 우매한 지도자를 만난다는 것은 그 국가와 백성에게 화라는 것입니다. 반대로 지혜로운 자가 왕이 된다면, 그것은 정말 잘된 일입니다. 그래서 전도서 10장 17절에서는 그런 나라와 국민에 대해 "네게 복이 있도다" 했습니다. 지혜로운 왕을 만난다는 것은 그 나라와 백성에게 복이라는 것입니다.

이 말씀은 우리가 이런 시대를 살 수 있고 저런 시대를 살 수 있다는 뜻으로 한 말씀입니다. 우리는 우매한 통치자를 만날 수도 있고, 지혜로운 통치자를 만날 수도 있습니다. 불행하고 재앙과 같은 시대를 살 수도 있고, 평안하고 복된 시대를 살 수도 있습니다. 만일 우매한 통치자의 다스림을 받는다면 우리는 불행할 것입니다. 살기 힘들고 희망이 보이지 않을 것입니다. 만일 그런 시대를 살아야 한다면, 하나님의 백성으로서 우리는 어떻게 살아야 할까요? 전도서 10장은 이 질문에 대해 답합니다.

8절에서는 이렇게 말씀합니다.

함정을 파는 자는 거기 빠질 것이요 담을 허는 자는 뱀에게 물리리라(10:8)

주권자가 우매하다고 함부로 함정을 파지 말라는 뜻입니다. 그런 왕 밑에 사는 것은 굉장히 힘들지만 그렇다고 함정을 파거나 담을 허물듯이 함부로 왕을 대적하거나 모반을 도모하지 말라는 뜻입니다. 그랬다가는 도리어 함정에 빠질 수 있다는 것입니다.

이어서 10절에서는 이렇게 말씀합니다.

> 철 연장이 무디어졌는데도 날을 갈지 아니하면 힘이 더 드느니라 오직
> 지혜는 성공하기에 유익하니라(10:10)

날이 무딘 연장은 사용하기 힘듭니다. 그런 연장은 갈아서 사용해야 합니다. 왕이 우매하다 해도 지혜를 짜내서 살면 곤란한 일을 잘 타개해 나갈 수 있다는 뜻입니다. 그런 시대일수록 지혜를 배워야 하고 지혜롭게 행동해야 한다는 것입니다.

그러면서 20절에 이르면 결정적으로 이렇게 말씀합니다.

> 심중에라도 왕을 저주하지 말며 침실에서라도 부자를 저주하지 말라 공중의
> 새가 그 소리를 전하고 날짐승이 그 일을 전파할 것임이니라(10:20)

마음으로 왕을 저주한 것을 공중의 새가 전하겠습니까? 안방에서 한 말을 날짐승이 전하겠습니까? 그럴 일은 없습니다. 내가 속마음으로 한 말을 왕이 어떻게 알겠습니까? 알 수 없습니다. 그럼에도 세상에는 그런 일이 있다는 것입니다. 우연히 알았든 누군가가 고발했든 그런 일이 있습니다. 그러므로 심중에라도 왕을 저주하지 말라고 했습니다.

세상만사가 때가 있고, 그때가 되면 하나님께서 하나님의 뜻을 이루십니다. 그런가 하면 우연히 이뤄지는 일도 있습니다. 생각지도 못했던 일들이 우연히 이뤄지는 일이 있습니다. 그렇다고 아무것도 하지 않아도 될까요? 그냥 그날그날 살다 보면, 될 일은 우연히 될까요? 그렇지 않으니

다. 우연히 이뤄진다는 것은 아무것도 하지 않아도 된다는 뜻이 아닙니다. 재수가 좋으면 안 될 일도 된다는 뜻이 아닙니다. 오히려 우연이 있기 때문에 지금은 도무지 방법이 없고 길이 없는 것 같아도 하나님을 경외하는 믿음으로 살아야 합니다. 의롭게 살고, 미래를 대비하며 살아야 합니다. 우매한 왕 밑에서 불행하게 살더라도 그런 날을 대비하고 살아야 합니다. 이것이 우연을 대비하는 자세입니다. 우연이 있다는 것을 안다면 대비하고 살아야 합니다.

한 예를 살펴볼까요? 본문 1, 2절은 그 예를 보여줍니다. 우연히 일어나는 일이 있는 세상에서 어떻게 살아야 하는지 이렇게 말씀합니다.

> 너는 네 떡을 물 위에 던져라 여러 날 후에 도로 찾으리라 일곱에게나 여덟에게 나눠 줄지어다 무슨 재앙이 땅에 임할는지 네가 알지 못함이 니라(11:1, 2)

음식물을 물 위에 던졌는데 몇 달 혹은 몇 년 후에 다시 찾는 일이 있을까요? 그럴 일은 없습니다. 어떻게 물에 던졌는데 다시 찾을 수 있겠습니까? 그러나 세상에는 그런 일이 있습니다. 물 위에 던진 음식물이 다시 돌아오는 일이 있습니다. 이 말씀은 미래를 대비하라는 뜻입니다. 일곱에게나 여덟에게 나눠주라는 것도 이 모양 저 모양으로 잘 대비하라는 뜻입니다.

그 대비는 어떤 것일까요? 적금을 들고 보험을 들라는 뜻일까요? 그렇지 않습니다. 그런 식으로 대비하는 것은 다시 찾을 수 있는 확실성이 있습니다. 그러나 물 위에 던지는 것이 아닙니다. "네 떡을 물 위에 던지라"는 것은 다시 돌아올 가능성이 전혀 없는 것을 말합니다. 그런데 그렇게 사는 것이 미래를 대비하는 것이고, 우연히 일어나는 일을 대비한다는 것입니다. 그런 대비 중의 하나가 구제라고 할 수 있습니다. 구제는 가난한 사람을 돕는 것입니다. 그들의 형편을 생각하면 되돌려 받을 가능성이 없습니다. 그럼에도 "여러 날 후에 도로 찾는다"는 것은 하나님께서 갚아 주신다는 뜻입니다. 하나님께서 갚아주실 때 행운이 우연히 찾아온 것처럼 보일 것입니다. 그러나 실상은 자신이 뿌린 것을 거둔 것입니다. 자신이 뿌린 것을 하나님께서 거두게 하신 것입니다. 그런 점에서 가난한 자를 도우며 사는 것은 우연을 대비하는 자세라 할 수 있습니다.

잠언 19장 17절을 보십시오. 그런 사실 때문에 이렇게 말씀합니다.

가난한 자를 불쌍히 여기는 것은 여호와께 꾸어 드리는 것이니 그의 선행을 그에게 갚아주시리라(잠 19:17)

가난한 자를 불쌍히 여기며 돕고 사는 것은 하나님께 꾸어드리는 것이고, 하나님께서는 반드시 갚아 주신다고 했습니다. 그것을 어떤 식으로 갚아 주실지 우리는 알 수 없습니다. 언제 갚아 주실지, 그것도 알 수 없습니다. 가난한 자를 도울 때는 절대로 되돌려 받을 것 같지도 않고, 하나님께서 갚아주셔도 언제 갚아주실지 알 수 없습니다. 그러나 갚아주실 때, 그때 우리는 우연히 돌려받은 것으로 생각합니다. 하지만 우연히 돌려받은 것이 아닙니다. 하나님의 뜻 가운데 돌려받은 것입니다. 그 우연이라는 것도 하나님의 뜻 가운데 일어납니다.

우리는 살면서 무슨 일을 만날지 알 수 없습니다. 좋은 일도 만날 것이고, 불행한 일도 만날 것입니다. 그러므로 대비하고 살아야 합니다. 그런 날에 하나님께서 우리를 도우시고 축복하시도록 대비하고 살아야 합니다. 하나님의 백성으로 가난한 자들을 도우며 살고 약자들을 보호하며 살기 바랍니다. 그렇게 사는 것은 떡을 물 위에 던지는 것입니다. 그 떡이 다시 돌아오는 행운이 있을 것입니다. 그 행운은 우리가 뿌린 것을 거두게 하시는 하나님의 축복입니다.

제가 이렇게 설교하고 여러분께서 아멘으로 화답한다고 해서 모두다 대비하는 삶을 사는 것은 아닐 겁니다. 말씀을 듣고 또 그렇다고 공감하면서도 그렇게 살지 않는 사람이 있습니다. 우유부단하거나 설마 그런 일이 일어날까 하는 의심 때문에 대비하지 못하는 사람이 있습니다. 나누는 것이 아까워서 하지 못하는 사람도 있습니다. 그런 사람들은 참 어리석은 사람들이고, 하나님의 말씀에 대한 믿음이 없는 사람들입니다. 본문 4절부터 6절까지는 그런 사람들에게 다시 한번 권면합니다.

본문 4절을 함께 보실까요?

풍세를 살펴보는 자는 파종하지 못할 것이요 구름만 바라보는 자는 거두지 못하리라(11:4)

이 말씀은 일기예보가 없던 시절에는 굉장히 중요한 지식이었습니다. 파종할 때는 풍세를 잘 살펴봐야 하고, 추수할 때는 비가 올지 안 올지 잘 예측해야 했습니다. 파종했는데 바람이 크게 불면 뿌린 씨앗이 죄다 날아갈 것입니다. 비가 올 것을 모르고 추수를 했다가는 한 해 농사를 망칠 수 있습니다. 이 말씀에서 파종하지 않는 것과 거두지 않는 것은 지나친 조심성이나 의심이나 걱정을 의미합니다. 풍세를 살피고 구름을 살핀다고 해서 일기를 다 알 수 없습니다. 아무리 예측해도 맞지 않을 수 있습니다. 현대처럼 기상 컴퓨터가 발전한 시대에도 일기예보가 빗나가는 것은 흔한 일인데 고대에서는 오죽했겠습니까? 예측이 빗나가는 경우가 다반사였을 것입니다. 그럼에도 풍세만 살피고 구름만 살피면 되겠습니까? 그랬다가는 파종의 때를 놓치고 추수 때를 놓칠 수 있습니다. 인간으로서는 아무리 애를 써도 미래의 일, 우연히 발생하는 것처럼 보이는 일을 다 예측할 수는 없습니다.

그런 의미에서 본문 5절은 이렇게 말씀합니다.

바람의 길이 어떠함과 아이 밴 자의 태에서 뼈가 어떻게 자라는지를 네가 알지 못함 같이 만사를 성취하시는 하나님의 일을 네가 알지 못하느니라 (11:5)

인간은 하나님께서 하시는 일을 다 알 수 없습니다. 여러분도 그렇다고 생각하십니까? 아무리 예측해도 그 예측이 빗나갈 수 있다고 인정하십니까? 그러시다면 미래를 대비하고 살아야 하지 않을까요? 그래야 합니다. 그렇게 하는 것이 잘사는 것이고, 믿음으로 사는 것입니다. 우리가 하나님을 경외한다면 하나님의 말씀을 따라 떡을 물 위에 던지는 삶을 살아야 합니다. 2절에서 "일곱에게나 여덟에게 나눠주라"고 한 것처럼 여러 방면으로 대비하며 살아야 합니다.

본문 6절은 그 대비하는 삶에 대해 또 이렇게 말씀합니다.

너는 아침에 씨를 뿌리고 저녁에도 손을 놓지 말라 이것이 잘 될는지, 저것이 잘 될는지, 혹 둘이 다 잘 될는지 알지 못함이니라(11:6)

세상에 우연이 있다고 해서 게으르게 살지 말라는 뜻입니다. 아무것도 하지 않아도 운이 좋으면 된다고 생각하지 말라는 뜻입니다. 즉 우연이 있는 것을 안다면 열심히 살라는 것입니다. 아침에도 씨를 뿌리고 저녁에도 손을 거두지 말라는 것은 그 정도로 부지런히 살라는 뜻입니다. 이것도 미래와 우연을 대비하는 자세입니다. 가난한 자를 돕고 약자를 보호하는 것도 우연을 대비하는 것이지만, 부지런하게 사는 것도 미래를 대비하는 자세입니다. 사람이 하는 일은 이것이 잘 될는지, 저것이 잘 될는지 아니면 둘 다 잘될는지 알 수 없습니다. 그러므로 이것이나 저것이나 열심히 해야 합니다. 그게 불확실한 미래를 대비하며 사는 것입니다.

필연만이 아니라 우연도 있는 이 세상에서 이와 같이 대비하는 자세는 우연성을 매우 적극적으로 받아들이게 합니다. 우연이라고 해서 그것을 운으로 생각하고 노력하지 않아도 되는 것처럼 생각하는 사람이 있습니다만 성경은 그렇게 가르치지 않습니다. 성경은 세상에 우연이 있다고 열어놓지만, 그에 대해 적극적인 자세를 갖추고 살라고 합니다. 그러므로 우리가 하나님을 경외한다면 우연성이 있기에 열심히 살아야 하고, 하나님의 말씀대로 살아야 합니다. 가난한 자를 도우며 살되 "일곱에게나 여덟에게"처럼 많은 사람을 돕고 살아야 합니다. 그렇게 살다 보면 이것이 잘 될 수도 있고, 저것이 잘 될 수도 있습니다. 아니면 둘 다 잘될 수도 있습니다. 누가 그렇게 하실까요? 하나님이 하십니다. 하나님께서 이것이 잘 되게 하시든지, 저것이 잘되게 하시든지, 아니면 둘 다 잘되게 하십니다.

이런 일이 우리에게 일어난다면 어떨까요? 사는 것이 재미있고 좋지 않을까요? 희망도 생기고, 하나님의 말씀대로 살고 싶은 믿음도 생기고, 더 열심히 살고 싶은 마음도 생기지 않을까요? 그럴 것입니다. 그렇게 세상을 산다는 것은 행복한 일입니다.

그래서 본문 7절을 보면 이렇게 말씀합니다.

빛은 실로 아름다운 것이라 눈으로 해를 보는 것이 즐거운 일이로다(11:7)

빛은 정말 아름답습니다. 중천에 떠 있는 해를 볼 수는 없지만, 이른 아침 저 멀리 수평선 위로 떠오르는 태양을 바라보십시오. 얼마나 아름답습니까? 삶은 그와 같이 아름습니다. 하나님의 말씀대로 의롭게 살고 열심히 살다 보면 그렇게 좋은 날이 있습니다. 물론 항상 그런 일이 있는 것은 아닙니다. 믿음으로 산다고 항상 좋은 일이 있는 것도 아닙니다. 끝이 안 보이고 암담한 날도 있습니다. 그러나 이것을 잘되게 하시든지, 저것을 잘되게 하시든지, 아니면 둘 다 잘되게 하시는 일이 있습니다. 하나님께서 그렇게 하시거든요.

본문 8절에서는 이렇게 말씀합니다.

사람이 여러 해를 살면 항상 즐거워할지로다 그러나 캄캄한 날이 많으리니 그 날들을 생각할지로다 다가올 일은 다 헛되도다(11:8)

인생은 찬란한 햇빛과 같이 빛나는 삶을 살 때도 있지만, 캄캄한 날이 많이 있다는 것입니다. 하나님께서 인생을 그렇게 지으셨습니다. 그러므로 오래 살게 하시거든 항상 기쁘게 살라고 했습니다. 장래에 무슨 일을 만날지 알 수가 없으므로 다가올 일은 다 헛되다고 했습니다. 그러니 장래의 일을 염려하고 살 게 아니라 오늘의 일에 기뻐하며 살라는 것입니다.

우리가 하나님을 경외하고 사랑한다면 기쁘게 살아야 합니다. 앞으로 무슨 일을 만날지 알 수 없지만, 하나님의 말씀을 믿고 미래를 대비하며 살아야 합니다. 염려하지 말고 오늘의 삶을 기쁘게 살아야 합니다. 이런 자세가 믿음의 자세입니다. 우리가 이 믿음으로 충만하기를 주의 이름으로 기원합니다. 아멘.

30

전도서 11:9-12:8

청년이여,
네 창조자를 기억하라 (1)

전 11:9-12:8

⁹청년이여 네 어린 때를 즐거워하며 네 청년의 날들을 마음에 기뻐하여 마음에 원하는 길들과 네 눈이 보는 대로 행하라 그러나 하나님이 이 모든 일로 말미암아 너를 심판하실 줄 알라 ¹⁰그런즉 근심이 네 마음에서 떠나게 하며 악이 네 몸에서 물러가게 하라 어릴 때와 검은 머리의 시절이 다 헛되니라 ¹너는 청년의 때에 너의 창조주를 기억하라 곧 곤고한 날이 이르기 전에, 나는 아무 낙이 없다고 할 해들이 가깝기 전에 ²해와 빛과 달과 별들이 어둡기 전에, 비 뒤에 구름이 다시 일어나기 전에 그리하라 ³그런 날에는 집을 지키는 자들이 떨 것이며 힘 있는 자들이 구부러질 것이며 맷돌질 하는 자들이 적으므로 그칠 것이며 창들로 내다 보는 자가 어두워질 것이며 ⁴길거리 문들이 닫혀질 것이며 맷돌 소리가 적어질 것이며 새의 소리로 말미암아 일어날 것이며 음악하는 여자들은 다 쇠하여질 것이며 ⁵또한 그런 자들은 높은 곳을 두려워할 것이며 길에서는 놀랄 것이며 살구나무가 꽃이 필 것이며 메뚜기도 짐이 될 것이며 정욕이 그치리니 이는 사람이 자기의 영원한 집으로 돌아가고 조문객들이 거리로 왕래하게 됨이니라 ⁶은 줄이 풀리고 금 그릇이 깨지고 항아리가 샘 곁에서 깨지고 바퀴가 우물 위에서 깨지고 ⁷흙은 여전히 땅으로 돌아가고 영은 그것을 주신 하나님께로 돌아가기 전에 기억하라 ⁸전도자가 이르되 헛되고 헛되도다 모든 것이 헛되도다

우리도 아는 바입니다만, 전도자는 사람이 살면서 무슨 일을 만날지 알 수 없다고 했습니다. 지혜로운 지도자를 만나 복된 삶을 살 수도 있지만, 우매한 지도자를 만나 재앙과 같은 삶을 살 수도 있다고 했습니다. 살면서 무슨 재앙을 만날지, 무슨 복을 받을지 알 수가 없다는 것입니다. 그렇습니다. 우리는 무슨 일을 만날지 알 수 없는 세상을 살아가고 있습니다. 그렇다고 함부로 함정을 파는 것은 우매한 짓이라고 했습니다. 자신이 파 놓은 함정에 자신이 걸릴 수 있다고 했습니다. 힘이 들고 희망은 없지만 그래도 지혜를 짜내서 살면 어려움을 잘 타개하며 살 수 있다고 했습니다. 그런 날에 지혜롭게 행동하라는 것입니다. 그러나 그보다 더 중요한 것이 있다고 했습니다. 그것은 미래를 대비하고 사는 것이라고 했습니다. 좋은 일을 만날지 재앙을 만날지 알 수가 없는데, 재앙을 만날 때도 하나님의 은총을 입고 잘 살기 위해서는 대비하며 살아야 한다고 했습니다.

그런 의미에서 전도서 11장 1, 2절을 보면 이렇게 말씀합니다.

너는 네 떡을 물 위에 던져라 여러 날 후에 도로 찾으리라 일곱에게나 여덟에게 나눠 줄지어다 무슨 재앙이 땅에 임할는지 네가 알지 못함이니라(전 11:1, 2)

떡을 물 위에 던졌는데 몇 달 혹은 몇 년 후에 다시 찾는 일이 있을까요? 물 위에 던졌는데 어떻게 다시 찾을 수 있을까요? 그럴 일은 없습니다. 물 위에 던지라는 말씀 자체가 그런 사실을 의미합니다. 그러나 세상에는 그런 일이 일어날 수 있습니다. 물 위에 던진 떡을 도로 찾는 일이 일어날 수 있습니다. 누가 찾게 하실까요? 하나님께서 하십니다. 떡을 물 위에 던지라는 말씀은 가난한 자를 돕는 것을 의미하는데, 그런 분들을 도울 때 다시 돌려받을 가능성은 보이지 않습니다. 그러나 하나님께서 갚아주십니다. 실제로 그런 일이 있습니다. 재앙으로 많은 사람이 굶어 죽어도 그런 가운데서도 하나님께서 지켜주는 사람이 있고, 먹여 살리는 사람이 있습니다. 세상에는 그런 일이 있습니다. 그렇다면 떡을 물 위에 던지는 것은 확실한 대비책입니다. 무슨 재앙을 만날지 알 수 없는 인생을 살면서 가난한 자를 잘 돕고 사는 것은 비상한 대비책입니다.

전도자는 근면하게 사는 것도 미래를 대비하는 것이라고 했습니다. 전도서 11장 6절을 보면 "너는 아침에 씨를 뿌리고 저녁에도 손을 놓지 말라"고 했습니다. 그리고 "이것이 잘 될는지, 저것이 잘 될는지, 혹 둘이 다 잘 될는지 알지 못한다"고 했습니다. 우리에게 주어진 삶이라면 이것이든 저것이든 열심히 살라는 뜻입니다. 그런 분들이 좋은 날을 볼 것입니다. 이것이 잘 되든지, 저것이 잘 되든지, 아니면 둘이 다 잘 될 것입니다.

우리가 하나님의 자녀로서 필연과 우연이 존재하는 세상을 잘 대비하며 살기를 바랍니다. 하나님을 믿는 믿음으로 어려운 이웃들을 잘 돕고 살고 주어진 삶을 열심히 살기 바랍니다. 그리하여 재앙을 당했을 때, 하나님께서 지켜주시고 먹여주시고 구원해 주시는 은혜를 누리기를 바랍니다. 이것을 잘 되게 하시든지, 저것을 잘 되게 하시든지, 아니면 둘 다 잘 되게 하시는 은혜를 누리기를 주의 이름으로 기원합니다.

본문은 이런 인생을 살아가야 할 젊은이들에게 주는 교훈입니다. 허무하고 부조리한 인생을 살아야 하는 젊은이들에게 인생을 어떻게 살아야 하는지에 대해 말씀합니다.

본문 11장 9절을 함께 보겠습니다.

청년이여 네 어린 때를 즐거워하며 네 청년의 날들을 마음에 기뻐하여 마음

에 원하는 길들과 네 눈이 보는 대로 행하라 그러나 하나님이 이 모든 일로 말미암아 너를 심판하실 줄 알라(11:9)

인생을 근심하며 괴로워하며 살지 말고 기쁘게 살라는 것입니다. 젊다는 것을 기쁘게 여기고 살라는 뜻입니다. "마음에 원하는 길들과 네 눈이 보는 대로 행하라"는 것은 꿈을 꾸고 열심히 살라는 뜻입니다. 매우 평범한 진리이지만 젊음을 이렇게 살아야 합니다. 기쁘게 살아야 합니다. 인생에서 젊은 만큼 가치 있는 것이 얼마나 있을까요? 별로 없습니다. 젊음은 그렇게 중요한 자산입니다. 계절로 말할 것 같으면 봄과 같은 계절입니다. 씨를 뿌리고, 뿌린 씨앗에서 싹이 나고, 좋은 열매를 거두기 위해 준비하는 계절입니다. 그러므로 젊음을 기쁘게 여기고 열심히 살아야 합니다. 목표 의식을 가지고 꿈을 꾸고 살아야 합니다.

오늘 우리 시대의 젊은이들을 보면 너무 꿈이 없다는 생각이 듭니다. 취업 전쟁에 내몰려서 어떻게 해야 취직을 할 수 있을지 전전긍긍합니다. 또 돈을 최고의 가치로 알고 삽니다. 교회를 다녀도 하나님보다 돈에 더 많은 관심을 품고 삽니다. 취업이 현실의 문제이고, 돈이 중요합니다. 그렇다고 꿈을 상실하고 기쁨을 상실한다는 것은 불행한 일입니다.

오늘날 젊은이들의 자괴감을 잘 나타내는 말이 있습니다. 삼포시대, 사포시대, 오포시대라는 말입니다. 꿈을 이룰 수 없다는 생각에 중요한 일들을 포기하고 사는 것을 꼬집은 말입니다. 젊은이들의 자살 비율이 높은 것도 우리 젊은이들의 자괴감을 잘 대변합니다. 우리나라는 지난 12년 동안 OECD 자살률 1위를 마크하고 있습니다(2017년 통계). 청소년의 사망원인 1위도 자살입니다. 우리 젊은이들의 힘겨운 삶을 이해 못 하는 것은 아닙니다. 취업이 너무 힘들고, 취업한다 해도 대부분이 비정규직입니다. 고 소득층과 저소득층의 격차도 매우 큽니다. 열심히 살아도 안 될 것만 같은 생각이 듭니다. 정말 우리 젊은이들은 힘겨운 시대를 살고 있습니다.

그러나 지금의 젊은이들만 그렇게 힘든 시대를 사는 것은 아닙니다. 우리 기성세대가 젊었을 때도 사는 것이 힘겨웠습니다. 나라가 너무 가난했고, 공부하고 싶어도 돈이 없어서 학교를 다니지 못하는 학생이 허다했습니다. 일하고 싶어도 제대로 된 일자리가 없어서 공장에 가서 멍키 스패너로 머리통을 맞아가며 기술을 배웠습니다. 아르바이트라도 하고 싶어도 그런 자리가 없었습니다. 어느 시대나 힘들고 어렵기는 마찬가지입니다. 그래도 그때는 꿈도 있었고, 용기를 가지고 살았습니다. 가족을 부양해야 하고 잘 살아야 한다는 목표 의식이 있었습니다. 인생의 허무함과 부조리함은 지금이나 옛날이나 똑같습니다. 항상 있는 일입니다. 앞으로도 그런 일은 계속 있을 것입니다. 그렇다고 비관적으로 살면 안 됩니다. 취업이 어렵다고 걱정하고 두려워하면 안 됩니다. 꿈을 포기하거나 도전하기를 포기하면 안 됩니다.

그래서 본문 11장 10절을 보면 이렇게 말씀합니다.

그런즉 근심이 네 마음에서 떠나게 하며 악이 네 몸에서 물러가게 하라 어릴 때와 검은 머리의 시절이 다 헛되니라(11:10)

인생은 다 허무하다는 것입니다. 성인들의 인생만이 아니라 어린아이와 청년의 인생도 허무하다는 것입니다. 그렇다고 해서 근심하며 살거나 아무렇게나 살지 말라는 것입니다. 악하게 살지 말라는 것입니다. 오히려 젊음을 귀하게 여기고, 그 젊고 좋은 날을 기쁘게 살라는 것입니다. 그래야 합니다. 살아있는 삶을 귀하게 여기고 기쁘게 살아야 합니다.

우리 청년들이 기쁘게 살기를 바랍니다. 정말 기쁘게 살기를 바랍니다. 청년들만이 아니라 아직 젊음이 남아 있다고 생각하시는 분들도 기쁘게 살기를 바랍니다. 젊음을 귀하게 여기고, 삶을 귀하게 여기며 기쁘게 살기를 바랍니다.

만일 기쁘게 살지 않으면 어떻게 될까요? 젊음을 귀하게 여기지 않고 가치 있게 살지 않으면 어떻게 될까요? 하나님의 심판이 있습니다.

그래서 본문 9절 하반절을 보면 이렇게 말씀합니다.

그러나 하나님이 이 모든 일로 말미암아 너를 심판하실 줄 알라(11:9b)

정말 그렇습니다! 젊음의 가치와 소중함을 모르고 함부로 살았다가는 하나님의 심판을 받습니다. 삶을 근심과 비관적으로 산 것에 대한 심판이 있고, 악을 행하며 아무렇게나 산 것에 대한 심판이 있습니다. 그러므로 우리의 삶을 기쁘게 살기를 바랍니다. 정말 소중하게 여기고 살기를 바랍니다. 하나님의 심판이 있다는 것을 알고 한편으로 두려워하는 마음을 품고, 다른 한편으로 기쁘게 살기를 주의 이름으로 기원합니다.

우리가 살아가면서 꼭 기억해야 할 것이 있습니다. 젊음이 다 가기 전에 꼭 기억해야 합니다. 아직 젊음이 조금 남아 있다고 싶을 때 반드시 알아야 할 일입니다. 그것은 무엇일까요? 12장 1절부터 8절까지 보면 죽음에 대해 말씀합니다. 인생이 얼마나 빨리 흘러가는지, 그리고 죽음이 얼마나 빨리 찾아오는지를 말씀합니다.

먼저 12장 1절을 보면 이렇게 말씀합니다.

너는 청년의 때에 너의 창조주를 기억하라 곧 곤고한 날이 이르기 전에, 나는 아무 낙이 없다고 할 해들이 가깝기 전에(12:1)

"곤고한 날이 이르기 전에"라는 말은 원문대로 번역하면 '나쁜 날 또는 악한 날이 이르기 전에'라는 뜻입니다. 그 악한 날은 어떤 날일까요? 그것은 재앙을 말할 수도 있고, 죽는 날을 말할 수도 있습니다. 문맥으로 볼 때 '죽음이 오기 전에'라는 뜻이 적합합니다. 이어서 "나는 아무 낙이 없다고 할 해들이 가깝기 전에"라고 하는 것은 언제를 말할까요? 희망도 없고 낙이 없는 날이 다가오는데 그런 날이 오기 전에 라는 뜻입니다. 역시 '죽음이 찾아오기 전에'라는 뜻입니다.

죽음은 우리를 찾아옵니다. 친구처럼 찾아옵니다. 너무 천천히 오는 것 같아서 잊고 살기도 하지만, 어떤 경우는 벼락같이 찾아옵니다. 연세가 많은 분에게만 아니라 젊음이 많이 남은 사람에게도 도둑같이 찾아옵니다. 죽음이 찾아오면 모든 것을 끝장내 버립니다. 살아있는 모든 것을 허망하게 만들어 버립니다. 우리 젊은이들은 그런 사실을 알아야 합니다. 죽음이 벼락같이, 도둑처럼 찾아온다는 것을 알아야 합니다.

이런 사실을 안다면 그런 날을 대비해야 합니다. 그 대비가 무엇일까요? 하나님을 기억하는 것입니다. 이것이 우리가 대비해야 할 것 중에 가장 중요한 대비입니다. 죽음이 찾아오는 날, 우리는 하나님의 심판을 받습니다. 하나님께서 우리에게 책임을 물으십니다. 그런 날이 오기 전에, 아직 젊음이 있을 때 하나님을 기억하기를 바랍니다. 하나님을 기억하고, 하나님을 경외하는 믿음으로 살기를 바랍니다.

'기억하다'는 말은 구약성경에서 믿음을 말할 때 사용하는 매우 중요한 단어 중 하나입니다. 구약의 근간을 이루는 성경이 무엇이냐고 물으면 신명기라고 할 수 있습니다. 신명기에서는 기억하다는 말을 스물아홉

번 사용했습니다. 모세가 하나님의 백성을 가나안 땅으로 들여보내며 율법을 다시 한번 강론할 때, 가나안 땅에 들어가서 율법을 기억하고 믿음으로 살라는 뜻으로 사용했습니다. 그런 점에서 하나님을 기억하라는 것은 신앙의 근간이고 믿음과 동의어라 할 수 있습니다. 하나님을 경외하는 믿음이라 할 수 있습니다. 우리가 하나님을 기억하고 경외하는 믿음으로 살기를 바랍니다.

전도자는 우리가 하나님을 기억하고 살아야 하는 이유에 대해 말하고 있습니다. 그것은 우리 하나님이 천지 만물을 창조하신 하나님이시기 때문이라고 합니다. 우리 하나님을 창조주 하나님으로 알고 경외하는 믿음으로 살라고 합니다. 이것이 전도자가 궁극적으로 하고 싶은 말입니다. 곧 전도서의 결론입니다.

그래서 전도서 12장 13절을 보면 이렇게 말씀합니다.

일의 결국을 다 들었으니 하나님을 경외하고 그의 명령들을 지킬지어다 이 것이 모든 사람의 본분이니라(전 12:13)

전도자가 세상에서 일어난 일을 자세히 살피고 연구해서 그 결국을 다 말했다는 것입니다. 그러므로 그 사실을 안다면 하나님을 경외하라는 것입니다. 이것이 사람의 본분이라고 했습니다. 이 말씀대로 하나님을 경외하는 것이 사람의 본분입니다. 부모를 공경하는 것이 자식의 본분인 것처럼 하나님을 경외하는 것은 인생의 본분입니다.

여러분께서 전도서의 말씀을 다 들었으니 깊이 생각해 보시기 바랍니다. 자신의 신념과 가치관이 있을지라도 전도서의 말씀을 다시 한 번 읽고 깊이 생각해 보시기 바랍니다. 과연 세상일이 전도서의 말씀처럼 돌아가는지 그렇지 않은지 생각해 보시기를 바랍니다.

저는 30대 초반부터 전도서를 좋아했습니다. 왜냐하면 구구절절이 공감되었기 때문입니다. 목사 안수를 받고 처음 설교한 본문도 전도서였습니다. 지난 20년 동안 여기저기 초청받아 가장 많이 했던 설교 본문은 전도서 12장이었습니다. 여러 해 전부터 전도서를 연구하면서 이 말씀이 우리 삶의 이야기라는 것을 확신했습니다. 우리 삶에서 일어나는 일이고, 우리가 날마다 겪고 사는 세상의 이치라는 것을 알았습니다. 지금은 전도서가 우리 시대의 복음이라고 생각합니다. 특히 젊은이를 위한 복음이라고 생각합니다. 마태복음이 유대인을 위한 복음이고, 누가복음이 이방인을 위한 복음인 것처럼, 전도서는 젊은이를 위한 복음이라고 생각합니다.

전도서를 읽고 배우면 자존감이 높아지고 자아상이 건강해집니다. 인생을 어떻게 살아야 하는지 길이 보입니다. 왜 하나님을 경외해야 하는지 이유를 알 수 있습니다. 다양하고 변화무쌍한 삶 가운데서 어떻게 행동하는 것이 믿음인지 배울 수 있습니다. 전도서의 말씀을 다시 한번 읽고 묵상해 보십시오. 분명히 100% 공감할 것입니다. 그리고 하나님을 천지만물을 창조하신 창조주로 경외하시기 바랍니다. 하나님의 말씀이 여러분의 삶과 신앙의 유일한 법칙임을 알고 그 말씀을 따라 사시기를 바랍니다. 이것이 인생의 본분입니다.

그런 분들은 인생을 잘 살 것입니다. 허무하고 부조리한 인생을 잘 살아낼 것입니다. 또 하나님의 많은 위로를 받고 살 것입니다. 죽을 때도 영원한 위로를 받을 것입니다. 우리가 우리의 삶을 잘 받아들이고 기쁘게 살며 하나님을 경외하는 믿음으로 살기를 주의 이름으로 기원합니다. 아멘

31

전도서 11:9-12:8

청년이여,
네 창조자를 기억하라 (2)

전 11:9-12:8

⁹청년이여 네 어린 때를 즐거워하며 네 청년의 날들을 마음에 기뻐하여 마음에 원하는 길들과 네 눈이 보는 대로 행하라 그러나 하나님이 이 모든 일로 말미암아 너를 심판하실 줄 알라 ¹⁰그 런즉 근심이 네 마음에서 떠나게 하며 악이 네 몸에서 물러가게 하라 어릴 때와 검은 머리의 시 절이 다 헛되니라 ¹너는 청년의 때에 너의 창조주를 기억하라 곧 곤고한 날이 이르기 전에, 나 는 아무 낙이 없다고 할 해들이 가깝기 전에, ²해와 빛과 달과 별들이 어둡기 전에, 비 뒤에 구 름이 다시 일어나기 전에 그리하라 ³그런 날에는 집을 지키는 자들이 떨 것이며 힘 있는 자들이 구부러질 것이며 맷돌질 하는 자들이 적으므로 그칠 것이며 창들로 내다 보는 자가 어두워질 것 이며 ⁴길거리 문들이 닫혀질 것이며 맷돌 소리가 적어질 것이며 새의 소리로 말미암아 일어날 것이며 음악하는 여자들은 다 쇠하여질 것이며 ⁵또한 그런 자들은 높은 곳을 두려워할 것이며 길에서는 놀랄 것이며 살구나무가 꽃이 필 것이며 메뚜기도 짐이 될 것이며 정욕이 그치리니 이 는 사람이 자기의 영원한 집으로 돌아가고 조문객들이 거리로 왕래하게 됨이니라 ⁶은 줄이 풀리 고 금 그릇이 깨지고 항아리가 샘 곁에서 깨지고 바퀴가 우물 위에서 깨지고 ⁷흙은 여전히 땅으 로 돌아가고 영은 그것을 주신 하나님께로 돌아가기 전에 기억하라 ⁸전도자가 이르되 헛되고 헛 되도다 모든 것이 헛되도다

저는 목회하면서 이따금 '목사님, 인생이 아무것도 아닙니다. 인생이 대단한 것 같아도 정말 아무것도 아닙니다.'라는 말을 듣습니다. 인생이 허무하다는 것이요. 연세가 많으신 분들로부터만 듣는 것이 아닙니다. 젊은 사람들에게서도 '목사님, 허망할 때가 참 많아요.'라는 말을 듣습니다. 인생의 의미와 가치를 깨닫고 살면서 기쁘고 보람이 있어야 하는데, 그렇지만은 않더라는 것입니다. 허무할 때가 많더라는 것입니다.

전도서가 그렇게 가르치고 있습니다. 인생은 허무하고 허무하다고 가르칩니다. 허무하지 않은 것이 없고, 그 허무가 얼마나 깊은지 가슴 절절히 느낀다고 합니다. 뼛속까지 허무하다고 합니다. 그런 인생을 어떻게 살아야 하는가? 어떻게 살아야 잘 사는 것인가? 이 질문에 고민하게 하고 답하는 것이 전도서입니다.

전도자는 전도서의 종착지에 도달하면서 젊은이들에게 권면합니다. 여기서 젊은이라고 하는 것은 단순히 20대의 청년들만을 의미하지 않습니다. 아직 젊음이 남아 있는 사람들을 말합니다. 그럼에도 전도서의 젊은이는 10대, 20대, 30대의 젊은 젊은이를 지칭하는 것으로 보입니다. 보다 폭넓은 의미에서 죽음이 문 앞에 찾아오지 않은 사람은 아직 젊음이 남아 있는 것입니다. 여러분은 아직 젊음이 남아 있다고 생각하십니까? 많은 분이 그렇게 생각하시는 것처럼 우리에게는 아직 젊음이 남아 있습니다. 어떤 분들에게는 많이 남아 있고, 어떤 분들에게는 얼마 남아 있지 않습니다. 그러나 실제로는 누구에게 아직 많이 남았고, 누구에게 얼마 남지 않았는지 알 수 없습니다. 어리다고 많이 남은 것도 아니고, 나이가 들었다고 적게 남은 것도 아닙니다. 전도자는 그런 우리에게 어떻게 살아야 하는지 이렇게 교훈합니다.

먼저 인생을 잘 받아들이고 살라고 합니다.

전도자는 인생이 본래 허무하다는 것을 알고 잘 받아들이고 살라고 합니다. 인생의 허무함에 너무 놀라거나 절망하거나 포기하지 말라고 합니다. 본래 삶은 그렇다는 것을 알고 현실을 잘 받아들이고 살라고 합니다.

전도자는 그런 인생을 더 잘 받아들이는 것은 기쁘게 사는 것이라고 합니다.

인생이 허무하고 무슨 재앙을 만날지 알 수 없지만, 기쁘게 살라고 합니다. 말도 안 되는 역설로 보입니다만 그래도 인생은 살아볼 만한 가치가 있고 의미가 있으므로 재미있게 살라고 합니다. 만일 자신의 삶을 받아들여 기쁘게 살지 않고 근심과 두려움 속에 산다면, 그에 대한 응분의 책임이 따른다고 합니다. 인생이 허무한 존재라고 함부로 악을 행한다면, 하나님의 심판을 당할 것이라고 경고합니다.

그래서 본문 11장 9절을 보면 이렇게 말씀합니다.

청년이여 네 어린 때를 즐거워하며 네 청년의 날들을 마음에 기뻐하여 마음에 원하는 길들과 네 눈이 보는 대로 행하라 그러나 하나님이 이 모든 일로 말미암아 너를 심판하실 줄 알라(11:9)

이어서 10절에는 또 이렇게 말씀합니다.

그런즉 근심이 네 마음에서 떠나게 하며 악이 네 몸에서 물러가게 하라 어릴 때와 검은 머리의 시절이 다 헛되니라(11:10)

어릴 때나 청년의 때나 허무하긴 다 마찬가지인데, 그렇다고 근심으로 괴로워하며 살지 말라고 합니다. 자포자기한 심정으로 악을 행하거나, 함부로 살지 말라고 합니다. 그랬다가는 하나님의 심판을 면치 못하므로 삶을 잘 받아들이고 기쁘게 살라고 합니다.

인생을 살면서 이것처럼 중요한 것이 없습니다. 자신의 삶이 어떠하든 부정하거나 거부하지 않고 사는 것이 중요합니다. 잘 받아들이고 기쁘게 사는 것이 중요합니다. 그런 분들이 인생을 잘 사는 것입니다. 우리가 자신의 삶을 받아들이고 사랑하기를 바랍니다. 자기의 삶을 가치 있게 여기고 기쁘게 살기를 바랍니다.

본문 12장에 이르면 1절에서 청년의 때가 다 가기 전에 "너의 창조주를 기억하라"고 합니다. 나는 아무 낙이 없다고 할 때가 오는데, 그런 날이 오기 전에 너를 창조하신 하나님을 기억하라고 합니다. 이 말씀은 하나님을 경외하는 믿음으로 살라는 뜻입니다. 허무하고 부조리한 인생이지만, 그런 세상을 믿음으로 살라는 것입니다.

12장 2절을 보시면 또 이렇게 말씀합니다.

해와 빛과 달과 별들이 어둡기 전에, 비 뒤에 구름이 다시 일어나기 전에 그리하라(12:2)

"해와 빛이 어둡기 전에"는 낮이 다 가기 전이라는 뜻입니다. "달과 별들이 어둡기 전에"는 밤이 가고 아침이 밝아오기 전이라는 뜻입니다. 해도 금방 지고 달도 금방 집니다.

그런 날이 곧 찾아오므로 그런 날이 오기 전에 창조주 하나님을 기억하라고 합니다. 아직 기회가 있을 때, 하나님을 생각하고 하나님을 경외하는 믿음으로 살라는 것입니다.

왜 그렇게 해야 할까요? 왜 죽음이 오기 전에 창조주 하나님을 기억해야 할까요?

12장 7절이 그 대답입니다.

흙은 여전히 땅으로 돌아가고 영은 그것을 주신 하나님께로 돌아가기 전에 기억하라(12:7)

흙은 우리의 몸을 말합니다. 몸은 죽으면 땅에 매장되어 흙이 됩니다. 영은 우리의 영혼을 말합니다. 우리 영혼은 그것을 주신 하나님께로 돌아갑니다. 이것이 인생에게 더 영광스러운 것이며, 죽은 자에게 주시는 위로이고, 성도의 영원한 소망입니다. 영혼이 하나님께로 돌아가는 것은 낙원에 들어가는 것을 말합니다. 이것처럼 복된 일은 없습니다. 불신자의 경우에도 죽으면 그 영혼이 하나님께로 돌아간다는 표현을 사용할 수 있습니다. 그러나 그 의미는 다릅니다. 불신자의 경우에 이 말은 심판을 의미합니다.

하나님은 죽음을 통해서 인간에게 주신 영혼을 거두십니다. 그 영혼은 하나님 앞에 서고, 하나님은 그들의 삶에 대한 책임을 물으실 것입니다. 허무한 인생 가운데 하나님을 경외하는 믿음으로 산 자들에게 하나님은 낙원에서 영원한 평안을 누리게 하십니다. 허무하고 힘겹고 눈물겹던 삶을 위로하시고, 영원한 안식을 누리게 하십니다. 그러나 하나님의 부르심을 거부하고 자신의 소견에 옳은 대로 산 자들에게는 영원한 심판이 있습니다. 그들의 삶에 합당한 책임을 물으십니다. 그들은 영원히 지옥의 형벌을 받습니다. 죽음의 날은 반갑지 않은 친구처럼 찾아옵니다. 그런 날이 오기 전에 우리가 하나님을 경외하기 바랍니다. 하나님을 경외하는 믿음으로 살기를 바랍니다. 그리하여 허무한 인생을 하나님의 위로 가운데 살고, 죽을 때도 영원한 위로를 누리기를 바랍니다. 낙원의 축복을 누리기를 바랍니다.

사람들은 죽음이 나이와 비례한 것으로 생각합니다. 어린 사람은 죽음이 멀리 있고, 나이가 많은 사람은 죽음이 가까이 있는 것으로 생각합니다. 일반적으로는 그렇습니다. 그러나 항상 그런 것은 아닙니다. 종종 죽음이 나이와 상관없이 찾아오는 것을 볼 수 있습니다. 젊음이 많이 남아 있다고 해서 죽음이 더디 오는 것이 아닙니다. 때로는 천천히, 때로는 빨리 찾아옵니다. 그런 증상과 전조가 온몸에 여기저기 나타납니다. 자신의 의지와 상관없이 정신적으로도 찾아오고 신체적으로도 찾아옵니다. 전도자는 그런 사실을 시적으로 묘사하고 있습니다.

본문 12장 3절을 보시겠습니까?

그런 날에는 집을 지키는 자들이 떨 것이며 힘 있는 자들이 구부러질 것이며 맷돌질 하는 자들이 적으므로 그칠 것이며 창들로 내다보는 자가 어두워질 것이며(12:3)

"집을 지키는 자들"은 노인들을 의미합니다. 그런 자들이 떨 것이라는 것은 손이나 다리가 떨리는 것을 말합니다. 손이나 다리가 떨리는 이유는 다양합니다. 근육이 빠져도 떨리고 뇌에 문제가 생겨도 떨립니다. 그 이유가 무엇이든지간에 단순히 늙었기 때문에 떨리는 것은 아닙니다. 젊어서부터 몸 안에서 손발이 떨리는 변화가 있었던 것입니다. 다시 말하면 많이 젊었을 때부터 노화가 시작이 됐고 죽음이 다가오고 있었습니다.

"힘 있는 자들이 구부러진다"는 것은 등이 굽는 것을 말합니다. 등이 어느 날 갑자기 굽어지나요? 아닙니다. 오래전부터 뼈에 변화가 오기 시작한 것입니다. 젊어서부터 시작된 것입니다. 그러다가 더는 지체할 수 없을 나이가 되면 등이 굽고, 키가 줄어듭니다.

"맷돌질하는 자들이 적다"는 것은 무엇일까요? 이가 빠져서 음식을 제대로 먹을 수 없다는 뜻입니다. 오늘날에는 틀니도 하고 임플란트도 합니다만 그렇게 한다고 본래 치아만하겠습니까? 이와 잇몸에서 노화 증상이 나타나고, 죽음이 다가오는 것은 막을 수 없습니다.

"창들로 내다보는 자가 어두워진다"는 것은 시력에 변화가 온 것을 말합니다. 시력이 약화되든지 노안이 오든지, 사물을 제대로 분별할 수 없는 변화가 온 것을 말합니다. 노화 증상 중에 가장 먼저 느낄 수 있는 증상이 노안이 아닐까요? 아마 그럴 것입니다. 40대 중반만 되면 노안이 찾아옵니다. 30대 중반인 분들은 앞으로 10년만 지나 보세요. 노화 증상이 찾아온 것을 바로 느낄 것입니다. 그런 날에는 '나도 죽음이 찾아오는구나!'라고 생각해야 합니다.

전도자는 4절에서도 이러한 증상들에 대하여 이어가고 있습니다.

길거리 문들이 닫혀질 것이며 맷돌 소리가 적어질 것이며 새의 소리로 말미암아 일어날 것이며 음악하는 여자들은 다 쇠하여질 것이며(12:4)

"길거리 문들이 닫혀진다"는 것은 눈꺼풀이 내려앉는 것을 말합니다. 나이가 들면 눈꺼풀이 아래로 처집니다. 저도 눈꺼풀이 무겁다는 느낌을 받을 때가 있습니다.

"새의 소리를 말미암아 일어난다"는 것은 잠이 없어진 것을 말합니다. 깊은 잠을 잘 수가 없고, 더 자고 싶어도 잘 수가 없다는 것입니다. 요즈음에 불면증에 시달리는 사람이 많은데 나이 드신 분들의 경우는 그것도 노화의 전형적인 증상 중 하나입니다.

"음악 하는 여자들은 다 쇠하여진다"는 것은 목소리가 잘 안 나온다는 뜻입니다. 나이가 들면 예전처럼 노래하기 어렵게 됩니다.

5절에서도 노화의 모습들에 대해 말하고 있습니다.

> 또한 그런 자들은 높은 곳을 두려워할 것이며 길에서는 놀랄 것이며 살구나무가 꽃이 필 것이며 메뚜기도 짐이 될 것이며 정욕이 그치리니 이는 사람이 자기의 영원한 집으로 돌아가고 조문객들이 거리로 왕래하게 됨이니라(12:5)

"살구나무가 꽃이 핀다"는 것은 어렵지 않게 짐작할 수 있지요? 얼굴에 검버섯이 생기는 것을 말합니다. 살구나무가 꽃이 피기 시작할 정도가 되면 그때부터는 노화 증상이 공세적으로 드러납니다. 여기저기 많이 나타나기 시작합니다.

"정욕이 그쳤다"는 것은 개역성경에서는 '원욕이 그쳤다'로 표현하여 죽음을 뜻합니다. 그래서 영혼은 영원한 집으로 돌아가고, 내가 죽었다고 내 장례식에 조문하러 오는 사람이 왕래할 것입니다.

그런 날이 다가오고 있습니다. 그런 날이 어느 날 우연히 오는 것이 아니라, 오래전부터 다가오고 있었습니다. 아직 젊다고 생각하고 있는 그때에도 벌써 노화 증상과 죽음의 전조가 나타나고 있었습니다. 그러다가 어느 날 갑자기 죽음이 찾아오는데 그때는 모든 것이 끝장나 버립니다. 모든 것을 허무하게 만들어 버립니다. 그런 점에서 죽음은 궁극적인 허무라 할 수 있습니다. 그러므로 나는 아직 멀었다고 생각하면 안 됩니다.

"육십 세에 저세상에서 날 데리러 오거든 아직은 젊어서 못 간다고 전해라 칠십 세에 저세상에서 날 데리러 오거든 할 일이 아직 남아 못 간다고 전해라"

참 재미있는 노랫말입니다. 그러나 그런 법은 없습니다. 젊어서 못 간다고요? 죽음을 거부하겠다고요? 어떻게 죽음을 거부할 수 있겠습니까? 젊어도 오라고 하시면 가야 합니다. 하나님께서 그만 살고 오라 하시면 가야 합니다. 육십이 아니라 오십에도 오라 하시면 갈 수밖에 없습니다. 언제라도 가야 합니다. 그런 날이 오기 전에, 아직 젊음이 남아 있을 때, 하나님께로 돌아오시기를 바랍니다. 하나님을 경외하는 믿음으로 사시기를 바랍니다. 그렇게 사는 것이 인생을 가장 잘 받아들이고 사는 것입니다.

우리는 삶이 허무해도 잘 받아들이고 살아야 합니다. 허무하지만 기쁘게 살아야 합니다. 그것보다 중요한 게 없습니다. 허무한 삶을 기쁘게 살 수 있다는 것은 하나님께서 주신 선물입니다. 그런데 그것도 결국은 허무합니다. 죽음은 삶을 잘 받아들이고 기쁘게 사는 것도 끝장내 버립니다. 허무하게 끝장내 버립니다. 그러나 하나님을 경외하는 자는 허무하고 부조리한 세상을 살 때도 하나님의 위로 가운데 삽니다. 죽을 때도 위로 가운데 죽습니다. 죽어서는 영원한 위로를 받습니다. 하나님을 경외하는 믿음은 죽음을 넘어 살게 합니다. 하나님의 나라에서 새로운 세상을 살게 합니다.

우리가 하나님을 두려워하고 존경하는 마음으로 살기를 바랍니다. 하나님을 사랑하고, 그 말씀을 기억하고 살기를 바랍니다. 이것이 우리의 본분입니다. 인생의 본분입니다. 그런 분들은 인생을 잘 삽니다. 우리가 주의 말씀을 따라 우리의 인생을 잘 살기를 주의 이름으로 기원합니다. 아멘.

32

전도서 12:9-14

일의 결국을 다 들었으니

전 12:9-14

⁹전도자는 지혜자이어서 여전히 백성에게 지식을 가르쳤고 또 깊이 생각하고 연구하여 잠언을 많이 지었으며 ¹⁰전도자는 힘써 아름다운 말들을 구하였나니 진리의 말씀들을 정직하게 기록하였느니라 ¹¹지혜자들의 말씀들은 찌르는 채찍들 같고 회중의 스승들의 말씀들은 잘 박힌 못 같으니 다 한 목자가 주신 바이니라 ¹²내 아들아 또 이것들로부터 경계를 받으라 많은 책들을 짓는 것은 끝이 없고 많이 공부하는 것은 몸을 피곤하게 하느니라 ¹³일의 결국을 다 들었으니 하나님을 경외하고 그의 명령들을 지킬지어다 이것이 모든 사람의 본분이니라 ¹⁴하나님은 모든 행위와 모든 은밀한 일을 선악 간에 심판하시리라

오늘은 전도서 마지막 강론을 하겠습니다. 그동안 전도서를 서른한 번에 걸쳐 강론했습니다. 이번에 처음으로 전도서를 읽으며 배운 분도 계시고, 여러 번 읽었지만 다시 읽으며 배운 분도 계신 줄로 압니다. 전도서를 듣고 배운 소감이 어떠십니까?

민재희 집사님은 "전에 전도서를 읽은 적이 있지만 이번에 전도서를 듣고 배우면서 다시 읽으니 전도서의 말씀이 정말 그렇다는 것을 많이 알았다"고 했습니다. 우리 교회에서 연세가 가장 많으신 한나 선교회 어른들은 "이 말씀을 젊었을 때 배웠으면 얼마나 좋았을까!"하고 안타까워하셨습니다. 청년부 중에도 전도서를 배우면서 깊이 공감했다는 반응을 보인 청년들이 있었습니다.

여러분은 전도서의 말씀이 진정으로 진리라고 생각하십니까? 전도서의 말씀에 깊이 공감하십니까? 그러시다면 전도서의 말씀대로 삶을 잘 받아들이고 기쁘게 사시기를 바랍니다. 무엇보다도 하나님을 경외하는 믿음으로 사시기 바랍니다. 그리하여 여러분의 인생을 잘 살아내시기를 바랍니다. 하나님을 믿는 믿음으로 잘 살아내시기를 바랍니다.

오늘의 본문은 전도자가 전도서를 마무리하면서 전도서가 어떤 말씀인지 진술한 내용입니다.

9절을 보면 이렇게 말씀합니다.

전도자는 지혜자이어서 여전히 백성에게 지식을 가르쳤고 또 깊이 생각하고 연구하여 잠언을 많이 지었으며(12:9)

전도자가 지혜자라는 말씀의 본래 뜻은 '지혜를 뛰어넘어서, 지혜로운 것

외에도' 라는 의미를 갖고 있습니다. 이 말씀은 전도자를 예찬하기보다는 전도자가 기록한 지혜가 어떤 것인가를 말씀합니다. 이 지혜는 단순히 상식적으로 알 수 있는 지혜가 아니라는 것입니다. 인간의 한계를 뛰어넘는 지혜라는 것입니다. 인간의 한계를 뛰어넘는 지혜, 그것은 무엇일까요?

전도자는 백성들에게 지식을 가르쳤고 또 "깊이 생각하고 연구하여 잠언을 많이 지었다"고 했습니다. 묵상하고 연구하는 것은 지혜를 탐구하는 기본자세이며, 잠언이나 전도서를 이루는 기본 틀입니다. 잠언과 전도서는 선지자가 기도나 환상 중에 하나님의 계시를 받아 기록한 말씀이 아닙니다. 하나님의 계시가 인간의 삶에 어떻게 나타났는가를 자세히 살피고 연구하고 사색해서 찾아낸 말씀입니다. 그렇게 우리의 삶 속에 나타난 계시를 찾아서 기록한 말씀이라는 것입니다. 그런 이유로 잠언과 전도서의 말씀은 우리의 일상에서 일어나는 현상이고 일입니다. 그렇다고 인간 중에 조금 탁월한 사람이 지어낼 수 있는 말씀은 아닙니다. 전도서의 말씀은 인간사에 나타난 지혜이지만 인간의 한계를 뛰어넘은 지혜이고, 누구나 공감할 수 있는 말씀이지만 탁월한 인간이라고 지어낼 수 있는 말씀은 아닙니다. 그러면 전도서의 지혜는 어떤 지혜일까요?

전도서의 지혜가 어떤 말씀인지 본문 10절은 이렇게 말씀합니다.

> 전도자는 힘써 아름다운 말들을 구하였나니 진리의 말씀들을 정직하게 기록하였느니라(12:10)

우리 성경에는 '아름다운 말들' 로 번역했지만, 이 아름답다는 말은 원문에서 '기쁜, 즐거운' 이라는 뜻입니다. 인생은 허무하고 부조리한데, 그 허무하고 부조리한 인생을 즐겁게 살게 하는 말씀을 찾았다는 뜻입니다. 그렇게 해서 찾아 기록한 전도서의 말씀은 진리의 말씀이라는 것입니다. 진리의 말씀을 정직하게 기록했다는 것입니다. 전도서가 이런 말씀입니다. 인생이 허무하고 부조리하지만 기쁘게 살게 하는 말씀이고, 정직하게 기록한 진리의 말씀입니다.

또 본문 11절에는 전도서의 말씀에 대해 이렇게 증거합니다.

지혜자들의 말씀들은 찌르는 채찍들 같고 회중의 스승들의 말씀들은 잘 박힌 못 같으니 다 한 목자가 주신 바이니라(12:11)

"지혜자들의 말씀들"과 "회중의 스승들의 말씀들"은 같은 의미입니다. 이 전도서의 말씀은 찌르는 채찍들 같고 잘 박힌 못과 같다고 했습니다. 그리고 그 말씀은 한 목자가 주신 말씀이라고 했습니다. 전도서의 모든 말씀은 이 목자에게서 나왔습니다. 이 목자는 누구일까요? 하나님이십니다. 그렇다면 전도서의 말씀은 하나님의 말씀입니다. 전도서의 지혜는 인간사에 일어난 일들을 자세히 살펴서 기록한 것이지만, 하나님께서 주신 말씀입니다. 신적 기원을 갖는 말씀입니다. 우리가 이 말씀을 믿고 배우기를 바랍니다. 그리하여 인간이 어떤 존재인가를 깨닫고, 하나님이 어떤 분인가를 알아가기를 바랍니다.

현대인들은 삶의 지혜를 습득하지 않습니다. 가정에서나 학교에서나 마찬가지입니다. 어디에서도 삶의 지혜를 가르치지 않습니다. 학교에서도 인문학은 인기가 없고, 돈 버는 기술을 가르치는 학문이 인기가 있습니다. 인문학 강의를 잘 듣는다고 해도 그것은 어디까지나 사람의 말이요, 하나님의 말씀은 아니지만 그것마저 배우지 않습니다. 가정에서도 삶의 지혜를 배우지 못합니다. 부모와의 대화가 단절되어 있고, 부모마저도 돈 버는 것에 최고의 가치를 두는 경우가 많습니다. 그러나 성경을 보면 하나님의 백성들은 그렇지 않았습니다. 그들에게는 지혜를 가르치는 선생들이 있었습니다. 우리는 성경에서 선지자와 제사장이 있었던 것은 잘 압니다. 그러나 지혜자 그룹이 있었던 사실은 잘 모릅니다. 그들은 하나님의 백성들에게 지혜가 무엇인지, 어떻게 사는 것이 인생을 잘 사는 것인지, 왜 하나님을 경외해야 하는지를 가르쳤습니다.

본문 9절 상반절을 보면 "전도자는 지혜자이어서 여전히 백성에게 지식을 가르쳤고"라고 했습니다. 이 전도자가 지혜 선생이고, 그가 여전히 백성에게 지혜를 가르쳤다는 것입니다. 여전히 가르쳤다는 것은 전에도 가르쳤지만, 당시에 가르쳤다는 뜻입니다. 지속해서 중단하지 않고 가르쳤다는 뜻입니다. 이처럼 하나님의 백성들은 지혜를 하나님의 말씀으로 배웠습니다. 지속해서 배웠습니다. 안타깝게도 현대교회는 이런 점을 간과하고 있습니다. 설교할 때 잠언이나 욥기나 전도서를 인용하는 경우는 종종 있습니다. 그마저도 몇몇 유명한 구절만 제한적으로 인용합니다. 지혜서를 강론하거나, 계속해서, 여전히 가르치지는 않습니다. 교회가 잘못하고 있는 것이지요.

우리는 예수님을 믿고 하루나 이틀, 1년이나 2년 살다가 천국에 갈 사람이 아닙니다. 이 세상에서 한평생을 살다가 하나님께서 부르시면 갈 사람입니다. 그동안에 우리의 삶을 잘 살아야 합니다. 삶이 허무하지만 허무한 인생을 기쁘게, 하나님을 경외하는 믿음으로 잘 살아야 합니다. 그리고 그 삶을 통해서 하나님의 나라가 어떤 나라인지, 얼마나 의롭고 복된 나라인지를 보여줘야 합니다. 그 삶을 통해서 하나님의 의와 영광을 나타내야 합니다. 이것을 가리켜서 하나님의 영광을 위해 산다고 합니다. 우리는 이 세상에서 한평생을 살면서 하나님의 영광을 나타내며 살아야 합니다. 그렇게 살라고 하나님께서 지혜서를 주셨습니다. 그런데도 지혜서를 배우지 못하는 것은 유감스럽고 불행한 일입니다.

모든 성경은 하나님의 말씀입니다. 지혜서도 하나님의 말씀입니다. 전도서의 말씀이 우리 삶의 이야기이고 우리의 인생을 논하지만, 하나님의 말씀입니다. 인간의 지혜를 넘어서서 하나님께서 말씀하신 하늘의 지혜입니다. 이 사실을 믿고 지혜서를 읽고 배우기를 바랍니다. 그리하여 우리의 인생을 잘 살아내고 하나님의 의를 드러내기를 바랍니다.

전도서는 서두에서 "헛되고 헛되며 헛되고 헛되니 모든 것이 헛되도다"(1:2)라고 했습니다. 삶이 어떠한지, 인생이 어떤 존재인지 먼저 선포하고 시작했습니다. 인생은 허무하고 부조리한 존재라고 했습니다. 전도자는 그런 인생이지만 잘 받아들이고 기쁘게 살라고 했습니다. 그러나 그것도 한계가 있고, 결국은 허무하다고 했습니다.

또 전도자는 하나님의 백성들에게 열심히 살고 의롭게 살라고 했습니다. 그것이 잘 사는 것이라고 했습니다. 그러나 열심히 산다고 다 잘되지 않고, 정직하게 산다고 다 환영받는 것도 아니라고 했습니다. 열심히 살아도 안 되는 일이 있고, 정직하게 살아도 안 되는 일도 있다고 했습니다. 그렇습니다. 세상에는 그런 일이 있습니다.

또 전도자는 지혜가 중요하므로 지혜를 배우라고 했습니다. 그러나 지혜롭다고 해서 다 잘 사는 것은 아니라고 했습니다. 지혜롭다고 해서 당할 일은 안 당하는 것도 아니라고 했습니다. 지혜가 중요하지만 지혜도 한계가 있다고 했습니다.

사람이 살면서 무슨 일을 당할지 알 수가 없고, 얼마든지 재앙을 당할 수가 있다고 했습니다. 그래서 고집스럽게 살지 말고, 여러 면으로 잘 대비하고 살라고 했습니다. 그러면 재앙을 당할 때 다시 찾게 되는 은혜를 누릴 수 있다고 했습니다. 그런 날에 하나님께서 지켜주신다는 것입니다. 인간은 하나님의 손에서 벗어날 수가 없고, 하나님의 은혜 없이는 살 수가 없는 존재입니다.

인간에게는 왜 그렇게 허망한 일이 일어나는가? 왜 그렇게 부조리한 일이 많은가? 전도자는 그 이유를 인간의 부패성에서 찾았습니다. 인간이 부패하고 타락해서 허망한 짓을 하고, 부조리한 일을 하고 산다고 했습니다. 그럼에도 인간에게는 허무와 부조리를 타개할 능력이 없습니다.

그래서 전도서 7장 29에서 이렇게 말씀했습니다.

내가 깨달은 것은 오직 이것이라 곧 하나님은 사람을 정직하게 지으셨으나 사람이 많은 꾀들을 낸 것이니라(7:29)

하나님께서 하나님의 형상을 주어 인간을 만드셨고, 그 형상을 따라 정직하고 의롭게 살게 하셨다는 것입니다. 처음부터 허망한 존재로 창조하지 않으셨다는 것입니다. 그러나 인간은 부패하고 타락해서 꾀를 부리고 산다는 것입니다. 그 결과 지혜를 배워도 지혜롭게 살지 못하고, 의가 무엇인지 알아도 의롭게 살지 못합니다. 허망한 짓을 하고 삽니다.

그런 인간에게 확실한 것이 한 가지 있습니다. 모든 미래는 예측할 수 없지만 이것만큼은 예측할 수 있습니다. 무슨 일을 당하며 살지 알 수 없지만, 이것만큼은 분명히 알 수 있습니다. 그것은 죽음이 찾아온다는 사실입니다. 죽음은 누구에게나 예외 없이 찾아옵니다. 그리고 모든 것을 끝장내버립니다. 형설의 공으로 쌓아 올린 인생을 한 방에 무너뜨려 버립니다. 그날은 심판의 날입니다. 세상에서 어떻게 살았는지 심판하는 날입니다. 그 심판은 하나님께서 하십니다. 그날에 우리는 하나님의 심판대 앞에 설 것입니다.

그래서 11장 9절에는 아직 젊음이 남은 자들에게 이렇게 말씀합니다.

그러나 하나님이 이 모든 일로 말미암아 너를 심판하실 줄 알라(11:9)

오늘의 본문 14절은 이렇게 말씀합니다.

하나님은 모든 행위와 모든 은밀한 일을 선악 간에 심판하시리라(12:14)

하나님께서 우리를 부르실 때 우리는 죽음을 통해 하나님 앞에 설 것입니다. 그리고 선악 간에 심판받습니다. 누구에게나 예외 없이 하나님의 심판이 있습니다. 인간은 그 심판을 피할 수 없습니다. 그렇다면 우리는 어떻게 해야 할까요? 어떻게 해야 이 모든 위기를 이기며 살 수 있을까요? 하나님을 경외해야 합니다. 하나님을 두려워하고, 사랑하는 마음으로 살아야 합니다. 예배 시간만 아니라 일상에서 하나님을 하나님으로 인정해 드리는 믿음으로 살아야 합니다. 그것이 인생의 본분입니다. 자식은 부모를 공경해야 하는 것처럼, 인간은 하나님을 공경하는 마음으로 살아야 합니다. 그것이 인간의 본분입니다.

전도자는 그런 사실을 결론적으로 이렇게 말씀합니다.

일의 결국을 다 들었으니 하나님을 경외하고 그의 명령들을 지킬지어다 이

것이 사람의 본분이니라(12:13)

일의 결국은 전도서의 모든 말씀을 말하기도 하고, 인생의 허무함에 대한 말씀을 말하기도 합니다. 지금까지 전도자가 말씀한 사실을 공감하고 인정한다면 하나님을 경외하고 그 말씀을 따라 살라는 것입니다. 하나님은 그런 분들과 동행하십니다. 그런 분들을 도우시고, 허망한 인생을 복되게 하십니다. 모든 것을 끝장내 버리는 죽음이 찾아왔을 때도 영원한 위로를 주시고 낙원으로 인도하십니다. 우리가 하나님을 경외하기 바랍니다. 하나님을 경외하는 믿음으로 살기 바랍니다. 그리하여 이 허망한 인생을 하나님의 위로 가운데 살고, 죽을 때도 하나님의 위로 가운데 하나님의 품에 안기기를 바랍니다. 아멘.